Collana dell'Unione Femminile Nazionale

4

Giuseppe Mentessi

Pittore, docente, filantropo
(1857-1931)

a cura di Sergio Rebora

viella

Prima edizione: gennaio 2024
ISBN 979-12-5469-405-3

Le opere pubblicate in questa collana sono sottoposte a *peer review*.

GIUSEPPE
Mentessi : pittore, docente, filantropo (1857-1931) / a cura di Sergio Rebora. - Roma : Viella, 2024. - 242 p., [8] c. di tav. : ill. ; 21 cm. (Collana dell'Unione femminile nazionale ; 4)
Indice dei nomi: p. [235]-242
ISBN 979-12-5469-405-3
1. Mentessi, Giuseppe, <1857-1931> I. Unione femminile nazionale
759.5 (DDC WebDewey) Scheda bibliografica: Biblioteca Fondazione Bruno Kessler

viella
libreria editrice
via delle Alpi, 32
I-00198 ROMA
tel. 06 84 17 758
fax 06 85 35 39 60
www.viella.it

Unione Femminile Nazionale
Corso di Porta Nuova, 32
20121 Milano
tel. 02 6599190
unionefemminile.it

Indice

Per l'Unione femminile nazionale il presente volume dedicato al pittore Giuseppe Mentessi rappresenta un atto dovuto nei confronti della famiglia Majno. L'intero archivio di questa importante famiglia milanese è stato infatti donato all'Unione femminile nel 1997 da Luigi Majno jr., socio e consigliere per vari mandati del nostro sodalizio. Tra la documentazione versata vi è l'archivio personale dell'artista recentemente riordinato e ora disponibile per il pubblico e per gli studiosi.

Giuseppe Mentessi conobbe Ersilia e Luigi Majno nell'ultimo decennio dell'Ottocento, con loro condivise ideali di giustizia sociale e cooperò alle tante iniziative in favore delle classi lavoratrici. Per la non comune sensibilità umana, per le sue umili origini e per l'educazione ricevuta dalla madre Teresa Bentini, il pittore entrò subito in sintonia con i coniugi Majno e fu accolto nella loro famiglia fino a essere considerato uno dei membri.

In più di un'occasione fu coinvolto nelle attività di Ersilia e di Luigi mettendo a disposizione ingegno e abilità. Per la sua attitudine a educatore e l'interesse per la formazione professionale dei giovani divenne insegnante presso l'Accademia di Brera dove svolse un ruolo importante.

I testi che confluiscono in queste pagine, oltre ad attingere all'archivio del pittore, sono integrati con alcuni documenti dell'archivio di Ersilia, straordinaria figura di filantropa e di emancipazionista alla quale il Comune di Milano ha recentemente dedicato una passeggiata all'interno del viale già intitolato al consorte Luigi Majno.

L'Unione femminile, fedele a uno dei suoi compiti, è lieta di annunciare che presto saranno disponibili alla consultazione anche le carte di Luigi e del figlio Edoardo Majno e si augura che il volume sull'artista Mentessi incontri il favore del pubblico e degli addetti ai lavori.

La Presidente
Angela Gavoni

Premessa

L'acquisizione e il recentissimo riordino delle carte d'archivio appartenute a Giuseppe Mentessi (1857-1931), conservate da Edoardo Majno e trasmesse con generosità all'Unione femminile nazionale dal figlio di quest'ultimo, Luigi, hanno motivato la realizzazione di un volume dedicato a un personaggio di primo piano della cultura e della società milanese e italiana a cavallo tra due secoli.

Nel corso degli ultimi anni alla sua veste di artista sono state dedicate attente ricerche e letture critiche sfociate in pubblicazioni e rassegne espositive; in questa occasione si è voluto rivisitare anche altri due aspetti fondamentali e paritetici che ne caratterizzano l'identità, quelli, per usare termini semplificativi, del docente e del filantropo. Infatti Mentessi non è stato soltanto un affermato pittore del suo tempo, in bilico tra temi sociali e spunti simbolici a ridosso della sperimentazione divisionista, ma ha svolto con impegno e dedizione per oltre quarant'anni il ruolo di insegnante presso l'Accademia di Brera e altre istituzioni didattiche ed educative di orientamento progressista. Al contempo, ha sostenuto e promosso molteplici iniziative assistenziali e a favore dei lavoratori sfruttati e delle donne abusate a fianco di Luigi Majno ed Ersilia Bronzini, fraterni compagni di vita, a cominciare dalla fondazione della stessa Unione femminile.

Dopo la cronologia relativa alle vicende biografiche del personaggio stilata da Donata Diamanti, il volume illustra questi tre percorsi, affidati rispettivamente a chi scrive, a Valter Rosa e a Daniela Bellettati. La possibilità di accedere alla consultazione e allo studio della ricca e perlopiù inedita documentazione del Fondo Mentessi appena ordinato ha consentito agli autori di rintracciare informazioni anche rilevanti non conosciute o dimenticate, offrendo così nella trattazione degli argomenti una ricostruzione nuova e maggiormente complessa dei fatti. Essendo i testi sottesi alla stratificazione delle preziose carte d'archivio, è sembrato opportuno far seguire a essi una selezione di lettere appartenenti al fondo, trascritte da Daniela Bellettati (che, insieme a Donata Diamanti firma anche il testo di presentazione del Fondo, da entrambe riordinato): una silloge limitata che evidenzia tuttavia la ricchezza di questi materiali, che potranno aprire la strada a ulteriori indagini a studenti, studiosi e ricercatori per approfondire e restituire la conoscenza di un momento fondamentale della storia e della cultura del nostro Paese.

Sergio Rebora

Cronologia*

1857

Giuseppe Mentessi nasce a Ferrara il 29 settembre 1857, figlio unico di Michele e di Teresa Bentini. La madre, nata nel 1830, proviene da una famiglia del contado di Ravenna – precisamente da Godo, ora frazione del Comune di Russi – mentre il padre, nato nel 1782 a Polinago, località posta sulle alture del Frignano e oggi in Provincia di Modena, si occupa di commercio di vini. Nella sua attività professionale Michele Mentessi viene coadiuvato dalla moglie, che, di quasi cinquant'anni più giovane di lui, gestisce la vendita delle merci presso la bottega di loro proprietà sita in via della Rotta, odierna via Garibaldi, nel centro di Ferrara.

1864

A soli sette anni rimane orfano di padre. Nonostante le notevoli difficoltà economiche in cui si trova la famiglia, la madre lo incoraggia affinché proceda negli studi.

1870

Il 26 ottobre chiede e ottiene l'ammissione alla Scuola di Ornato presso il Civico Ateneo di Ferrara sotto la guida di Giovanni Pividor, architetto e disegnatore prospettico.

Nello stesso anno entra a far parte della Confraternita della Buona Morte istituita presso l'oratorio della Santissima Annunziata di Ferrara.

1871-1872

Ottiene premi per la prima e seconda classe di Teoria e solfeggio dell'Istituto Musicale di Ferrara.

* A cura di Donata Diamanti con la collaborazione di Daniela Bellettati, Sergio Rebora e Valter Rosa

1872

Presso l'Ateneo segue un corso regolare di studi nelle scuole di Geometria, d'Architettura e di disegno di macchine «riportando sempre non comuni distinzioni» e partecipa all'esposizione indetta dalla Società Promotrice di Belle Arti Benvenuto Tisi di Ferrara conseguendo una menzione d'onore nella sezione di Assonometria.

Segue nello stesso anno il corso di Elementi di figura sotto la guida di Girolamo Domenichini.

1872-1873

Il 26 marzo 1873 è ammesso alle scuole di Ornato elementare e Architettura elementare dell'Accademia di Belle Arti di Parma, ma non frequenta ancora i corsi.

1873-1874

Ottenuto dal Comune e dalla Provincia di Ferrara, su istanza presentata dalla madre, il sussidio riservato agli alunni in difficoltà economica per poter proseguire gli studi, nell'autunno Mentessi riesce a trasferirsi stabilmente a Parma, dimorando in strada San Barnaba 2.

All'Accademia frequenta le scuole di Ornato elementare con Nicola Aquila, di Prospettiva elementare con Giacomo Giacopelli e di Architettura elementare con Pancrazio Soncini, ottenendo due premi con *speciale distinzione* nei concorsi di terza classe di Ornato elementare e Prospettiva elementare; risale allo stesso anno la domanda per essere ammesso nello studio del pittore e scenografo parmense Girolamo Magnani, con il quale in seguito collaborerà per alcuni lavori scenografici nel Teatro Regio di Parma.

Sempre nel 1874 frequenta per qualche tempo anche la scuola di Scultura con Agostino Ferrarini, il quale attesta la sua spiccata attitudine all'arte.

1874-1875

È datata al 14 luglio 1874 la missiva diretta al sindaco di Ferrara dal direttore della Regia Accademia di Parma, Francesco Scaramuzza, che attesta la bravura, l'ottima condotta e le grandi capacità dell'alunno Giuseppe Mentessi.

Mentre continua a seguire la Scuola di Prospettiva con Giacopelli, per concessione speciale del Direttore ottiene il passaggio all'Ornato superiore con Girolamo Magnani. Ai concorsi ai premi di prima classe delle rispettive scuole sono premiati due suoi lavori: «un interno all'acquarello a chiaroscuro» e un «ornamento d'invenzione plastica».

1875-1876

Il 3 dicembre è ammesso alla Scuola di Paesaggio superiore con Guido Carmignani, tuttavia frequenta poco l'Accademia di Parma a causa della sua prima esperienza d'insegnamento a Ferrara, dove è chiamato a supplire il professor Amilcare Barlaam presso il Civico Ateneo.

Si presenta al saggio finale di Prospettiva superiore – *Lavoro d'invenzione a colori* – con un dipinto a olio, *Atrio di un Camposanto*, premiato con lode e medaglia d'oro, opera entrata a far parte delle collezioni dell'Accademia Nazionale di Belle Arti, esposta con successo alla Mostra Permanente della Società "Benvenuto Tisi" e replicata per il Comune di Ferrara.

1876

In autunno è ammesso alla Scuola di Anatomia dell'Accademia di Parma che frequenta nel primo trimestre.

Si iscrive all'albo dei soci espositori del Circolo Artistico-Industriale di Ferrara.

Il 2 ottobre il municipio della sua città rilascia un certificato attestante lo stato di povertà del diciannovenne Giuseppe Mentessi, studente di pittura. Il documento servirà al giovane per richiedere nuovamente il sussidio allo studio, che Comune e Provincia gli rilasceranno per coprire l'arco cronologico intercorrente tra il 1877 e il 1880.

Il 14 novembre l'amico fraterno Gaetano Previati, pittore ferrarese di cinque anni più grande, gli scrive da Milano per sollecitarne la venuta in città, dove, una volta trasferitosi, Mentessi condivide con il collega abitazione e studio in piazza Borromeo 8 ma, e a lungo nel tempo, anche esperienze di studio e lavoro e di vita bohémienne insieme ad altri giovani aspiranti artisti gravitanti intorno all'Accademia di Brera e alla Famiglia Artistica. Tra questi si ricordano Vespasiano Bignami, Leonardo Bazzaro, Francesco Filippini, Amero Cagnoni, Pio Sanquirico, Emilio Gola, Cesare Tallone, Giovanni Segantini, Emilio Longoni, Giovanni Sottocornola, Attilio Pusterla, Leonardo Bistolfi, Luigi Conconi, con alcuni dei quali stringe una duratura amicizia. Il 22 dicembre presenta l'iscrizione alla Scuola di Prospettiva.

1877

In data 3 gennaio, stabilitosi definitivamente a Milano per seguire i corsi dell'Accademia di Brera, viene ammesso alla Scuola di Prospettiva di Luigi Bisi; il 3 febbraio accede alla Scuola del Paesaggio di Luigi Riccardi e il 19 aprile si iscrive alla Scuola di Elementi d'Architettura che frequenta nella I classe (I semestre 1877-1878) sotto la guida del professor Archimede Sacchi.

1878

Il 16 gennaio il professor Bisi gli accorda il permesso di accedere alla Pinacoteca di Brera e alla Galleria delle Statue.

L'11 agosto consegue il «Premio con medaglia d'argento distinta pei lodevoli progressi» da lui compiuti nella Scuola di Prospettiva con l'«Invenzione di una scena». Si perfeziona con lo scenografo Carlo Ferrario, aggiunto della Scuola di Prospettiva, con il quale collaborerà per alcuni lavori al Teatro alla Scala.

La Società Benvenuto Tisi da Garofalo protettrice delle Belle Arti in Ferrara gli conferisce il titolo di socio d'arte.

Soggiorna a Parigi insieme a Previati, verosimilmente per visitare l'Exposition Universelle.

1879

Frequenta con «assiduità e con progresso molto soddisfacente» il terzo anno della Scuola di Prospettiva.

Consegue il primo premio al Concorso dell'Istituzione Girotti per la plastica ornamentale con *Un modello in cera di anfora nello stile della fine del XV secolo*, di cui espone la fotografia alla rassegna annuale di Brera.

Partecipa al concorso del Premio governativo d'incoraggiamento di 1° grado per l'architettura.

1880

Vince il primo premio al concorso governativo d'incoraggiamento nella classe di architettura e riceve la nomina a professore applicato di Disegno Architettonico e della Geometria elementare nella Regia Accademia di Belle Arti di Milano: Mentessi entra a far parte del corpo insegnante dell'Accademia di Brera iniziando il lungo rapporto professionale e personale che lo unirà a Luca Beltrami. Grazie allo stipendio può finalmente permettere alla madre Teresa di raggiungerlo a Milano.

Partecipa alla Esposizione Nazionale di Torino con un modello e un disegno architettonico della Porta del duomo di Milano.

La frequentazione della Famiglia Artistica si fa più assidua e coinvolgente: in tale ambito posa come modello per gli amici Previati e Gola in due dipinti a olio su tela oggi entrambi in collezioni private; del sodalizio frequenta inoltre per diverso tempo la scuola libera del nudo, del costume e del ritratto, impratichendosi così anche nello studio della figura umana.

1881

Su incarico dell'Accademia di Brera per conto del Ministero della Pubblica Istruzione, collabora con Luca Beltrami all'esecuzione dei rilievi del Lazzaretto di Milano, poi raccolti in un album fotografico e pubblicati dallo stesso Beltrami nel 1882.

Porta a termine il *Rilievo della porta del Palazzo Sacrati di Ferrara*, saggio realizzato su finanziamento del Ministero a seguito del conseguimento del Premio governativo d'incoraggiamento del 1879-1880.

Partecipa all'Indisposizione di Belle Arti, organizzata dalla Famiglia Artistica in concomitanza con la grande Esposizione Industriale Nazionale di Milano. Disegna e dipinge la facciata del padiglione dell'Indisposizione in via San Primo (già studio dello scultore Pompeo Marchesi), con interventi dei pittori Vespasiano Bignami, Giulio Gorra, Eugenio Giuseppe Conti e Giuseppe Puricelli.

Collabora con Carlo Ferrario all'esecuzione del secondo sipario (o "Comodino") del Teatro alla Scala.

1882

Il 7 luglio ottiene la patente di abilitazione all'Insegnamento del disegno e il 14 novembre successivo riceve l'incarico da parte del Regio Ministero della Pubblica Istruzione per l'insegnamento della Geometria elementare agli allievi della Seconda sezione della scuola festiva presso l'Accademia di Brera, incarico svolto fino al 1912.

Riceve la nomina a far parte della Direzione della Famiglia Artistica.

Tra i colleghi artisti frequenta soprattutto Luigi Conconi e Giorgio Belloni, assistendo il primo nella stesura del suo progetto destinato al concorso per la realizzazione del Monumento a Vittorio Emanuele II a Roma e dipingendo insieme al secondo a Pavia e a Selvino durante l'estate. In particolare con Belloni inizia un rapporto di amicizia fraterna durato per tutta la vita; un altro stretto vincolo amicale è quello con il pittore di origine ticinese Filippo Franzoni, anch'egli conosciuto tra Brera e la Famiglia Artistica.

Espone a Brera *Sostra di legno e di carbone* e *Piccolo chiostro della Certosa di Pavia.*

1883

Risale a questo anno l'avvio del progetto di Luca Beltrami per il palazzo della istituenda Società per le Belle Arti ed Esposizione permanente di Milano – che sorgerà tre anni dopo in via Principe Umberto (oggi via Filippo Turati) –, il quale vedrà la collaborazione tra Mentessi e il collega Giovanni Battista Todeschini finalizzata alla decorazione pittorica del loggiato.

Invia alla Esposizione Nazionale di Roma *Ingresso della Certosa di Pavia* ed espone a Brera *Serina, in provincia di Bergamo*, *Ingresso alla Certosa di Pavia* e *Cupole di S. Sebastiano in Milano.*

Abita in piazza San Carpoforo 18, poco lontano dall'Accademia di Brera.

1884

Viene chiamato a far parte della Commissione giudicatrice degli allievi della Scuola superiore d'arte applicata all'industria, incarico poi rinnovato nei due anni seguenti.

Realizza numerosi rilievi e disegni prospettici delle facciate, degli interni, di elementi d'arredo e di particolari decorativi del nuovo palazzo allestito dai fratelli Fausto e Giuseppe Bagatti Valsecchi tra via del Gesù e via Santo Spirito, finalizzati a illustrare l'articolo di una rivista d'arte.

Viene chiamato dalla Scuola superiore d'arte applicata all'industria a fare parte della commissione giudicatrice.

Partecipa con *Le porte del Duomo di Milano* alla esposizione annuale di Brera e con il quale tenta il concorso Fumagalli; il Consiglio accademico, nella seduta del 29 aprile, con quindici voti a favore e due contrari, gli conferisce il titolo di socio onorario.

1885

Presenta a Brera *Piazza del Duomo di Milano; impressione dal vero*, oggi conservato presso le collezioni della Società del Giardino di Milano. Già a quest'epoca utilizza una macchina fotografica, servendosene anche come sussidio per il suo lavoro di pittore.

Frequenta con altri colleghi il salotto culturale scapigliato dei coniugi Benedetto Yunck e Teresa Garbagnati e quello di Gerolamo Cairati, architetto e pittore inizialmente dilettante, e della moglie Erminia Vogt; con questi ultimi, di cui è pressoché coetaneo, stringe un forte rapporto di amicizia.

1886

Il 5 febbraio è chiamato a supplire il posto di aggiunto alla Scuola di Prospettiva dell'Accademia di Brera «senza remunerazione».

Entro aprile porta a termine la decorazione pittorica di gusto neo rinascimentale del loggiato del palazzo della Permanente, che in quel mese viene inaugurato con la prima mostra sociale (le figure allegoriche sono opera di Todeschini). Oggi i dipinti non sono più presenti.

Pubblica insieme a Luca Beltrami *Raccolta di motivi decorativi sull'insegnamento del chiaroscuro nelle scuole*, una cartella comprendente venticinque tavole riprodotte in eliotipia.

Coinvolto da Luca Beltrami, realizza alcune illustrazioni per *Il Naviglio. Strenna del Pio Istituto dei Rachitici di Milano 1886*, edita a Milano per i tipi dello Stabilimento Giuseppe Civelli.

In estate soggiorna a Venezia, dove dipinge en plein air e dove lo raggiunge Beltrami; in seguito si reca a Verona a trovare Belloni. A dicembre espone alla rassegna sociale della Famiglia Artistica.

1887

Dopo la morte di Luigi Bisi e il passaggio della cattedra di Prospettiva a Carlo Ferrario, con Regio Decreto del 20 marzo viene nominato primo aggiunto della Scuola di Prospettiva a Brera, incaricato dell'insegnamento del paesaggio.

Il 18 maggio entra a far parte della Commissione per gli esami di patente di disegno presso la stessa Accademia di Brera.

In estate si reca a Oggebbio sul Lago Maggiore, ospite degli amici Gerolamo Cairati ed Erminia Vogt, il cui cenacolo culturale, frequentato tra gli altri anche dal mercante, critico e pittore Vittore Grubicy, dal letterato e traduttore Felice Cameroni e dal pubblicista di fede repubblicana Carlo Bozzi, diffonde in questi anni a Milano le istanze dell'ideismo; poi soggiorna a Venezia, dove visita l'Esposizione Nazionale e dipinge insieme ai colleghi e amici Carlo Cressini e Franzoni.

Collabora con Luca Beltrami al progetto per la torre campanaria del duomo di Milano.

In *Milano Vecchia. Strenna del Pio Istituto dei Rachitici di Milano 1887* pubblica l'acquarello *Case degli scalpellini alla fabbrica del Duomo.*

1888

È eletto membro della Commissione permanente di Architettura nell'Accademia di Brera, carica rinnovata anche negli anni seguenti. Su nomina del Ministero dell'Istruzione Pubblica è commissario del Concorso al posto di Aggiunto al professore di Geometria, Prospettiva e Architettura nel Regio Istituto di Belle Arti di Parma.

Espone alla rassegna annuale della Permanente *Riva della Piazzetta Ducale* e partecipa a quella della Famiglia Artistica. In novembre si reca a Roma.

1889

Partecipa alla Exposition Universelle di Parigi con l'opera all'acquarello intitolata *Facciata del duomo di Milano secondo progetto di Beltrami.*

Alla rassegna sociale della Permanente espone *Impressione* e *Sera* e a quella della Famiglia Artistica *Impressioni veneziane* a olio e un acquarello; invia alla Società Promotrice di Torino *Ricordi di Venezia* e *Nebbie del mattino.*

In estate si reca insieme a Belloni a Erbezzo, località alpestre in Provincia di Verona, per un soggiorno di lavoro comune.

1890

Insieme a Previati e a Conconi esegue le decorazioni pittoriche del loggiato della villa del senatore Giovanni Facheris a Inzago, nei pressi di Milano.

Espone alla Permanente il dipinto a olio *Prato fiorito* e l'acquarello *Quiete*; alla Promotrice torinese manda *La piazzetta ducale di S. Giorgio.*

1891

A febbraio presenta alla Famiglia Artistica la serie delle *Fantasie architettoniche* all'acquarello, particolarmente apprezzate da Vittore Grubicy su «Cronaca d'Arte». Partecipa con *Disegni ed acquarelli (schizzi)* e con la composizione a olio *Ora Triste* – oggi presso la Pinacoteca Ambrosiana – alla prima Esposizione Triennale di Milano, per il cui catalogo disegna l'illustrazione destinata alla copertina. Per la medesima esposizione viene incaricato con altri colleghi per lo studio dell'allestimento.

Dal novembre 1891 ai primi di giugno del 1892 esegue lavori di decorazione nella casa di Giuseppe Beltrami (fotografo, fratello di Luca) in Ronchetto, presso Milano.

1892

Disegna la illustrazione per la testata di «Vita Moderna», giornale «d'arte, scienza e letteratura» diretto da Gustavo Macchi che vede l'apporto di pittori e poeti afferenti al protosimbolismo e al socialismo umanitario.

È presente alla consueta rassegna natalizia della Famiglia Artistica con *Abbozzo di soffitto a olio* e l'acquaforte *Interno del Duomo di Cremona*.

1893

All'Esposizione di Monaco di Baviera espone *Sei schizzi in una cornice*. Il 18 giugno viene nominato socio onorario del Circolo Artistico Ferrarese.

1894

Risale a questo momento l'incontro con l'avvocato Luigi Majno e sua moglie Ersilia Bronzini, insieme a Filippo Turati e ad Anna Kuliscioff esponenti di punta del socialismo milanese e sostenitori di molteplici iniziative progressiste e finalizzate al riscatto dei lavoratori e delle minoranze. Con entrambi l'amicizia diventa fraterna attraverso una frequentazione quotidiana e una forte e convinta condivisione dell'impegno sociale. Chiamato familiarmente "Mentessone", il pittore è una figura di famiglia per i figli della coppia, Carlotta (Lotta, Lottina), alla quale impartisce lezioni di disegno, Maria (Mariuccia) ed Edoardo (Dino, Dinetto).

Partecipa alla seconda Esposizione Triennale di Milano, svoltasi nella primavera in concomitanza con le Esposizioni Riunite presso la ex Piazza d'Armi, con tre nuclei di opere grafiche intitolati collettivamente *Schizzi* (due nuclei sono realizzati con l'uso di matite e uno attraverso l'acquaforte) e con i dipinti *Lagrime* e *Studio*, quest'ultimo acquistato dal banchiere e collezionista milanese Giulio Pisa.

1895

Mentessi è accettato alla prima Esposizione Internazionale di Venezia con *Panem nostrum quotidianum*, composizione di contenuto sociale iniziata l'anno precedente ora conservata alla Galleria d'Arte Moderna e Contemporanea di Ferrara.

Alla Famiglia Artistica espone *Il viatico*, oggi nelle raccolte della Cassa di Risparmio di Ferrara.

A questo momento risale l'inizio dei lavori di decorazione pittorica a encausto e tempera dell'interno della chiesa di San Babila a Milano, raffigurante le immagini di dodici santi.

1896

Partecipa alla Esposizione Internazionale di Berlino con *Mezza figura* e alla Triennale di Torino con *Orfane*.

Trasloca, sempre insieme alla madre, in piazza Castello 22, dove allestisce anche lo studio. Vi rimarrà fino al 1901.

1897

In ragione dell'alto numero di iscritti, da quest'anno in Accademia gli viene affiancato il collega Angelo Cattaneo per l'insegnamento della Prospettiva.

Insieme a Conconi e al giovane allievo Giovanni Buffa realizza le illustrazioni per il romanzo *Teresa* di Neera (pseudonimo di Anna Zuccari Radius), pubblicato dall'editore Galli di Milano.

Sovraintende alla realizzazione del trittico *Il lavoro redento* destinato alla volta del salone delle riunioni della Società di Mutuo Soccorso dei Ferroviari di Milano, affidata agli allievi Antonio Rizzi per il disegno della composizione e a Innocente Cantinotti, Alfonso Quarantelli e Guido Zuccaro per la esecuzione pittorica a olio su tela.

Presenta alla seconda Biennale di Venezia il trittico *Visione lieta*, realizzato a pastello e a tempera, che viene acquistato dal collezionista e banchiere milanese Alberto Vonwiller, che insieme alla moglie Edwige Gessner condivide e sostiene le imprese filantropiche promosse da Ersilia Majno; i cartoni preparatori al dipinto appaiono alla rassegna natalizia della Famiglia Artistica mentre *Orfane* viene invece riproposto alla terza Triennale di Milano.

1898

Il lavoro redento viene ultimato ma non inaugurato a causa dei moti popolari scoppiati a Milano nel mese di maggio e duramente repressi dal governo.

Durante l'estate soggiorna a Montesiro in Brianza per occuparsi insieme a tre giovani collaboratori, tra cui Cantinotti, della decorazione della villa Il Paradiso, di proprietà dei coniugi Giulio Pisa e Antonietta Rizzi, anch'essi appartenenti all'entourage dei Majno. Qui, in uno studio improvvisato, nell'autunno inizia a lavorare a un nuovo trittico inizialmente intitolato *Al tempo della pellagra* e poi ribattezzato *Visione triste.*

In novembre chiede e ottiene un periodo di congedo dall'insegnamento a causa di disturbi nervosi dovuti a un eccessivo carico di lavoro.

Illustra il romanzo *Mater Dolorosa* di Gerolamo Rovetta, edito dallo stesso Galli e partecipa alla rassegna annuale della Famiglia Artistica.

1899

Fa parte del Comitato pro-reclusi di maggio, istituito da Ersilia Majno e da altre attiviste in seguito agli arresti politici avvenuti durante i moti di Milano del 1898 e compare nell'elenco degli artisti che donano opere da essi eseguite per la raccolta di fondi finalizzati al sostegno del Comitato stesso.

Insieme ad altri tredici membri (undici donne e due uomini) il 28 dicembre Mentessi fonda l'Unione femminile nazionale.

Presenta alla terza Biennale di Venezia *Visione Triste* – oggi alla Galleria Internazionale d'Arte Moderna di Ca' Pesaro a Venezia – e alla mostra annuale della Famiglia Artistica gli studi preparatori al dipinto. Riceve dall'Ospedale Maggiore di Milano la commissione del ritratto della benefattrice Savina Alfieri Nasoni Borsa a cui rinuncia per passarla all'amico e collega Emilio Longoni.

1900

Mentessi viene chiamato dalla Scuola superiore d'arte applicata all'industria a far parte del suo consiglio dirigente in rappresentanza del Comune di Milano.

Nell'ambito dell'amichevole consuetudine che lo unisce ai nobili Giovanni Marenzi e a sua moglie Isabella Delmati, possidenti e collezionisti di cui frequenta il salotto culturale milanese insieme ad Arrigo Boito, Luigi Mangiagalli e Carlo Mancini, inizia un lungo rapporto di lavoro inerente al restauro e alla decorazione delle cappelle della famiglia Marenzi a Telgate, nella Bergamasca, e Delmati a Carate Brianza e Lenno sul Lago di Como. A questo momento risale anche l'intervento decorativo nella cappella funeraria della famiglia Gnecchi Ruscone nel Cimitero di Verderio.

Invia *Visione triste* alla Exposition Universelle di Parigi (dove il dipinto viene premiato) e con la composizione a pastello *Studio* o *Madre operaia* ottiene il premio Principe Umberto alla quarta e ultima Triennale di Milano.

1901

Si trasferisce con la madre in via Correggio 33, fuori Porta Magenta e nei pressi di via Monte Rosa dove sta sorgendo l'Asilo Mariuccia, luogo presso cui abiterà fino al 1904.

È membro della giuria della regione Emilia Romagna per l'accettazione delle opere destinate alla IV Mostra Internazionale d'Arte di Venezia.

Invia alla Esposizione Internazionale di Monaco di Baviera *Madre operaia* e alla quarta Biennale di Venezia il trittico *Gloria!*, acquistato dal Ministero di Pubblica Istruzione per la Galleria Nazionale d'Arte Moderna di Roma. Alla rassegna annuale della Famiglia Artistica è presente con il pastello *Lagrime*, appartenuto a Luigi Majno e oggi alla Pinacoteca "Il Divisionismo" di Tortona.

Illustra *Canzoniere veronese* del poeta in vernacolo Berto Barbarani, pubblicato dall'editore Luigi Ronchi di Milano.

1902

Viene nominato visitatore dei corsi delle scuole serali di disegno elementare d'ornato a Milano e incaricato di redigere i programmi d'insegnamento del disegno per le scuole della Società Umanitaria.

È chiamato a far parte della commissione esaminatrice della Prima esposizione internazionale d'arte decorativa di Torino.

Porta a termine la pala d'altare *La Madonna dei gigli* destinata all'edicola funeraria della famiglia Delmati nel Cimitero di Lenno.

Partecipa al Concorso Alinari del 1902 per l'illustrazione della *Divina Commedia* con una tavola dedicata al canto XI del *Paradiso*, poi riprodotta in collotipia nel volume *La Divina Commedia novamente illustrata da artisti italiani*, a cura di Vittorio Alinari (Firenze 1903).

Il 12 dicembre Mentessi partecipa alla inaugurazione dell'Asilo Mariuccia, voluto da Ersilia Majno in memoria della figlia immaturamente scomparsa l'anno precedente: Mentessi si occuperà in modo attivo della istituzione attraverso molteplici modalità, facendone parte del Comitato permanente ma anche prestando la propria opera di artista.

1903

Viene invitato a far parte della commissione consultiva e di vigilanza per le Scuole di disegno elementare e complementare della Società Umanitaria.

In supporto all'amico pittore Longoni, la cui opera in quell'anno viene rifiutata dai giudici della quinta Biennale di Venezia, cura insieme a Ersilia Majno, che ne scrive la introduzione, il volume dal titolo *Solidarietà di amici ideò questa pubblicazione in risposta a un verdetto che colpiva in Emilio Longoni la coscienza artistica collettiva*.

Prende parte al Concorso Alinari indetto a Firenze con il pastello *San Francesco e il lebbroso*, ora conservato alla Galleria d'Arte Moderna di Palazzo Pitti. Espone alla quinta Biennale di Venezia l'opera intitolata *Ombra*, acquistata dalla magnate e collezionista americana Elisa Wetzlar e inizia alcune grandi composizioni intitolate *Verso la morte*, *Giorni che non son più* e *Nel bacio di Cristo*, non portate a termine e verosimilmente perdute.

Insieme a Buffa e a Pietro Chiesa illustra *La Cattedrale*, versi di Francesco Chiesa editi a Milano da Baldini & Castoldi ed espone alla rassegna annuale della Famiglia Artistica.

1904

Viene chiamato dal Dipartimento della Pubblica Educazione del Canton Ticino per redigere un rapporto sull'andamento delle scuole di disegno e formulare proposte per la loro riforma.

Avvia la Scuola di disegno professionale collegata all'associazione "La Fraterna", fondata due anni prima in seguito allo sciopero delle cosiddette "piscinine", le giovanissime operaie milanesi apprendiste sarte.

Entra a far parte di una commissione per studiare la questione della facciata del duomo di Milano.

Riceve la nomina di Accademico di merito presso l'Accademia di Belle Arti di Perugia.

Per la famiglia Sessa inizia lavori di decorazione della cappella di famiglia ubicata presso il Cimitero di Cremella, in Brianza.

Partecipa all'Italian Exhibition a Londra con sei *Disegni e acquarelli riuniti in una sola cornice*.

Espone alla rassegna annuale della Famiglia Artistica.

Pubblica otto disegni sulla rivista «L'Art» per un articolo di Alfredo Melani su palazzo Bagatti Valsecchi.

Sistemato il proprio studio nella Galleria Vittorio Emanuele (al terzo piano, scala 12), vi adatta una veranda «per poter eseguire studi di pittura in piena luce».

1905

Viene incaricato dal direttore del Consiglio di Stato del Dipartimento Pubblica Educazione del Canton Ticino a dirigere il Corso Speciale da impartire ai docenti delle scuole di disegno cantonali durante le vacanze estive; tale incarico sarà rinnovato per il triennio 1909-1913.

È chiamato a far parte della Commissione per la nomina del professore-direttore della Civica Scuola di Pittura di Pavia.

Tra l'estate e l'autunno approda più volte nel Consiglio dei professori il conflitto con il titolare della Scuola di Prospettiva, Carlo Ferrario, che non approva il metodo d'insegnamento di Mentessi.

Espone alla sesta Biennale di Venezia *Veglia*, acquistato dall'editore e proprietario di giornali Frank Andrew Munsey di New York.

I Mentessi tornano ad abitare nel precedente alloggio di piazza Castello 22, più confortevole e comodo per la sua prossimità a Brera e al centro cittadino.

1906

Partecipa alla Esposizione Nazionale di Milano del 1906 con la composizione a tempera *Il morticino*, ora alla Galleria d'Arte Moderna di Milano; nell'ambito della medesima esposizione riceve la "medaglia d'oro di collaborazione" quale direttore della Scuola festiva femminile per le piccole lavoratrici di Milano.

Per i tipi di Baldini & Castoldi illustra *La Reggia* di Francesco Chiesa insieme a Edoardo Berta, Luigi Rossi e Pietro Chiesa.

1907

A seguito della morte di Ferrario, gli viene provvisoriamente affidata la direzione della Scuola di Prospettiva.

Si dimette da membro della Commissione di vigilanza per le scuole d'arte ma le sue dimissioni sono rifiutate da Augusto Osimo, segretario generale della Società Umanitaria.

Espone alla settima Biennale di Venezia la tela intitolata *Pace*, ora appartenente alla Galleria d'Arte Moderna e Contemporanea di Ferrara.

Riceve la medaglia di prima classe per il trittico *Gloria!* alla Quinta Exposicion Internacional de Arte di Barcellona.

1908

A seguito di un concorso, Mentessi viene nominato professore di Prospettiva dell'Accademia di Brera per il biennio di prova 1908-1909.

1909

Fa parte della Commissione esaminatrice del corso di disegno litografico della Scuola del Libro della Società Umanitaria.

Nella seduta del 21 marzo l'Accademia di Belle Arti di Venezia gli conferisce la nomina a Socio d'Onore.

Espone alla ottava Biennale di Venezia la composizione a pastello e tempera *Ramingo*, oggi a Lugano presso il MASI – Museo d'arte della Svizzera italiana.

1910

Il 18 maggio muore la madre, per la quale progetta e fa eseguire il monumento funerario destinato ai giardini cinerari del cimitero monumentale di Milano (il marmo utilizzato viene donato all'artista da Luca Beltrami). La scultura, che ora ospita anche le ceneri di Mentessi, dopo la morte dell'artista verrà traslata al cimitero della Certosa di Ferrara da Edoardo Majno.

Il primo agosto è confermato definitivamente professore di Prospettiva a Brera, conservando l'incarico dell'insegnamento della Geometria elementare per gli allievi della seconda lezione.

Viene pubblicata la *Relazione alla Commissione Cantonale delle scuole di disegno del Canton Ticino* a cura di Giuseppe Mentessi e del collega pittore svizzero Edoardo Berta.

Il 2 agosto il Ministero dell'Istruzione chiede a Mentessi di donare il proprio autoritratto per la collezione storica degli autoritratti nella Galleria degli Uffizi.

Il 23 dicembre viene stipulato l'atto di vendita della casa di Ferrara, pratica di cui si occupa l'amico ingegnere Giuseppe Previati, fratello di Gaetano.

1911

Pubblica per i tipi della casa editrice Dante Alighieri il volume *Insegnamento razionale dei primi elementi del disegno, con esempi di applicazione professionale*, programma completo tenuto da Mentessi presso "La Fraterna".

Presenta alla Esposizione Internazionale di Roma *Il Dominatore*, acquistato dal Comune di Roma e ora alla Galleria d'Arte Moderna; prende parte alla prima esposizione indetta dall'Associazione degli Acquarellisti Lombardi con *Ricordo di Venezia* e alla rassegna annuale della Famiglia Artistica.

1912

Espone alla decima Biennale di Venezia *L'anima delle pietre* e *Fiori*.

Invia in dono a Beltrami un disegno raffigurante il Castello Sforzesco in prospettiva.

1913

Partecipa alla Esposizione Internazionale di Monaco di Baviera riproponendo *Il Dominatore*, che viene premiato.

A Parma, in occasione del Centenario Verdiano, gli viene dedicata una sala monografica nell'ambito della Mostra Retrospettiva d'Arte Emiliana che si tiene a Palazzo Ducale.

1914

Inizia ad accusare problemi di salute e di conseguenza trascorre lunghi periodi di riposo a Zoagli, nella Riviera ligure di Levante, e a Torno, sul lago di Como, dove dal 1909 è ospite del banchiere milanese Emilio Prandoni. In dicembre alloggia all'Hotel Bellevue di Santa Margherita Ligure.

Invia alla undicesima Biennale di Venezia il trittico *Settimana di Passione*, oggi conservato alla Galleria d'Arte Moderna e Contemporanea di Ferrara.

Riceve la nomina a membro della Commissione per il Castello Sforzesco.

1915

Il 9 gennaio muore l'amico fraterno Luigi Majno.

È invitato dalla Camera di commercio e dalla Società Umanitaria a studiare una riforma per le scuole di disegno della Lombardia.

Partecipa all'Esposizione primaverile della Permanente di Milano con *La Settimana di Passione* e l'acquarello *Bersaglio. Il bombardamento della cattedrale di Reims*, entrambi oggi conservati alla Galleria d'Arte Moderna e Contemporanea di Ferrara.

1916

Su sua iniziativa presso il Pio Istituto dei Rachitici di Milano viene istituita la Scuola per i Mutilati di guerra, di cui Mentessi si occupa di definire il programma di studio, con il coinvolgimento dell'Accademia di Brera che mette a disposizione insegnanti e materiale didattico.

Nello stesso periodo viene incaricato dal Consorzio per le Scuole Professionale di Disegno di visitare le scuole dell'hinterland milanese e della Brianza sussidiate dal Consorzio, coadiuvato da Angelo Cattaneo e Pietro Chiesa con cui fissa le linee guida di un programma di studio elementare del disegno.

Partecipa ad alcune iniziative espositive in favore dei soldati al Fronte con opere allegoriche come la coppia di composizioni a tempera e pastello a pendant *Incubo* e *Liberazione*, ora appartenenti alle raccolte del Gruppo BPM.

1917-1919

Viene invitato a scegliere il materiale d'arte prodotto dalla Scuola dei mutilati per l'esposizione *La scuola e la guerra* che si apre a Parigi il 6 maggio 1917.

Collabora come disegnatore con «L'Illustrazione Italiana» e per Luca Beltrami realizza alcuni disegni ricostruttivi del profilo di Leonardo da Vinci pubblicati su «Emporium» nel 1919 (*Il volto di Leonardo*).

In questi anni soggiorna a lungo e a più riprese a Roma, dove alloggia presso l'Hotel Santa Chiara e dove lavora; alterna la permanenza nella capitale con viaggi ad Assisi, dove si trattiene per dipingere realizzando un nucleo di dipinti di paesaggio, alcuni dei quali saranno selezionati per il volume di Ettore Janni *Le vie del Santo. Spiriti e luoghi del poema francescano*, edito nel 1927. Si reca a Villa

Jacobini a Frascati a visitare la raccolta di quadri di Antonio Mancini appartenente all'imprenditore francese Fernand Du Chène de Vère.

1920

Emilio Prandoni gli commissiona il progetto per il nuovo cimitero di Torno.

Esce a cura di Giuseppe Mentessi, Angelo Cattaneo e Pietro Chiesa la guida *Relazione e programmi per l'insegnamento del disegno nelle scuole professionali e operaie. Redatto per il Consorzio per le scuole professionali di disegno del forese fra la Provincia, la Camera di Commercio e Industria e la Società Umanitaria di Milano*.

Tra novembre e dicembre è a Roma dove inizia gli studi concordati con Luca Beltrami, grazie al quale entra in contatto con l'archeologo Giacomo Boni che incontra più volte tra le rovine dei Fori e sul Palatino. Nell'Albergo d'Inghilterra, grazie all'amicizia di Beltrami con la famiglia dei proprietari, i Raimondi, riesce a ricavare uno studio, dotandolo di tutto il necessario per dipingere in vista della partecipazione alla mostra al Palazzo delle Esposizioni.

1921

A più riprese e fino al 1924 trascorre lunghi periodi nella capitale, dove alloggia ancora all'Albergo d'Inghilterra, lavorando al corpus di composizioni grafiche destinate al volume *Roma*. In aprile è raggiunto da Giovanni Beltrami con cui si reca a visitare l'Esposizione di Belle Arti. Di ritorno in giugno a Milano, visita le mostre postume di due amici scomparsi, Cesare Tallone, titolare della cattedra di pittura a Brera, e lo scultore Domenico Ghidoni. Trascorre l'estate a Pré Saint Didier, in Valle d'Aosta, ospite dell'amico fotografo Emilio Sommariva e della sua famiglia, e a Lenno sul lago di Como, per poi fare ritorno in dicembre a Roma.

Espone alla prima Biennale Romana una delle sue ultime composizioni impegnative, il trittico *Eterno altare*.

1922

Nel mese di luglio, a causa dei problemi di salute che lo affliggono da ormai molti anni, chiede ufficialmente al presidente dell'Accademia di Brera di essere collocato a riposo. In giugno è ospite a Villa Rachele a Sala Comacina.

L'Accademia Albertina di Torino gli conferisce il Diploma di Accademico Nazionale.

La Società Amatori e Cultori di Roma gli riserva, nell'ambito della sua rassegna annuale, una sala personale.

1923

Dal primo marzo entra in aspettativa dall'insegnamento in Accademia per «ragioni di famiglia»; sarà collocato a riposo a decorrere dal 31 dicembre successivo.

Espone presso le sale della Galleria Pesaro di Milano un nucleo di impressioni paesaggistiche romane; alcune sue tavole sono pubblicate su «L'Illustrazione Italiana».

1924

Il Ministero della Pubblica Istruzione gli conferisce la medaglia d'oro come Benemerito dell'Istruzione e la nomina a professore emerito dell'Accademia di Brera.

Trascorre lunghi periodi a Torno dove ha sistemato il proprio studio e dove segue a distanza le prove di riproduzione fotografica e a stampa dei suoi disegni per il libro *Roma*.

Il 7 agosto, presso il notaio Luigi Amadeo, deposita le proprie disposizioni testamentarie, nelle quali nomina proprio erede universale l'avvocato Edoardo Majno, considerato ormai come un figlio.

1925

È nominato membro dell'Accademia di San Luca a Roma.

Trascorre i primi mesi dell'anno a Bergamo per seguire da vicino, presso l'Istituto Italiano di Arti Grafiche di Bergamo, le bozze in vista della stampa del volume *Roma,* ideato e realizzato in collaborazione con Luca Beltrami, che raccoglie tutti i suoi studi eseguiti sulle opere architettoniche della città.

Da quest'anno il suo indirizzo di abitazione risulta trasferito in via Pietro Verri 7, presso la casa dei Majno.

1925-1926

Tra il novembre del 1925 e l'aprile del 1926 è costretto a farsi ricoverare più volte all'Asilo Evangelico per ammalati per problemi di salute. Trascorre periodi di vacanza a Lenno, a San Pellegrino e a Zoagli.

Stila appunti autobiografici in vista di un programma radiofonico trasmesso il 26 maggio 1926.

1927

Da Zoagli si trasferisce per qualche tempo a Santa Margherita Ligure, dove lavora all'aperto.

Viene ultimato il Cimitero di Torno riedificato su suo progetto.

Partecipa alla Mostra Internazionale Francescana di Assisi.

1928

Vive tra Milano e la casa-studio di Torno. Partecipa alla Grande Mostra d'Arte Ferrarese.

1929-1930

Mentessi soggiorna a Roma, dove alloggia presso l'Albergo d'Inghilterra. Qui esegue un nuovo ciclo di impressioni dedicate al paesaggio e alle vedute della capitale.

Collabora alla messa a punto del materiale iconografico per una pubblicazione di Luca Beltrami, *Un maestro: Tranquillo Cremona. 1837-1878. Nel Cinquantenario della sua morte* (Milano, Allegretti, 1929).

1930

Con l'aiuto di alcuni ex allievi porta a termine la decorazione pittorica delle facciate e del refettorio dell'Asilo Mariuccia. Esegue *Ore serene*, oggi alla Galleria d'Arte Moderna di Ferrara.

Tra la fine dell'anno e l'inizio di quello successivo soggiorna a lungo per motivi di salute a Fasano, sul Lago di Garda.

1931

Affettuosamente assistito da Edoardo Majno e dalla sua famiglia, dopo un breve ricovero presso l'Asilo Evangelico per ammalati, il 14 giugno Giuseppe Mentessi muore a Milano. La camera ardente viene allestita presso l'Asilo Mariuccia da dove parte il corteo funebre diretto al cimitero monumentale; le sue ceneri sono conservate accanto a quelle della madre presso il cimitero della Certosa di Ferrara.

Sergio Rebora

Cinquant'anni d'arte. Dal naturalismo lombardo al simbolismo internazionale

> Il Mentessi, sempre gentile, diafano, diremmo quasi, per poter rendere il soprasensibile.
> (a.c.m., *La Triennale II*, in «Lega Lombarda», 23-24.5.1897)

Lo straordinario impegno profuso da Giuseppe Mentessi per tutta la vita nell'ambito dell'insegnamento in un certo senso ne ha retrospettivamente, se non sminuito, perlomeno attenuato il notevole risalto ottenuto in tempo reale dalla sua attività di artista, ritenuta dalla critica originale, di sofisticato livello qualitativo, coinvolta nella ricerca di nuove soluzioni espressive di avanguardia e dunque in assoluta sintonia con l'evoluzione del dibattito culturale del tempo.[1]

Che fin dall'esordio, ancora in anni assai giovanili e di formazione, all'aspirante pittore risultino angusti gli orizzonti provinciali della natia Ferrara e di Parma, dove si trasferisce per studiare all'Accademia di Belle

1. Per un approfondimento della figura dell'artista si veda *Giuseppe Mentessi. Opere nelle collezioni del Museo dell'Ottocento di Ferrara. Catalogo generale completamente illustrato*, a cura di Marcello Toffanello con la collaborazione di B. Avanzi, Comune di Ferrara, 1999 e in particolare i seguenti interventi: Beatrice Avanzi, *Giuseppe Mentessi. L'opera pittorica*, pp. 3-21; Marcello Toffanello, *Il vero, le fantasie e gli ideali attraverso il disegno*, pp. 25-49. A Toffanello si deve inoltre il successivo contributo: *Giuseppe Mentessi (1857-1931) Artista di sentimento*, catalogo della mostra, a cura di Marcello Toffanello, Ferrara, Pinacoteca Nazionale, 10 marzo-10 giugno 2018, Ferrara, 2018. Risulta ancora assai utile il precedente *Giuseppe Mentessi (1857-1931). Mostra antologica*, Ferrara, Palazzo dei Diamanti Galleria Civica d'Arte Moderna, 1° luglio-2 ottobre 1972, Cento, SIACA Arti Grafiche, 1972, specie la introduzione di Zeno Birolli; naturalmente un riferimento imprescindibile per le notizie di prima mano e il ricco corredo di immagini è la prima monografia dedicata all'artista e curata da Edoardo Majno, *Giuseppe Mentessi*, Milano, Rizzoli & C., 1932.

Arti, lo rivela inequivocabilmente il suo intento di stabilirsi a Milano, in quel momento centro primario delle arti grazie alla presenza dell'Accademia di Brera e di un dinamico mercato dell'arte. Mentessi rinuncia così a un dignitoso incarico didattico nella sua città di origine presso l'Ateneo e, oltretutto, in un momento in cui impellenti necessità economiche obbligano lui e sua madre a sacrifici e privazioni. Come si può ora constatare grazie alla disponibilità dell'archivio dell'artista, riordinato e reso consultabile per volontà dell'Unione femminile nazionale, il forte richiamo del capoluogo lombardo – allora come oggi da considerare tra le città italiane quella più simile alle grandi capitali europee – viene esercitato sul poco più che adolescente "Beppino" dal "fratello maggiore": Gaetano Previati. Anch'egli ferrarese, più grande di cinque anni e da sempre in rapporti familiari e amicali con Mentessi e la sua famiglia, a sua volta Previati si è in precedenza trasferito nel capoluogo lombardo per studiare a Brera e intraprendere la professione del pittore.[2]

Al di là del tono proprio delle formule retoriche del tempo, la fitta corrispondenza intercorsa tra i due soprattutto nel periodo compreso tra il 1876 e il 1882 illustra con efficacia, indulgendo in dettagli forse minuti ma estremamente illuminanti circa le modalità quotidiane della vita di un artista "alle prime armi" nella metropoli lombarda, un rapporto davvero fraterno. Previati, che si descrive con narcisistica e autoironica evidenza anche nelle situazioni in cui appare di volta in volta vittima di fatalità ed eventi avversi, propone fin dall'inizio a Mentessi di affittare casa e studio insieme,[3] introducendo l'amico al vivace milieu ambrosiano dal sapore bohémien animato dai compagni d'Accademia di entrambi, poi divenuti colleghi, perlopiù afferenti alla Famiglia Artistica fondata soltanto pochi anni prima.[4] Tra quelli ricordati con maggiore frequenza nell'epistolario

2. Per alcuni cenni sugli anni giovanili di Previati si rimanda a Francesco Tedeschi, *Gaetano Previati: formazione e attività predivisionista*, in *Gaetano Previati 1852-1920. Un protagonista del simbolismo europeo*, catalogo della mostra, a cura di Fernando Mazzocca, Milano, Palazzo Reale, 8 aprile-29 agosto 1999, Milano, Electa, 1999, pp. 32-39; *1920-2020 nel centenario della scomparsa dell'artista gli Angeli ritrovano Gaetano Previati*, Oggiono, Cattaneo Editore, 2020; *Previati in love*, catalogo della mostra, Milano, Galleria Bottegantica, 14-16 febbraio 2020, a cura di Enzo Savoia, Stefano Bosi, Valerio Mazzetti Rossi, Milano, Bottegantica, 2020.

3. Nell'ottobre del 1876 Previati e Mentessi si stabiliscono in piazza Borromeo 8.

4. Sulla Famiglia Artistica si veda il seguente e fondamentale contributo: Niccolò D'Agati, *La Famiglia Artistica. Un caso di studio per l'arte a Milano tra il 1886 e il 1914*, Tesi di Dottorato, Università Ca'Foscari di Venezia, a.a. 2020.

compaiono Vespasiano Bignami (che, di poco più anziano, della Famiglia è uno dei promotori e fondatori), e un compatto gruppo di allievi della Scuola di Pittura diretta da Giuseppe Bertini, i quali, pur nell'osservanza dei precetti appresi dal maestro, guardano poi con attenzione a Tranquillo Cremona per la figura e a Filippo Carcano per il paesaggio: in ordine sparso Pio Sanquirico, Leonardo Bazzaro, Francesco Filippini, Amero Cagnoni, Bartolomeo Bezzi, Cesare Tallone cui si aggiungono, da esterno, il nobile "dilettante" Emilio Gola e gli architetti Luca Beltrami e Luigi Conconi, questi ultimi a suo tempo, seppur giovanissimi, amici e frequentatori di Cremona.

Dalle lettere inviate a Mentessi da Previati – quando l'uno o l'altro si trovano rispettivamente a Milano e a Ferrara, dove entrambi nei primi tempi fanno spesso ritorno – emerge la costante disponibilità del primo a confortare e offrire aiuto all'amico anche nelle necessità quotidiane, provvedendo per esempio ai rapporti con corniciai, venditori di articoli per pittori, trasportatori, modelli, padroni di casa, fornitori vari, sullo sfondo di una comune e costante penuria di disponibilità economiche e del vagheggiamento di sogni di gloria da raggiungere attraverso l'elaborazione della propria visione dell'arte.

1. *Tra paesaggio naturalista e scene di vita urbana*

Virgilio Colombo, professore di belle lettere all'Accademia di Brera, pubblicista, critico militante sotto lo pseudonimo Athos e pittore amatoriale, lascia il ritratto indelebile di un Mentessi poco più che ventenne sulle colonne de «La Lombardia» in occasione della rassegna braidense del 1882, sintetizzando anche il significato della ricerca perseguita dal giovane artista in quegli anni:

> È un giovane bruno, di media statura, dagli occhi neri, dallo sguardo vivo e profondo. Magro, irrequieto, facile all'entusiasmo, alla collera ed all'ammirazione. Onesto e sincero, non conosce l'odio, ha un culto speciale per l'amicizia. Osservatore fine, arguto artista, assiduo lavoratore va colla giovane scuola, senza trascurare gl'insegnamenti della vecchia. Schiettamente modesto, gli dispiaceranno queste mie schiette lodi e più la pubblicità che voglio dare al suo nome [...] Il Mentessi ha una larga attitudine a far di tutto e bene. Dipinge in ogni genere, dalla decorazione all'affresco, dal quadretto di costumi allo scenario. In un suo bugigattolo, su negli abbaini, il quale gli

> serve di studio, finisce dei quadri così grandi che occupano l'intiero solaio; un teschio d'una povera morta e un nero panneggiamento, fissati alle tegole e disposti fra le assi cadenti del tetto gli danno delle lugubri ispirazioni, che agli altri metterebbero i brividi nelle lunghe notti insonni. Fa degli studi intorno alla Certosa di Pavia, per la strada larga e polverosa, ed un tiro a quattro, scatenandosi a furia, lo rovescia nel fossato. Il sole, il vento, la pioggia, il turbine lo perseguitano; si smarrisce nel bosco, s'impaura nei sonori androni, misteriosamente buj di un antico convento. Ed egli ritrova sempre nella sua ferrea volontà, nello sconfinato amore per l'arte l'ingegno vivo, paziente, attivissimo e procede, severamente studiando, con qualche noia, con qualche dolore di più, coll'immagine di un ridente avvenire dinanzi agli occhi.[5]

La concretezza – fin da allora dote spiccata di Mentessi – sembra fare in modo che, nonostante tale vicinanza fraterna, l'immaginifico e scanzonato Previati non sia scelto dal giovane amico come modello da emulare. La stessa qualità lo induce invece a intraprendere da subito, e per sempre, la via dell'insegnamento per poter sopravvivere decorosamente insieme alla madre, sopraggiunta nel frattempo a Milano, e ad avvicinarsi a un solido compagno di corso dell'Accademia, Giorgio Belloni. Appartenente a un'agiata famiglia di possidenti di Codogno, centro agricolo del Lodigiano, Belloni è per Mentessi, soprattutto fino al 1890, l'amico e il confidente più intimo con il quale condividere esperienze ma anche riflessioni teoriche e spunti di ricerca sperimentati direttamente en plein air nell'ambito della pittura di paesaggio e di scene urbane animate, alla quale entrambi nell'arco degli anni Ottanta dell'Ottocento si dedicano intensamente.[6] Nel luglio dello stesso 1882 Belloni scrive alla sorella Antonietta auspicando che il premio di fondazione Fumagalli a Brera venga assegnato a Mentessi:

> Se tu conoscessi la storia di questo mio amico e l'ingegno potente che ha sono certo che tu pure glielo augureresti di cuore; è sempre stato tanto sfortunato! Ti basti sapere che ha 25 anni ed è la prima volta che ha potuto mettere da parte un gruzzolo di denaro per potere fare dei lavori dal vero. Di suo non ha un centesimo, e gli tocca mantenere la mamma cui vuole un bene grandis-

5. Athos [Virgilio Colombo], *A Brera III*, in «La Lombardia», 2 settembre 1882, n. 241, p. 2.

6. In assenza di un contributo monografico recente, per un approfondimento su Giorgio Belloni si rimanda a Enrico Piceni, *Giorgio Belloni*, Busto Arsizio, Bramante Editrice, 1981.

simo. Noi in compagnia si fa del gran ridere infischiandoci di tutti e facendo a modo nostro.[7]

Con generosità fraterna e assolutamente discreta Belloni lo sosterrà anche finanziariamente in alcune occasioni.

Attraverso l'epistolario è possibile datare l'avvio del rapporto tra i due giovani proprio al 1882: come già accade nei confronti di Previati, Mentessi rende all'amico alcuni favori pratici, provvedendo, per esempio, in sua assenza alla incorniciatura dei quattro paesaggi presentati da Belloni al concorso Fumagalli. Estremamente produttivo risulta il lavoro svolto in comune durante l'estate per studiare la natura dal vero, a Serina, sulle montagne orobiche, e alla Certosa di Pavia che in questi anni ispira anche Bazzaro. Gli scrive infatti Belloni da Codogno: «A quest'ora spero che ti sarai portato al termine coi lavori della Certosa e che anche quello della porta esterna figurerà accanto a quello di fiori»,[8] alludendo a *Piccolo chiostro della Certosa di Pavia* presentato a Brera nello stesso 1882 e a *Ingresso alla Certosa di Pavia*, comparso invece alla Esposizione Nazionale di Roma e alla rassegna braidense l'anno successivo. Del primo, Giovanni Pozza nota che in esso è raffigurata «un'aiuola fiorita con tanta freschezza di colori e leggiadria di tocco, che par di sentirne il profumo», aggiungendo però: «Ma dietro a quei fiori c'è un porticato che non scorcia e che non è solido di colore come dovrebbe»;[9] e anche Lorenzo Benapiani esprime in merito le sue perplessità:

> La fiacchezza del lato sinistro in primo piano, che contende l'illusione ottica dello scorcio, il tono soverchiamente forte del muro di fronte, che non lascia posto al porticato, sembrando sulla stessa linea delle colonne e qualche altro neo condoniamo al Mentessi per l'intelligenza del tocco, per la freschezza ed il profumo dei fiori, per la pace e la poesia che regnano nel suo dipinto.[10]

Del secondo quadro, gli scrive scherzosamente lo stesso Belloni, a proposito della Nazionale romana cui anch'egli partecipa: «Si dice anche

7. Ivi, pp. 11-12.

8. Cartolina postale di Giorgio Belloni a Giuseppe Mentessi, Codogno 19 agosto 1882, AUFN (Archivio Unione femminile nazionale), Giuseppe Mentessi, Corrispondenza mittenti diversi, b. 1, fasc. 9.

9. Giovanni Pozza, *L'Esposizione di Belle Arti a Brera II*, in «Il Pungolo», n. 257, 18-19 settembre 1882, p. 2.

10. Lorenzo Benapiani [Napoleone Brianzi], *A Brera. La pittura*, in «La Ragione», n. 243, 4-5 settembre 1882, p. 2.

che l'ingresso alla Certosa non sia stato fatto tutto dal vero e sebbene vi si noti una gran conoscenza delle linee prospettiche lo si ritiene troppo caro di prezzo stante che le macchiette anche quelle vestite da donna somigliano tutte all'Etrusco».[11]

Le prime prove pittoriche mentessiane – peraltro disperse – risulterebbero dunque ispirate alla koinè del naturalismo lombardo derivato dalla lezione di Carcano e Gignous, un linguaggio diffuso che in quei primi anni Ottanta giunge alla sua piena maturazione tra il consenso della critica e del mercato. Ma accanto a queste "impressioni" – che, seppure documentate solo da immagini d'epoca, possiamo immaginare non troppo dissimili da quelle di Bazzaro, Filippini, Dell'Orto, Boggiani, Spreafico e degli altri maestri trentenni operanti a Milano sulla stessa scia – Mentessi si segnala a Brera nel 1882 con un dipinto audace, *Sostra di legna e di carbone* ambientato nella chiesa di San Vincenzo allora sconsacrata e adibita a deposito. Nell'interno,

> oscurissimo e misterioso, [...] per distinguervi le linee e i dettagli bisogna che l'occhio si abitui alla intonazione di tinte brune che vi domina e che spicca come una macchia nera fra il verde dei paesaggi circostanti. In questa tela, nella quale si sentono le visioni di un poeta, c'è tutto l'ingegno originalissimo del Mentessi; ingegno fantasioso e romantico, che sa dare uno spirito di vita a tutte le cose. Il quadro è robusto di colorito, finissimo nelle gradazioni delle tinte, giusto ed evidente nelle prospettive. Guardato da vicino mostra una pennellata sicura, disinvolta, elegantissima, che va messa tra le migliori qualità del dipinto.[12]

La bizzarria del soggetto e l'anticonvenzionalità della sua esecuzione formale sembrano rimandare al clima irriverente e sulfureo che anima la Famiglia Artistica e che si concretizza nella Indisposizione del 1881, alternativa alla celebrata Esposizione Nazionale svoltasi a Milano in quell'anno. Forse il confronto assiduo e amicale nell'ambito del sodalizio con Conconi e Beltrami – quest'ultimo figura di riferimento per Mentessi anche

11. L'Etrusco è il soprannome di una sorta di factotum ricordato spesso anche epistolarmente da Previati e che operava nell'orbita dei giovani pittori usciti da Brera prestandosi a pagamento come modello e per varie incombenze tecniche e logistiche.

12. Pozza, *L'Esposizione di Belle Arti a Brera II*, p. 2. Dell'opera, attualmente conservata in collezione privata, Belloni scrive: «Ho sentito dire che a Roma hai già venduto la tua sostra [deposito] e che hai ricevuto la commissione di farne diverse copie», cartolina postale di Giorgio Belloni a Giuseppe Mentessi, Codogno 19 dicembre 1882, AUFN, Giuseppe Mentessi, Corrispondenza mittenti diversi, b. 1, fasc. 9.

nella sua vita da docente accademico – risulta davvero determinante per la sollecitazione di questa vena umbratile e irrazionale che l'artista manterrà viva nel corso della sua sperimentazione e che si rinnoverà, per così dire, stemperata o sublimata nelle più ambiziose e universali composizioni ispirate, negli anni successivi, alle istanze del simbolismo internazionale.

Ma alla prima metà degli anni Ottanta risale anche il tentativo di sviluppare in scene pittoriche la resa della luce studiata nelle diverse ore del giorno sulla prospettiva architettonica, una indagine sul vero che ci appare consapevole degli esiti permessi dalla fotografia, già utilizzata da Mentessi nel 1885 ricorrendo a uno tra i primissimi apparecchi fotografici destinati ai dilettanti, come attesta Belloni.[13] È verosimilmente questo lo spirito che informa alcuni dipinti presentati allora a Brera, semplici *tranche de vie* avvicinabili a quelle di Mosè Bianchi da un lato e di Leonardo Bazzaro dall'altro; ma, data l'intimità del rapporto, Mentessi potrebbe anche essere stato suggestionato in modo diretto dalla tela raffigurante il duomo di Ferrara con le bancarelle antistanti che avrà visto Previati dipingere nel 1881. Stiamo parlando di *Le porte del Duomo di Milano* e *Piazza del Duomo di Milano; impressione dal vero*, esposti alle rassegne braidensi rispettivamente nel 1884 e nel 1885, precedute dal disperso *Cupole di S. Sebastiano in Milano*, apparso a Brera nel 1883.

Entrambe le opere animano immediatamente il dibattito critico. Per quanto concerne la prima, con la quale il pittore tenta il concorso annuale Fumagalli, secondo Luciano (pseudonimo di un recensore de «Il Pungolo» finora non identificato)

> Buona e ammirata da molti è la facciata del nostro Duomo che ha esposto il Mentessi; è un lavoro coscienzioso e condotto con una sicurezza di pennello che non è lecita che ai bravi artisti. Ma ha un difetto; la uniformità di colorito. Il Duomo, la gradinata, la via e, in fondo, i portici settentrionali si confondono in una sola tinta, che non è bianca e non è grigia; è una tinta indovinata per il monumento e falsa per il piano della via.[14]

A tale giudizio si allinea Gustavo Macchi: «Il Mentessi ha saputo rendere assai bene la finora così antiartistica facciata del Duomo, ricavandone

13. Mentessi si rifornisce di materiale fotografico presso la ditta fondata da Oscar Pettazzi a Milano, cartolina postale di Giorgio Belloni a Giuseppe Mentessi, Legnago, 1° marzo 1885, AUFN, Giuseppe Mentessi, Corrispondenza mittenti diversi, b. 1, fasc. 9.

14. Luciano, *L'Esposizione di Brera. La prospettiva*, in «Il Pungolo», n. 267, 27-28 settembre 1884, p. 3.

un discreto effetto. Il suo pennello è più pronto e sicuro, ma peccato che l'intonazione dia al marmo del Duomo quella certa tinta di cioccolatte e panna. Buonissime invece sono le macchiette del *brougham*, dell'*omnibus* e del tram»,[15] mentre anche Benapiani formula in sostanza un giudizio non favorevole:

> Mentessi questa volta ci ha giocato un brutto tiro. Dopo la sua bellissima *Sostra*, ci aspettavamo un dipinto forte, di polso – ed egli invece ci riproduce la metà parte inferiore della facciata del Duomo sotto un effetto d'ottica così diverso da quello con cui ci sembra presentarsi realmente il vero, che in verità duriamo fatica a credere al cartellino e non sappiamo riconoscere l'indole dolce ed in pari tempo bizzarramente misteriosa del nostro giovane e distinto artista.[16]

In maniera inaspettata il solo Mongeri, l'esponente più autorevole della critica conservatrice, assolve pienamente l'opera:

> Il Mentessi, autore del primo di questi dipinti prospettici, può tenersi a vanto di aver sciolto uno dei più arditi problemi di luce diffusa, con una massa invasa di toni luminosi, e quasi uniforme, che sott'altro pennello sarebbe riuscita una spianatura senza interesse, sotto quello del Mentessi prende vita e vigoria di luce, con il giocar di ombre di tocchi rapidi che si direbbero gittati a corsa di briglia sciolta, onde si resta sotto la impressione caleidoscopica della realtà, costretti quasi di socchiudere le palpebre offese da quel bagliore riflesso dal biancheggiar del marmo.[17]

Più rapide e superficiali le annotazioni relative invece alla versione del 1885: per Chirtani «Una facciata del Duomo di Milano del Mentessi è invece troppo leggera d'impasto, troppo d'un sol colore gialletto; ma è disegnata con brio e cifra gustosa»;[18] mentre secondo Macchi «Il Mentessi ripete un suo motivo della *Piazza del Duomo* in modo originale ed elegante, con un primo piano di macchiette riuscitissime; scorgo però nella

15. Gm [Gustavo Macchi]. *A Brera. Esposizione Annuale di Belle Arti. Il concorso Fumagalli II*, in «La Lombardia», n. 266, 26 settembre 1884, p. 1.

16. Lorenzo Benapiani [Napoleone Brianzi], *A Brera. Il Concorso Fumagalli*, in «L'Italia», n. 642, 28 settembre 1884, p. 3.

17. G.M. [Giuseppe Mongeri], *L'Esposizione di Brera nel 1884*, in «La Perseveranza», 26 settembre 1884, p. 2. Il premio Fumagalli viene in quell'anno assegnato ad Arturo Ferrari per *Coro di Sant'Antonio*.

18. Luigi Chirtani [Luigi Archinti], *Esposizione di Brera. Ancora il concorso Fumagalli*, in «Corriere della Sera», n. 281, 11-12 ottobre 1885, p. 1.

sua intonazione una pericolosa abbondanza di toni violacei; speriamo che sia un malanno passeggero».[19] Solo la recensione anonima pubblicata su «L'Italia» legge il dipinto attraverso il problema dello studio della luce, cogliendone la novità sperimentale:

> Il bravo Mentessi ha esposto quest'anno una seconda edizione della *Piazza del Duomo di Milano*, che a parer nostro, ci sembra migliore di quella dello scorso anno. Lo sfondo del quadro, che comprende pure la piazzetta dei Mercanti, è splendidamente riuscito. Lumeggiato com'è con tutto quel movimento di macchiette, esso rende a meraviglia quella località quando è invasa dal sole. Però il fianco del Duomo è deficiente per forza di colore, di modo che non risulta evidente il distacco che dovrebbe esistere fra questo ed i lontani portici. Così pure, nel primo piano tanto la luce che l'ombra appaiono troppo fredde, e danno l'effetto che quel tratto di piazza sia illuminato dal sole pallido della stagione invernale, che batta su un terreno coperto dalla brina. Le vetture sono egregiamente dipinte ma ingombrano troppo; uno spazio vuoto in quella posizione sarebbe stato opportuno.[20]

Lo scambio epistolare intercorso tra Belloni e Mentessi, stimolato dal fatto che il primo risiede tra Codogno e Verona e il secondo a Milano, permette di conoscere qualche informazione più strettamente inerente alla vita artistica del nostro pittore in quegli anni. Sappiamo così che entrambi i giovani artisti sono lettori del «Guerin Meschino», settimanale satirico fondato nel 1882 nel capoluogo lombardo dai fratelli Giovanni e Francesco Pozza, Carlo Borghi, Guido Pisani Dossi e illustrato dalle vignette di Conconi: attingendo a una "cassa comune" Mentessi manda i numeri del giornale acquistati a Belloni che, dopo averli letti a sua volta, li spedisce a Filippo Franzoni, collega e amico di entrambi. Si tratta di un espediente per risparmiare denaro; così avrebbero fatto pochi anni dopo anche Morbelli e Pellizza. Belloni invece manda a Mentessi «La Ronda», settimanale letterario stampato a Verona. Ben presto l'utilizzo della fotografia contagia anche Belloni: «Andremo a Verona, faremo le nostre fotografie e poi le verremo a sviluppare qui a Legnago, così le vedrai anche tu».[21] Dalla

19. gm. [Gustavo Macchi], *A Brera IX*, in «La Lombardia», n. 262, 23 settembre 1885, p. 2.

20. *L'Esposizione di Belle Arti a Brera*, in «L'Italia», n. 50, 20-21 settembre 1885, p. 2.

21. Cartolina postale di Giorgio Belloni a Giuseppe Mentessi, 1° marzo 1885, AUFN, Giuseppe Mentessi, Corrispondenza mittenti diversi, b. 1, fasc. 9.

corrispondenza l'inquieto Franzoni appare, forse un po' inaspettatamente, l'artista frequentato in modo più assiduo da Mentessi intorno alla metà degli anni Ottanta: un pittore dalla ricerca appartata e ardua, vicino al naturalismo ma connotato anche da un linguaggio a tratti antinaturalistico, un po' come il quasi omonimo Ranzoni.[22] La presenza ricorrente di Beltrami, come si diceva, può apparire ovvia e forse anche quella di Tallone, il quale nel 1884 mostra vivo apprezzamento per i quadri inviati a Brera da Belloni.[23] Mentessi manda all'amico i saluti di Giovanni Battista Todeschini, con il quale condivide l'esperienza della decorazione ad affresco della loggia della sede della Società Permanente progettata da Beltrami, e quelli del giovanissimo Carlo Cressini, un pittore di estrazione alto borghese che diventerà negli anni seguenti l'amico più stretto di Belloni: nel 1889 i due si recano a Parigi per l'Exposition Universelle augurandosi di essere raggiunti da Mentessi, il quale espone alla mostra l'acquarello *Facciata del Duomo di Milano secondo progetto Beltrami*.[24] Sia Belloni che Cressini di lì a poco contraggono matrimoni estremamente vantaggiosi dal punto di vista sociale ed economico e possono così continuare a svolgere la professione di pittori, con impegno e ricerca ma senza essere costretti a guadagnare per sostentarsi come invece dovrà fare Mentessi.[25]

Nell'ambito di questa felice stagione di esperienze comuni, Cressini, Franzoni e Mentessi si recano a Venezia per visitare l'Esposizione Nazionale del 1887 ma anche per dipingere insieme en plein air e incontrare i colleghi veneti, tra cui Pietro Fragiacomo: risalgono in gran parte a quella

22. Per un approfondimento della figura dell'artista si veda *Filippo Franzoni 1857-1911*, catalogo della mostra, a cura di Matteo Bianchi, Simone Soldini, Milano, Società Permanente – Bellinzona, Civica Galleria d'Arte Villa dei Cedri, Milano, Vangelista, 1990. Utile anche *Filippo Franzoni e la fotografia*, catalogo della mostra, Rancate, Pinacoteca Cantonale Giovanni Zust, 12 marzo-31 marzo 2004, Pregassona, Fontana Print, 2004.

23. Cartolina postale di Giorgio Belloni a Giuseppe Mentessi, Legnago 25 settembre 1884, AUFN, Giuseppe Mentessi, Corrispondenza mittenti diversi, b. 1, fasc. 9.

24. Cartolina postale di Giorgio Belloni a Giuseppe Mentessi, Codogno 14 ottobre 1889, AUFN, Giuseppe Mentessi, Corrispondenza mittenti diversi, b. 1, fasc. 9.

25. La corrispondenza con Mentessi, almeno quella conservata, si dirada vistosamente dopo il 1890, anno in cui Belloni si fidanza con la cugina (che poi sposerà); andrà peraltro osservato che stabilendosi a Milano una volta sposato, l'artista non ha necessità di scrivere regolarmente all'amico che può facilmente incontrare in molteplici occasioni. Su Cressini si veda Sergio Rebora, *Carlo Cressini paesista d'alta montagna*, catalogo della mostra, Verbania Pallanza, Museo del Paesaggio, 20 settembre-1° novembre 1992, Milano, Vangelista, 1992.

circostanza le composizioni mentessiane di soggetto lagunare, tra cui *Riva della Piazzetta Ducale* esposta alla Permanente nel 1888 e altre *Impressioni veneziane a olio*, verosimilmente tavolette di piccole dimensioni risolte rapidamente dal vero e presentate alla Famiglia Artistica nel 1889.

Dalla corrispondenza si evince come, almeno per Belloni, il modello ideale sia rappresentato ancora da Carcano, il caposcuola del naturalismo lombardo impostosi alla critica e al mercato in occasione delle incalzanti rassegne nazionali che scandiscono gli anni Ottanta dell'Ottocento: Milano (1881), Roma (1883), Torino (1884), Venezia (1887) e Bologna (1888). A un Mentessi reso malinconico dalla sensazione di essere inconcludente e di consumarsi nell'attesa dell'arrivo della fortuna, Belloni risponde: «hai ragione, ma guarda Carcano quanto ha aspettato!».[26] E per il pittore codognese è ancora Carcano «il più forte di tutti».[27]

2. *La svolta ideista*

Già nel 1885 Belloni nomina spesso nelle sue lettere indirizzate all'amico Mentessi i coniugi Cairati, frequentati da entrambi e un anno dopo chiede notizie del «signor Yunck»,[28] all'evidenza Benedetto Yunck, giovane possidente e musicista più che dilettante, il quale dal decennio precedente insieme alla moglie Teresa Garbagnati apre il salotto della sua casa di via Manzoni (palazzo Borromeo d'Adda) a ritrovi serali musicali e artistici orientati verso la sperimentazione e il concetto di unità tra le arti, che la diffusione della cultura scapigliata rende in quegli anni particolarmente significativi. Frequentano gli Yunck, tra gli altri, Giacomo Puccini, Franco Faccio, Arrigo e Camillo Boito, Alfredo Catalani, Giuseppe Giacosa, Giu-

26. Lettera di Giorgio Belloni a Giuseppe Mentessi, Legnago 1° giugno 1886, AUFN, Giuseppe Mentessi, Corrispondenza mittenti diversi, b. 1, fasc. 9.

27. Lettera di Giorgio Belloni a Giuseppe Mentessi, Casatenuovo 5 settembre 1887, AUFN, Giuseppe Mentessi, Corrispondenza mittenti diversi, b. 1, fasc. 9. Su Filippo Carcano si vedano Magda Valentini, *Filippo Carcano (1840-1914). Vedute milanesi e panorami lombardi*, catalogo della mostra, Milano, Circolo della Stampa, Milano, Edi. Artes, 1987; Elisabetta Chiodini, *Filippo Carcano e l'anima del vero*, in *La pittura del vero tra Lombardia e Canton Ticino (1865-1910)*, catalogo della mostra, a cura di Giovanni Anzani, Elisabetta Chiodini, Rancate, Pinacoteca Cantonale Giovanni Zust, 21 settembre-8 dicembre 2008, Cinisello Balsamo, Silvana Editoriale, 2008, pp. 47-61.

28. Cartolina postale di Giorgio Belloni a Giuseppe Mentessi, Verona 9 dicembre 1886, AUFN, Giuseppe Mentessi, Corrispondenza mittenti diversi, b. 1, fasc. 9.

seppe Grandi, Luigi Conconi, Paolo Troubetzkoy ma soprattutto Tranquillo Cremona.[29] Fratello del pittore Enrico, deceduto prematuramente, Benedetto Yunck è dedito anche al collezionismo d'arte contemporanea: possiede il proprio ritratto e *L'edera* di Cremona, dei quali era stato committente, e una fusione in bronzo del *Beethoven giovinetto* di Grandi, oltre che opere di altri maestri minori afferenti alla Scapigliatura, come Giuseppe Barbaglia.[30] Acquista anche *Le porte del Duomo di Milano*, il dipinto esposto da Mentessi a Brera nel 1884 in precedenza ricordato: nella circostanza l'amico Beltrami fa da tramite alla vendita, dal momento che l'artista si trova a Santa Maria del Monte, presso Varese. La frequentazione di casa Yunck da parte di Mentessi e Belloni e forse Previati – ai quali si accompagna l'altrettanto giovane Gaetano Moretti – appare un elemento significativo per qualificare ulteriormente la temperie del milieu ambrosiano post scapigliato in cui Mentessi si forma, al pari di Previati, con conseguenze dirette anche sugli esiti della sua pittura assai più che su quella di Belloni.

L'altro salotto culturale in cui il giovane artista ferrarese sembra trovare stimoli decisivi per orientare in una direzione alternativa la sua ricerca è, per l'appunto, quello aperto nella loro casa milanese da Gerolamo Cairati e da sua moglie Erminia Vogt a cavallo tra gli anni Ottanta e Novanta dell'Ottocento. Architetto benestante compagno di studi di Moretti, Cairati si è unito in matrimonio con una giovane donna colta e carismatica diventata immediatamente punto di riferimento assoluto nel loro entourage per gli amici intellettuali, artisti, letterati, critici, i quali non si limitano a frequentarne le serate nella casa milanese ma seguono la coppia in villeggiatura, ospiti della villa La Solitudine sita in Oggebbio, sul Lago Maggiore, presa in affitto dagli stessi Cairati.[31] Nel quotidiano confronto dialettico e nello scambio di pensiero di questa sofisticata élite, animata tra gli altri da

29. Su Benedetto Yunck e Teresa Garbagnati si vedano *Paolo Troubetzkoy 1866-1938*, catalogo della mostra a cura di Gianna Piantoni, Paolo Venturoli, Verbania Pallanza, Museo del Paesaggio, 29 aprile-29 luglio 1990, Torino, Il Quadrante Edizioni, 1990, pp. 80-84, nn. 6-8 (schede di Sergio Rebora).

30. Le opere in questione appartengono oggi alla Galleria d'Arte Moderna di Torino.

31. Per una ricostruzione del salotto di casa Cairati e per un approfondimento dei due personaggi si rimanda a Niccolò D'Agati, *Grubicy e Grubesone, Cairati e Rominetto. Lettere misura di un mondo: il carteggio Grubicy-Cairati (1889-1920)*, in *Vittore Grubicy De Dragon. Un intellettuale-artista e la sua eredità. Aperture internazionali tra divisionismo e simbolismo*, catalogo della mostra, a cura di Sergio Rebora, Aurora Scotti, Livorno, Museo della Città, 8 aprile-10 luglio 2022, Ospedaletto-Pisa, Pacini Editore, 2022, pp. 59-69.

Conconi, Previati, Troubetzkoy, Grubicy, Cameroni, oltre che dallo stesso Mentessi, va prendendo forma quel superamento delle poetiche veriste che avevano connotato in precedenza il dibattito culturale milanese, favorendo sul fertile humus della sperimentazione tardo scapigliata l'elaborazione del pensiero ideista, che traghetta gli intellettuali ambrosiani verso le istanze del simbolismo internazionale. È soprattutto Grubicy a teorizzare e praticare in arte il riferimento al mondo delle idee, a ciò che affiora oltre il reale e a difenderne la trasposizione linguistica attraverso l'uso della pittura divisionista, particolarmente sensibile agli effetti espressivi della luce.

Le carte d'archivio, attraverso le lettere indirizzate a Mentessi non solo da Belloni ma anche dal pubblicista di salda fede repubblicana Carlo Bozzi, critico d'arte sulle colonne de «Il Secolo», rivelano molteplici indizi sul rapporto tra l'artista e gli amici Cairati, i quali risultano assidui frequentatori della Famiglia Artistica: Belloni, dando la sua adesione all'idea formulata da Conconi, dopo una seduta del consiglio del sodalizio, di aprire una sottoscrizione per sostenere il bozzetto di Leonardo Bistolfi nel concorso per il monumento a Garibaldi in Milano, coinvolge anche Gerolamo Cairati (chiamato confidenzialmente da tutti gli amici Romino).[32] E poi ci sono i viaggi in compagnia, finalizzati a visitare insieme le esposizioni di belle arti: nel 1888 Belloni impresta a Mentessi il denaro ricavato dalla vendita di alcuni suoi quadrettini dipinti a Erbezzo per permettergli di raggiungere Monaco, meta degli stessi Cairati.[33]

Lo scambio epistolare incrociato tra i vari amici consente di focalizzare nei dettagli un momento magico di quella che, nell'estate del 1887 a La Solitudine, ci può apparire una sorta di piccola Bloomsbury ambrosiana, dove il pigro svago lacustre fa da sfondo ideale allo scambio di esperienze intellettuali e creative: «Che giorni lieti. Che belle sere. Quanto discorrere, quanto fantasticare con gli amici»,[34] scriverà Mentessi a Ersilia Majno ancora dieci anni più tardi. L'artista, come si è accennato, tra agosto e settembre di soggiorno a Venezia per visitare l'Esposizione Nazionale e dipingere insieme ai colleghi, spedisce all'amico Romino alcune fotografie raffiguranti verosimilmente scorci della Serenissima da lui scattate per

32. Cartolina postale di Giorgio Belloni a Giuseppe Mentessi, Verona 4 novembre 1888, AUFN, Giuseppe Mentessi, Corrispondenza mittenti diversi, b. 1, fasc. 9.

33. Lettera di Giorgio Belloni a Giuseppe Mentessi, Codogno 12 ottobre 1888, AUFN, Giuseppe Mentessi, Corrispondenza mittenti diversi, b. 1, fasc. 9.

34. Lettera di Giuseppe Mentessi a Ersilia Majno, Sonvico 23 agosto 1897, AUFN, Famiglia Majno, b. 25.

Erminia, insieme ad altre eseguite in precedenza a La Solitudine.[35] Cairati informa l'amico assente sulla quotidianità: «Per l'onomastico di Erminia, Conconi e Previati ci hanno fatto una sorpresa graditissima, venendo a trovarci», aggiungendo che Previati, durante quel soggiorno, lavora intensamente, dedicandosi per la prima volta al paesaggio: «E a proposito di Previati devo segnalarti un vero miracolo! È preso dalla febbre del lavoro, e lui che aveva giurato di non dipingere una foglia in tutta la sua vita, trova invece delle soddisfazioni grandi dipingendo paesaggio».[36] A settembre Carlo Bozzi, Previati e Conconi sono ancora sul lago raggiunti da Gaetano Moretti e da sua moglie Candida Bacigalupo; Romino, che si dedica alla pittura inizialmente da dilettante, diventando poi un professionista specie in quella che sarà la sua seconda vita a Monaco di Baviera, non ha ancora toccato i pennelli ma sta aiutando Conconi nella redazione del progetto per la Piazza d'Armi di Milano. Previati adesso si riposa, disertando il cantiere del Cimitero di Castano presso cui, da ben cinque anni, avrebbe dovuto eseguire e completare le stazioni della *Via Crucis* ad affresco; Romino ed Erminia a fine settembre andranno a Venezia, meta dello stesso Bozzi (per un giorno solo), mentre Conconi vi si recherebbe a inizio ottobre e forse anche Previati.

I Cairati poi da Venezia vorrebbero spostarsi a Ferrara e a Ravenna; Mentessi intanto spedisce ai genitori di Erminia e a sua sorella Esterina, anch'essi in villa, i loro ritratti fotografici, da lui scattati a luglio a La Solitudine e Romino gli chiede di mostrargli le meraviglie della sua macchinetta quando si ritroveranno tutti insieme a Venezia. È Bozzi, in una lettera inviata a Mentessi al termine della indimenticabile villeggiatura, a descriverne il clima incantato, letteralmente dominato dalla magnetica personalità di Erminia, che in quelle giornate sospese Conconi ritrae in una miniatura all'acquarello e Previati nel ritratto a olio conservato oggi alla Galleria d'Arte Moderna di Milano, all'aperto e vestita di bianco come nella fotografia che le aveva scattato in loco Mentessi. Scrive Bozzi:

> […] la vita qui si passa in una strana eccitazione nervosa che dà una febbre senza attività, e fa gustare squisitamente la dolcezza dell'ozio. […] Nella calma di questa famiglia esemplare, nel silenzio di questa villa, mi par di

35. Lettera di Gerolamo Cairati a Giuseppe Mentessi, Oggebbio 11 agosto 1887, AUFN, Giuseppe Mentessi, Corrispondenza mittenti diversi, b. 2, fasc. 13.

36. Lettera di Gerolamo Cairati a Giuseppe Mentessi, Oggebbio 11 agosto 1887, AUFN, Giuseppe Mentessi, Corrispondenza mittenti diversi, b. 2, fasc. 13.

vivere come non ho mai vissuto e come amo tanto vivere, di idee, di sensazioni, affinando sempre più i sentimenti e i pensieri. È il purissimo fascino, è la finissima influenza dell'anima di qui, della Sig. Erminia, e la vecchia frase del diventare migliori ha le sue vere applicazioni. C'è nella festività della sua compagnia un profumo di melanconia, una bontà, una grazia che si impone.[37]

E da una lettera inviata da Cairati a Vittore Grubicy ci è noto che durante la vacanza Previati esegue altri dipinti dedicati ai villeggianti de La Solitudine, tra cui una grande tela poi appartenuta allo stesso Vittore e oggi dispersa, che immortala Erminia e Candida *en promenade* nei pressi di un vecchio mulino.[38]

Negli anni successivi la coppia si divide ed Erminia Vogt, accompagnata allo psichiatra Lorenzo Ellero, morirà prematuramente nel 1897: in sua memoria Bistolfi scolpisce allora uno dei suoi capolavori funerari, *Il Sogno*, collocato sulla sua tomba al cimitero monumentale di Milano. Ma l'amicizia tra Mentessi e Romino, come si è detto trapiantato a Monaco, si manterrà inalterata. Ancora a distanza di anni Cairati scrive con affetto all'amico in merito a *Gloria!*, esposto dal ferrarese alla quarta Biennale: «Il tuo Trittico a Venezia è una meraviglia. Boja d'un Pepin!».[39]

3. *Tra visione intimista e denuncia sociale*

Nell'estate del 1889 Belloni e Mentessi si accordano per recarsi insieme a Erbezzo, località montana poco distante da Verona, per un soggiorno di lavoro.[40] Sedimentati e rielaborati, gli stimoli presimbolisti germinati nel milieu ambrosiano progressista, gravitante intorno alla Famiglia Artistica e ai salotti intellettuali, si concretizzano in lavori sperimentali e di

37. Lettera di Carlo Bozzi a Giuseppe Mentessi, Oggebbio 16 agosto 1887, AUFN, Giuseppe Mentessi, Corrispondenza mittenti diversi, b. 2, fasc. 9.

38. Niccolò D'Agati, *Grubicy e Grubesone, Cairati e Rominetto. Lettere misura di un mondo: il carteggio Grubicy-Cairati (1889-1920)*, in *Vittore Grubicy De Dragon. Un intellettuale-artista e la sua eredità. Aperture internazionali tra divisionismo e simbolismo*, catalogo della mostra, a cura di Sergio Rebora, Aurora Scotti, Livorno, Museo della Città, 8 aprile-10 luglio 2022, Ospedaletto-Pisa, Pacini Editore, 2022, p. 62.

39. Cartolina postale di Gerolamo Cairati a Giuseppe Mentessi, Monaco 7 maggio 1901, AUFN, Giuseppe Mentessi, Corrispondenza mittenti diversi, b. 2, fasc. 13.

40. Lettera di Giorgio Belloni a Giuseppe Mentessi, Verona 16 giugno 1889, AUFN, Giuseppe Mentessi, Corrispondenza mittenti diversi, b. 1, fasc. 9.

cambiamento, nell'aspettativa della grande – e negli auspici – innovativa Esposizione Triennale di Brera del 1891. Mentessi partecipa a questa crisi inesorabile del naturalismo lombardo da cui Carcano sarà travolto: a Erbezzo, verosimilmente in sintonia con Belloni, supera i limiti del linguaggio impressionistico della cosiddetta scuola lombarda cercando nel paesaggio un'identità psicologica nascosta o sottesa: una natura interiorizzata e restituita pittoricamente attraverso un linguaggio rarefatto e sottile, estremamente attento alla resa vibrante della luce in parallelo alla ricerca divisionista che proprio alla Triennale del 1891 esploderà come una novità deflagrante e senza ritorno. Alle rassegne milanesi del 1889 Mentessi presenta alcuni di questi esempi: alla Permanente espone il disperso *Sera*, descritto da Gustavo Macchi come «un paese singolarmente luminoso e come imbevuto di un sentimento di malinconia – per quanto il risultato non corrisponda ad essi – parmi sianvi i germi di una ulteriore evoluzione del talento del Mentessi»;[41] mentre per Chirtani l'opera «ha la mestizia di un adagio, delicato, velato [...], ma nel quale è il calore nervoso di una passione repressa, d'un intenerimento latente».[42] Alla Famiglia Artistica, ricorda dal canto suo Ferdinando Fontana, «Il Mentessi espone tre opere, e cioè due *ricordi di Venezia* e una *Quiete* (acquarello) che è un capolavoro per il concetto e per l'abilità della esecuzione. Fantasiosa, delicata, piena di passione e di accuratezza nell'istesso tempo quella *Quiete* è davvero una splendida opera d'arte».[43]

E poi nella primavera del 1890 alla Permanente appare *Prato fiorito*: «Un quadro del Mentessi vien molto discusso: è un prato fiorito sul quale par scorra una nebbia formata da petali variopinti; è vaporoso e leggero, ma la vaporosità si estende anche alle contadine che pare sfumino in cielo».[44] La critica coglie in tempo reale l'evoluzione in atto ma è con *Ora*

41. gm. [Gustavo Macchi], *Esposizione di Belle Arti alla Permanente II – Il salone*, in «La Lombardia», n. 131, 13 maggio 1889, p. 3.

42. Luigi Chirtani [Luigi Archinti], *L'Esposizione di Belle Arti alla Permanente. Musica e pittura*, in «Corriere della Sera», n. 131, 13-14 maggio 1889, p. 1.

43. Ferdinando Fontana, *Le esposizioni artistiche per le Feste Natalizie*, in «L'Italia», n. 350, 20-21 dicembre 1889, p. 3.

44. *Un po' d'arte*, in «Il Secolo", n. 8634, 18-19 aprile 1890, p. 2. Per una lettura approfondita del dipinto si veda *Dall'Accademia all'Atelier. Pittori tra Brera e il Canton Ticino nell'Ottocento*, catalogo della mostra, a cura di Maria Angela Previtera, Sergio Rebora, Rancate, Pinacoteca Cantonale Giovanni Zust, 15 settembre-26 novembre 2000, Milano, Electa, 2000, pp. 153, n. 69 (scheda di Lucia Pini).

triste, la composizione cui l'artista lavora a lungo in vista della Triennale del 1891, che si apre davvero una nuova stagione per la sua pittura, in cui sia il paesaggio naturale che quello urbano, quest'ultimo orchestrato in scorci prospettici volutamente virtuosistici e quasi fantastici, diventano sfondo di articolate composizioni di figura, spesso di grande ampiezza e dense di significati reconditi. Come osserva la critica

> È nell'*Ora triste* un corteo funebre che da un piazzaletto, forse della chiesa, s'avvia per una scala al cimitero. Portano a spalle la cassa, che appare al di sopra di un gruppo di donne; e sul davanti due fanciulle, volte le spalle al convoglio che s'avvia, prorompono in pianto. Appare nel quadro un grande e forte sentimento poetico, reso con una individualità spiccata di mezzi dai quali si può attendere molto.[45]

Ma gran parte degli aspetti innovativi dell'opera stanno nell'uso di mezzi espressivi sperimentali e non convenzionali:

> non badi il visitatore eccessivamente alla fattura insolita, che lascia una impressione dubbia; guardi un po' più a lungo, cercando di isolare l'occhio dalle impressioni più violente, più teatralmente ottenute dai quadri vicini; ed a poco a poco vedrà svolgersi fuor dalla nebbia azzurra – in cui per dare una luminosità totale e dare un'unità le ha avvolte il pittore – in linee armoniche le figure.[46]

La perplessità di una parte della critica nei confronti di tale scelta formale viene contrastata dalla incontenibile vis polemica di Vittore Grubicy che, dopo aver definito magistralmente l'opera «un poema gentile, un'elegia mesta e soave», conclude in maniera lapidaria:

> Non fate caso dei botoletti che vi blatterano le solite minuscolissime lezioncine di calligrafia: intonazione troppo violacea, figure dipinte in modo trepidante, incerto [...] fate loro sapere che la vostra opera è ben altro e ben più d'una solita pittura buona e sana che sgorga pacifica e limpida come acqua dal sasso: essa ha la virtù di trasportarci in un tempio, nel tempio sacro al dolore: essa invita al silenzio, alla meditazione, alla preghiera[47].

45. *Attraverso le sale*, in «Cronaca dell'Esposizione di Belle Arti. Esposizione Triennale di Brera 1891», n. 9, 4 giugno 1891.

46. *Ibidem*.

47. Vittore Grubicy De Dragon, *Tendenze evolutive delle arti plastiche alla prima Esposizione Triennale di Brera*, in «Il Pensiero Italiano», fasc. IX, settembre 1891, pp. 60-89 (pp. 81-82).

Siamo già oltre il reale.

Pur attenuando al minimo il tono espressivo e componendo un'immagine di semplificata e quasi solenne sobrietà, priva di ogni dettaglio narrativo, Mentessi trasmette tutto il pathos sotteso alla scena attraverso una stesura rarefatta, vibrante e soprattutto mediante la scelta di una scala cromatica sommessa e in sostanza antinaturalistica, tale da evocare i mondi della memoria e dell'interiorità così strettamente connessi all'idea della morte di una persona cara. In singolare sintonia con il mondo pascoliano – la prima edizione di *Myricae* viene data alle stampe nel 1891 – la poetica di Mentessi sembra, da questo momento in avanti, protesa nell'infinita elaborazione di un lutto. La perdita della figura paterna e il tentativo di sostituirne il ruolo per ricostruire il nucleo familiare originario – il nido – facendosi raggiungere a Milano appena possibile dalla madre, risarcita dei sacrifici compiuti grazie a un sostegno indefesso e infinito, filtra in controluce rispetto alla ricerca mentessiana, ormai orientata consapevolmente verso l'orizzonte del simbolo.

Nel disperso *Lagrime*, presentato alla seconda Triennale del 1894, rispetto a *Ora trist*e il tema della sofferenza da personale e intimista diviene universale e tragico, totalizzante. In una grande scena pietistica di non semplice decifrazione è l'umanità nel suo complesso a essere coinvolta, e sempre in rapporto a una quinta architettonica che – lungi dall'essere sfoggio prospettico – rimanda alla storia, all'umanesimo; mentre il trapasso dal vero al simbolo viene trasmesso, come attesta la critica coeva, dalla intonazione cromatica, da quell'«intenso color di viola [...] che dilaga sulla tela».[48] In una conversazione serale con Carlo Bozzi ed Erminia Cairati Vogt, Felice Cameroni assegnerà a Mentessi il primato della capacità di rendere l'architettura «fantastica, aerea, suggestiva», evocando il prediletto Huysmans con una definizione tratta da *Certains* e applicata all'amico: «pittore-poeta delle visioni architettoniche».[49]

Allo stesso modo, nella pittura mentessiana ricorre il tema della maternità declinato fino alla fine nelle sue varianti esistenziali e sociali e culminato, in questa prima fase degli anni Novanta dell'Ottocento, in due composizioni che virano dichiaratamente in direzione di una intensa sensibilità

48. Neera [Anna Radius Zuccari], *All'esposizione di pittura (I sentimentali)*, in «Idea Liberale», n. 28, 15 luglio 1894, p. 6.

49. Lettera di Felice Cameroni a Giuseppe Mentessi, Milano 8 luglio 1896, AUFN, Giuseppe Mentessi, Corrispondenza mittenti diversi, b. 2, fasc. 15.

nei confronti dei problemi sociali del tempo e di una loro conseguente appassionata denuncia pubblica, che in seguito, attraverso il rapporto con Luigi ed Ersilia Majno e con pressoché tutti gli esponenti del socialismo umanitario milanese tra cui specialmente Filippo Turati e Anna Kuliscioff, si sarebbe consolidata in una consapevole scelta di vita.[50] Pur mantenendo vivo il canale di indagine sulla condizione esistenziale – verosimilmente in tale ambito va a collocarsi un'altra opera presentata alla Triennale del 1894, lo *Studio* acquistato da Giulio Pisa, «una fanciullina piena di sentimento»[51] – da subito Mentessi risulta allineato agli artisti operanti a Milano più impegnati in quel campo, soprattutto a Emilio Longoni, cui è unito da una stretta amicizia fin dagli anni di comune frequentazione prima dell'Accademia e poi della Famiglia Artistica. L'opera in cui forse l'artista anche dal punto di vista formale mostra la sua più efficace adesione alle istanze sociali è, probabilmente, *Panem nostrum quotidianum*: come racconta lo stesso Mentessi all'amico critico Virgilio Colombo,

> un dopo pranzo della scorsa estate passeggiavo fuori di porta quando in una larga campagna di granoturco [...] scorsi venire una contadina, con una figlioletta già grande in collo, dalla figura malata, tristi ambedue e sofferenti... E di sopra il cielo vasto e ridente nella luce grigio argentea morente nello squallido viola del tramonto; e intorno l'ubertosa campagna matura, trionfatrice... il contrasto era troppo stridente: la miseria, forse la fame, in mezzo a quella insolente e sana ricchezza!... Sentii il quadro e il titolo.[52]

L'accentuata frontalità della composizione, che ricorda quella di una Madonna con il Bambino, diviene ancor più impattante per la scelta di un linguaggio rude, quasi brutale, sia nella definizione dei lineamenti segnati e dolorosi della madre che in quella del contesto agricolo circostante: una pittura a impasto lavorata a larghi tratti e senza le consuete rifiniture delicate e sottili, semplificata eppure robusta nella sua consistenza materica quasi sgradevole.[53] Una stesura prossima a quella de *L'oratore dello*

50. In merito al rapporto tra l'artista e la famiglia Majno si rimanda al testo di Daniela Bellettati in questa stessa sede.

51. Br., *L'Esposizione triennale di Belle Arti a Milano*. Lombardi e piemontesi, in «Corriere della Sera», n. 154, 7-8 giugno 1894, p. 2.

52. Virgilio Colombo, *Gli artisti lombardi. Venezia*, Milano, Fratelli Dumolard Editori, 1895, p. 55.

53. Va tuttavia tenuto conto del fatto che Mentessi riprenderà più volte il dipinto fino agli ultimi anni di vita ridipingendone alcune parti.

sciopero dell'amico Longoni, lontana da quella tenue e velata a cui in precedenza Mentessi aveva abituato il suo pubblico e che forse sarebbe stata più congeniale all'atmosfera della prima Esposizione Biennale di Venezia del 1895, culla delle istanze presimboliste internazionali, dove in prima battuta il dipinto – riprodotto sulla copertina dell'*Almanacco Socialista* del 1902 – viene inviato.

La stessa sommaria irruenza formale ritroviamo in *Il viatico*, presentato alla Famiglia Artistica nel Natale del 1895 ed eseguito verosimilmente a Venezia durante il soggiorno effettuato dall'artista in loco in occasione della Biennale. *Orfane* invece, esposto alla Triennale di Torino del 1896 e a quella di Milano l'anno seguente, declina uno dei più diffusi temi appartenenti al filone di denuncia sociale nel tono intimista e accorato cui Mentessi è aduso, anche nella stesura. Al dramma privato vissuto dalle protagoniste l'artista allude appena, nel languore trattenuto e in quella che si direbbe una muta e un po' attonita accettazione degli eventi: ulteriore estenuata dolcezza viene trasmessa dall'abbraccio tra le due sorelle, che ricorda quello delle maternità modellate da Paul Troubetzkoy negli stessi anni, e anche la presenza della raffinata natura morta floreale pare arrecare conforto. Eppure l'opera non riscuote successo. Gustavo Macchi rileva infatti che «alla delicatamente sentita composizione, alla poesia del disegno, una eccessiva modestia della tecnica, stretta nei limiti di un'intonazione grigia, la quale – se corrisponde poeticamente al pensiero dell'autore – non lo rende abbastanza evidente»,[54] mentre l'anonimo recensore de «La Lombardia» afferma che

> Le orfane del Mentessi, che figurarono già, anzi che non figurarono, perché sacrificate nella collocazione a Torino, sono il prodotto necessario di un artista pensatore, che è fin troppo preoccupato delle finezze e delle ricerche di simpatia nel quadro, talché, come risultato, non ci dà forse la somma dell'energia e della volontà consumata nel lavoro. A furia di studiarlo, di prepararlo, la lunga strada, senza che se ne accorga, gli spossa la mano, e si trova dinanzi alla tela sprovvisto di quel fuoco che è tanto necessario al pittore: su quel fuoco è passato troppo lavoro.[55]

Il progressivo affinamento delle proprie qualità grafiche, allenate nel disegno sia a matita che a inchiostro di china, a matita grassa e a sanguigna,

54. gm [Gustavo Macchi], *Terza Esposizione Triennale di Belle Arti alla Permanente. Quadri e pitture*, in «La Sera», 4-5.5.1897, p. 3.
55. Pvc., *La Triennale V*, in «La Lombardia», n. 113, 25 aprile 1897, p. 2.

nel pastello, nella tempera e nell'acquaforte, nell'ultimo decennio dell'Ottocento inducono Mentessi a esercitarsi in tale ambito con un impegno assolutamente paritario rispetto a quello profuso nella pittura a olio, tanto che alla Triennale del 1894 accanto ai citati *Lagrime* e *Studio* presenta ben tre nuclei di *Schizzi* consistenti in disegni e acqueforti. È verosimilmente l'ambiente alternativo e stimolante al confronto della Famiglia Artistica – rinnovatasi nella prima metà degli anni Novanta grazie alla presenza attiva di artisti dediti a una ricerca sperimentale afferente al divisionismo e al simbolismo tra cui Grubicy, Conconi, Previati, Morbelli, Troubetzkoy, Cairati, Rossi, Longoni, Sottocornola, Pusterla – a sollecitare la spontanea inclinazione mentessiana alla grafica coltivata in Accademia, in veste prima di allievo e poi di docente. Se le fantasie architettoniche esposte nel 1891 alla rassegna natalizia della Famiglia rimandano alla pratica prospettica e al rapporto con Beltrami da un lato e al mondo immaginifico di Conconi dall'altro, disegni purtroppo ora non rintracciati quali *Il saccheggio* e *Il trafugamento di una salma* si avvicinano piuttosto alle illustrazioni di Previati per i racconti di Poe.[56] Tra il 1892 e il 1894 in seno alla Famiglia si diffonde poi come una moda la pratica dell'acquaforte, promossa innanzitutto da Grubicy che realizza in quell'arco di tempo le sue lastre riproducenti alcuni dei paesaggi dipinti in precedenza. Anche Mentessi negli stessi anni e verosimilmente nello stesso ambito produce le sue acqueforti, consistenti in sofisticate variazioni sul tema delle sue inconfondibili fantasie architettoniche, ma anche dei suoi cavalli di battaglia pittorici come *Ora triste* e *Lagrime*.

4. *Tra simbolo e allegoria*

Nel 1894 l'incontro con Luigi ed Ersilia Majno, coppia progressista in affermazione nella Milano socialista degli anni Novanta dell'Ottocento, rappresenta per l'artista una svolta radicale sia dal punto di vista della evoluzione della sua ricerca pittorica che da quello esistenziale. La sincera condivisione degli ideali umanitaristici che animano l'azione politica e sociale intrapresa dall'avvocato – non solo nell'esercizio della sua professione forense ma anche in quella di amministratore della *res*

56. Mentessi esegue anche una suggestiva fantasia architettonica per la copertina del catalogo della I Triennale di Brera del 1891.

publica nella sua città di elezione e poi a Roma, a livello nazionale –, le molteplici iniziative assistenzialiste spese in favore dell'emancipazione femminile promosse o partecipate dalla consorte, a cominciare dall'Asilo Mariuccia, e la frequentazione del loro diramato e variegato entourage laico e militante, a cavallo tra Otto e Novecento, contribuiscono certamente a rimodulare l'orizzonte della pittura di Mentessi.[57] Negli stessi anni la famiglia Majno diventa nel vero senso della parola la famiglia del pittore, fino ai suoi ultimi giorni di vita, e, attraverso l'atto di perpetuarne la memoria conservando e tramandando le sue opere e i suoi documenti, anche dopo.

In Ersilia, in particolare, Mentessi identifica finalmente e per sempre la propria interlocutrice privilegiata, un'amica presente in ogni occasione al reciproco confronto, solidale ma anche dialettico, ininterrotto nel tempo ma particolarmente significativo nei primi dieci anni del rapporto, come traspare dal ricco epistolario intercorso tra i due. Il fatto che Ersilia sia non solo una donna impegnata socialmente e senza tregua a favore del suo prossimo più reietto ed escluso ma al contempo anche moglie e madre attenta e sollecita di una numerosa prole è un elemento, sembra di poter dire, ulteriormente rilevante per Mentessi, il quale deve aver proiettato sull'amica la venerazione nutrita a livello ancestrale nei confronti dell'archetipo femminile più tradizionale. Nel 1910, alla morte della amata madre, le scriverà:

> Oh, io credo che la mia povera mammina veda e senta il bene che mi fai. Sapeva con sicurezza in quei dolorosissimi momenti in cui capiva che avrebbe dovuto abbandonarmi per sempre di rivolgere la sua raccomandazione ad un'altra mamma simile a lei e che come lei l'avrebbe accolta con tutto il suo buon cuore per tutto compiere colle più affettuose cure.[58]

57. Sulla figura di Luigi Majno si veda il recente Elisabetta D'Amico, *Andante ma non troppo. Luigi Majno e la scuola positiva tra moderazione e riforma*, Torino, G. Giappichelli Editore, 2022; per un approfondimento della vita di Ersilia Bronzini e della sua forse più nota impresa si consigliano *In memoria di Ersilia Majno fondatrice dell'Unione femminile*, Milano, s.d.; Annarita Buttafuoco, *La filantropia come politica. Esperienze dell'emancipazionismo italiano nel Novecento*, in *Ragnatele di rapporti. Patronage e reti di relazione nella storia delle donne*, a cura di Lucia Ferrante, Maura Palazzi, Gianna Pomata, Torino, Rosenberg & Sellier, 1988, pp. 166-187; Annarita Buttafuoco, *Le Mariuccine. Storia di un'istituzione laica. L'Asilo Mariuccia*, Milano, FrancoAngeli, 1988.

58. Lettera di Giuseppe Mentessi a Ersilia Majno, Lenno 29 settembre 1910, AUFN, Famiglia Majno, b. 25.

Dal punto di vista artistico da subito Mentessi è in qualche modo il pittore di Casa Majno: la piccola Carlotta, detta Lottina, è sua allieva; a lui si devono, in più di una versione, le effigi di alcuni dei familiari a cominciare da quella del padre di Ersilia risalente al 1895, forse un ritratto fotografico rielaborato pittoricamente, come quello successivo che immortala l'amica insieme a Mariuccia.[59] Come traspare dalle lettere il rapporto diventa ancora più intenso e intimo tra il 1897 e il 1898, anno, quest'ultimo, in cui i due passano a darsi epistolarmente del tu. Sincero e gioioso affetto amicale e alta considerazione artistica da parte della donna sono già presenti in una lettera del 1896, tra le prime in ordine di tempo conservate:

> Buon amico, dovrei meglio dire cattivo, perché non ci date vostre notizie. Ma siete perdonato senz'altro perché vi sappiamo tutto occupato nell'arte vostra e immaginiamo che dopo aver dipinto tutto il giorno colla passione e l'entusiasmo che vi conosciamo, non vi rimarrà molto tempo né energia da dedicare ad altra occupazione. Avete già la vostra mammetta da ragguagliare e penserete che noi sapremo immaginare la vostra vita e comprendere i vostri sentimenti. Sì buon Mentessi, vi comprendiamo e vi seguiamo nel vostro lavoro, quasi come ci foste vicino. Speriamo che non avrete troppe incertezze, che non dubiterete troppo del vostro ingegno, della vostra abilità pittorica, così grande e così vera. Non dubitiamo che coll'entusiasmo che vi anima, coll'amore intenso che portate all'arte vostra, creerete un capolavoro che ci darà quei godimenti alti e vivissimi che già altre vostre opere ci hanno procurato. Se sapeste come sono già ansiosa di vedere il vostro quadro, come sovente pensiamo a voi e diciamo con Majno: Cosa farà ora il nostro Mentessone? da quanto tempo non lo vediamo? Eppoi pensiamo che non è molto che ci siete lontano, solo che siamo così avvezzi a vedervi, a sentire la vostra buona e schietta parola che proprio ci mancate.[60]

Emergono nella lettera un paio di elementi che si riveleranno fondanti del loro rapporto: la partecipazione non solo emotiva ma anche, potremmo dire, ideologica dei Majno e in particolare di Ersilia alla fase creativa di

59. Le raccolte di Palazzo Morando conservano i ritratti di Luigi Majno a inchiostro su carta e quelli di Mariuccia e Carlotta Majno eseguiti a olio su tela da Mentessi, pervenuti per legato testamentario di Luigi Majno (2006-2007). Per il ritratto fotografico-pittorico di Ersilia e Mariuccia si veda Giovanna Ginex, *Fotografia e pittura nel laboratorio divisionista*, in *L'età del Divisionismo*, a cura di Gabriella Belli, Franco Rella, Milano, Electa, 1990, pp. 232-295 (pp. 236, 256).

60. Lettera di Ersilia Majno a Giuseppe Mentessi, Rivera, 22 settembre 1896, AUFN, Giuseppe Mentessi, Corrispondenza Majno Bronzini, b. 1, fasc. 1.

alcune opere, dalla elaborazione dei temi alla scelta dei titoli, e il fatto che Mentessi confidi all'amica e a lei sola i propri dubbi e il proprio scoraggiamento di artista. In una parola, una parola moderna, la propria fragilità:

> Lavoro, lavoro, Ersilia con grande fede, con grande ardore, ma sento purtroppo con dolore che dispongo di ben misere forze e mi scoraggio e mi appassiono ma poi ritorna la speranza come il sole dopo le brutte giornate e ritorno al lavoro che amo tanto e che non abbandonerei mai.[61]

Probabilmente l'opera in gestazione cui allude Ersilia Majno nella sua missiva è *Visione lieta*, destinata alla seconda Biennale veneziana della primavera-estate 1897, cardine della pittura mentessiana che recupera e rielabora come fosse antica suggestione la *Maternità* presentata alla Triennale del 1891 dall'amico Previati. Viene qui riproposta nella tanto sofisticata quanto illusoria cornice di un trittico medievaleggiante l'immagine di una madre con il bambino in grembo attorniata da altre figure femminili sullo sfondo di un idilliaco paesaggio primaverile, una composizione oscillante tra la dimensione del quotidiano e quella del sacro. Ancora una volta, dal punto di vista sociale per un uomo, sia pure illuminato, l'esperienza della maternità contribuisce a nobilitare e sublimare il ruolo della donna.[62]

Acquistato dal banchiere Alberto Vonwiller e da sua moglie Edwige Gessner, anch'essi tra gli esponenti della Milano più impegnata nelle molteplici iniziative promosse dall'assistenzialismo laico,[63] *Visione lieta* non risulta esposta al pubblico né fotografata e riprodotta in tempi recenti, cosa che pertanto non rende possibile valutarne direttamente e puntualmente la componente formale, condizionata, per forza di cose, dall'utilizzo dei pastelli colorati e della tempera in luogo della più tradizionale pittura a olio. La medesima tecnica viene scelta da Mentessi anche per l'ideale pendant di *Visione lieta*, la *Visione triste* inviata alla Biennale di Venezia del 1899,

61. Lettera di Giuseppe Mentessi a Ersilia Majno, Milano 2 febbraio 1903, AUFN, Famiglia Majno, b. 25.

62. In realtà la critica coeva più conservatrice sembra interpretare l'immagine in senso esclusivamente misticheggiante (Fert, *L'Arte europea a Venezia II*, in «La Perseveranza», 17 maggio 1897, p. 2; *Note d'Arte*, in «Lega Lombarda», n. 342, 22-23 dicembre 1897, p. 2).

63. Di Edwige Gessner Vonwiller l'Unione femminile nazionale conserva nella sua sede milanese il ritratto a mezzo busto in bronzo, opera di Paolo Troubetzkoy, autore anche di una statuina a figura intera in gesso raffigurante Alberto Vonwiller appartenente al Museo del Paesaggio di Verbania.

altra trasposizione religiosa di un tema umano e universale, quello della oppressione esercitata da un lavoro "non redento", per parafrasare il titolo verosimilmente dato da Mentessi alla monumentale composizione a trittico da lui ideata tra il 1897 e il 1898 per la volta del salone delle riunioni della Società di Mutuo Soccorso dei Ferrovieri di Milano, dove, grazie a un lavoro ben retribuito e garantito da tutele, i lavoratori della terra e del ferro pervengono al benessere familiare e quindi alla pace sociale ripudiando la guerra.[64] In *Visione triste* invece la condizione di sfruttamento e povertà patita dal contado – e aggravata ancora una volta, come già in *Panem nostrum quotidianum*, dalla piaga della pellagra, come è stato chiarito solo di recente –[65] viene trasfigurata e sublimata nella dimensione trascendente il reale di una *Via Crucis* onirica ed emotiva, che, date alla mano, precede l'immaginario sacro di Previati. Come si apprende dall'epistolario intercorso con Ersilia, l'opera viene avviata nell'autunno del 1898 a Montesiro, in Brianza, nella rimessa delle carrozze della villa di proprietà del banchiere e filantropo Giulio Pisa, detta Il Paradiso, i cui ambienti interni l'artista aveva decorato nell'estate precedente insieme alla sua equipe di giovani collaboratori, come si dirà più innanzi:

> Oggi ho ottenuto dal signor Pisa, che è proprio buono con me, di trasformare una parte della rimessa nuova in uno studio da pittore e mi sono subito messo all'opra con due operai che mi ajutano. Sarà una cosa semplice da fare ed in questo giorno me ne sarò sbrigato approfittando del materiale che in questa casa abbonda, così il lavoro mi costerà pochissimo. Vedi che coraggio? Quando non vi saranno più le carrozze, che vorrà poi dire che i signori saranno definitivamente tornati a Milano, allora l'invasione sarà completa ed avrò tutto l'ambiente della rimessa che è bella a mia disposizione. Intanto faccio degli schizzi e delle impressioni sempre pel mio lavoro. Uno studio serio po-

64. Sulla realizzazione dell'opera, tuttora in situ, si veda *Il Lavoro Redento. Il Trittico dei Ferrovieri nel salone della Società di Mutuo Soccorso e Miglioramento fra i Conduttori di Locomotive delle Ferrovie Italiane*, Milano, s.e., 1992, e in particolare il seguente contributo: Giovanna Ginex, *Il Trittico dei ferrovieri: arte sociale e vita d'artisti nella Milano di fine secolo*, pp. 31-57. Da un'affermazione dell'artista si deduce che Ersilia Majno possa avere avuto un ruolo nella scelta della iconografia della composizione: lettera di Giuseppe Mentessi a Luigi Majno, Milano, 22 gennaio 1897, AUFN, Famiglia Majno, b. 25.

65. La scoperta e la corretta interpretazione di tale nucleo di disegni si deve a Marcello Toffanello (*Giuseppe Mentessi. Opere nelle collezioni del Museo dell'Ottocento di Ferrara. Catalogo generale completamente illustrato*, a cura di Marcello Toffanello con la collaborazione di Beatrice Avanzi, Comune di Ferrara, 1999, pp. 33-43).

trò incominciarlo domani che avrò modo di isolarmi e ricoverarmi colle mie baracche nel mio nuovo studio.[66]

Visione triste deve essere considerata la prima opera il cui contenuto scaturisce da un appassionato confronto di idee tra Mentessi e la sua amica:

> Oh Ersilia mi sento bene ed ho una gran voglia di lavorare per la nostra idea cara, per la nostra idea che mi entusiasma sempre. Come sono con te col pensiero in questo mio lavoro. A quante cose che tu mi hai detto io penso continuamente. Ai nostri discorsi, alle nostre speranze, alla nostra fede, ai nostri entusiasmi io penso costantemente. Credilo Ersilia che mi pare di farlo insieme a te questo lavoro ed alla mia mammetta che si è così commossa l'altro giorno quando le ho descritto quello che ho in mente di fare. Ah se potessi riescire Ersilia. Ma avrò ancora bisogno di parlare con te.[67]

E la composizione prende forma attraverso la trasposizione dell'ideale condiviso dai due in uno studio dal vero realizzato con l'ausilio di contadini del luogo che si prestano alla creatività dell'artista non solo come semplici modelli in posa ma come persone, con la loro sofferenza:

> Poi riprendo il mio lavoro coi miei due contadini che sbadigliano e che non avrebbero mai, mai creduto che al mondo si fosse potuto fare un lavoro del genere di quello che io faccio. Come sono meravigliati Ersilia, loro che non hanno fatto che sudare lavorando la terra quante cose ho da dirti. Ho un bisogno grande di parlare con te. Se tu sapessi su quante cose li interrogo, sono stato una volta nella loro casa. Ah Ersilia, poter asciugare certe lagrime, poter ajutare certa gente che non ha mai mai goduto al mondo, che ha sempre pianto, che ha sempre portata quella croce di cui tu, anima buona e cara, tu parli tanto. Li vedo alle volte quando riposano, pensosi a fissare una vanga ch'io ho nel mio studio. Io non so cosa possa passare per la loro mente ma guardo anch'io quell'arma terribile, mi pare come un simbolo di un dolore antico. Da quanto tempo cosa mai cerca quel meraviglioso e terribile istrumento nella terra, cerca del sangue della vita della vita che la povera creatura che lavora la terra non ha. Ho un grande bisogno di parlarti di tante e tante cose che non oso scriverti perché non so fare. Ti parlerò di tante mie impressioni provate vivendo insieme a questa povera gente.[68]

66. Lettera di Giuseppe Mentessi a Ersilia Majno, Montesiro, 9 novembre 1898, AUFN, Famiglia Majno, b. 25.

67. *Ibidem*.

68. Lettera di Giuseppe Mentessi a Ersilia Majno, Montesiro, 9 dicembre 1898, AUFN, Famiglia Majno, b. 25.

Il rapporto di complicità tra i due filtra spesso in controluce nella evocazione dell'atto creativo, come accade riguardo a una composizione non identificabile con sicurezza ma in lavorazione in una data riferibile al 1902, forse il *San Francesco e il lebbroso* destinato al Concorso Alinari di Firenze. Scrive Ersilia:

> Ma prima di dirti altro voglio ripetere l'impressione grande che mi ha fatto il tuo schizzo. Ne ebbi la visione tutto il giorno dovunque andavo e stanotte l'ho sognato finito e tanto bello tanto forte proprio come credo sarà quando l'avrai ultimato. Coraggio caro Mentessi è opera di artista grande e di pensatore quella che hai iniziato e bisogna credere e combattere con fede ed entusiasmo [...] Verrò presto ancora e finirò poi per credere che l'ho fatto anch'io un poco del tuo quadro.[69]

E a proposito di *Ombra*, su cui si ritornerà più innanzi, Mentessi comunica all'amica:

> Martedì dovrò spedire a Venezia il mio lavoro e vorrei notificarlo col nome che ti ho detto ma prima desidero vivamente un tuo consiglio; devi proprio dirmi se ti pare che vada bene. Quante volte ho desiderato che tu fossi qui perché tu vedessi il mio lavoro e per sentire la tua impressione. Come ho pensato a te nel farlo poiché di questi soggetti abbiamo parlato insieme tante volte. Non vedo che l'ora di poter mandartene la fotografia e sono ansioso del tuo giudizio. Che gioia se ti piacesse. [...] Ma che difficoltà Ersilia, che enorme difficoltà. Forma, colore, espressione, io non ho mai faticato tanto. Qualche volta guardando il quadro provo una buona impressione e sono contento e qualche volta lo rifarei tutto. Ma l'ho rifatto con una pazienza da santo non so dirti quante volte ed ora di questo lavoro non capisco più niente ed è bene che io smetta per non guastare quel poco che ho potuto ottenere.[70]

Il tema del lavoratore, in particolare quello della terra, ricorrente in tutta la pittura verista europea dell'Ottocento, nel cruciale 1898 – l'anno delle repressioni governative ai moti di Milano, con il seguito di arresti e processi di esponenti politici socialisti tra cui lo stesso Turati – risulta spesso al centro della ricerca dell'artista in questi anni. Lo attesta il cospicuo

69. Lettera di Ersilia Majno a Giuseppe Mentessi, Milano s.d. ma 1902, AUFN, Giuseppe Mentessi, Corrispondenza Majno-Bronzini, b. 1, fasc. 2. L'anno si deduce dalla descrizione in un passo della lettera di una visita effettuata da Ersilia Majno allo studio di Emilio Longoni durante la quale la donna ammira e commenta due opere dell'artista da poco ultimate datate al 1902, lo studio a olio di *Pecorina malata* e *La pianta*.

70. Lettera di Giuseppe Mentessi a Ersilia Majno, Milano, 31 marzo 1903, AUFN, Famiglia Majno, b. 25.

nucleo di disegni ispirati al dramma della pellagra riferiti alla progettazione di *Visione triste* di cui si diceva e se ne ha riscontro anche attraverso la efficace trasposizione del tema attuata dai più fedeli allievi di Mentessi a Brera, confluiti nella Famiglia Artistica e uniti al maestro dalla condivisione degli stessi ideali di riscatto sociale. Tra questi, Innocente Cantinotti, Alfonso Quarantelli e Guido Zuccaro, che eseguono materialmente il trittico *Il lavoro redento* ma anche Pietro Chiesa, autore de *L'abbrutito* (1897), una grande tela che sembra scaturita direttamente dalla fantasia e dalla sensibilità mentessiane.[71]

Il dittico *Visione lieta* e *Visione triste* – che ricomporre sarebbe fondamentale per una maggiore comprensione della pittura di Mentessi e delle arti figurative in Italia allo scorcio dell'Ottocento – per il magico equilibrio tra forma e contenuto raggiunto in esso rappresenta la prima e forse più convincente testimonianza dell'adesione dell'artista alle istanze del simbolismo. Presentata – sia pure in due occasioni separate – in un contesto prestigioso e internazionale con quello delle Biennali di Venezia, l'opera contribuisce certamente alla consacrazione critica e di mercato di Mentessi.

La tecnica impiegata nella realizzazione dei due dipinti gioca un ruolo nodale. Similmente a Longoni e Sottocornola, altro artista afferente alla Famiglia Artistica e diviso tra l'impegno sociale e l'idillio intimista, Mentessi ricorre spesso, come appunto nel pendant *Visione lieta* e *Visione triste*, all'uso misto dei pastelli colorati e della tempera, materiali peraltro utilizzati negli stessi anni anche da Carcano. In *Lagrime*, che, dedicato a Luigi Majno, ripete il titolo della precedente composizione di cui si è parlato, la sofisticata e rarefatta tessitura condotta a lunghi filamenti di materia colorata informa il punto di vista audace della scena, connotata da un taglio quasi da fotoreporter. Allusivo alla repressione governativa dei moti di piazza milanesi del 1898 secondo alcune letture critiche, di recente il dipinto è stato postdatato al 1901, anno in cui fa la sua comparsa alla esposizione intima della Famiglia Artistica, notato da Bozzi che lo descrive come il «doloroso abbraccio del contadino ammanettato».[72] La particolare delicatezza trasfusa mediante l'uso dei pastelli colorati stesi ricorrendo a

71. *Dall'Accademia all'Atelier. Pittori tra Brera e il Canton Ticino nell'Ottocento*, catalogo della mostra, a cura di Maria Angela Previtera, Sergio Rebora, Rancate, Pinacoteca Cantonale Giovanni Zust, 15 settembre-26 novembre 2000, Milano, Electa, 2000, pp. 148-149, n. 65 (scheda di Lucia Pini).

72. c. b. [Carlo Bozzi], *Le esposizioni d'arte di fine d'anno*, in «L'Italia del Popolo», 1901, n. 366, 31 dicembre 1901, p. 2. Tale importante identificazione si deve a Niccolò

un tratteggio lieve e vibrante, i cui effetti luminosi si avvicinano a quelli resi dalla pittura divisionista, permette a Mentessi di astrarre dal contingente trasfigurando in una visione intimista anche i temi più crudi, come accade nel coevo e disperso *Studio* o *Madre operaia*, che, premiato con il Principe Umberto alla Triennale di Milano del 1900 (un premio "alla carriera", vorremmo dire piuttosto che all'opera stessa), viene inviato a Monaco l'anno successivo. Una composizione, quest'ultima, che proprio grazie alla rarefatta atmosfera intimista conferita dalla resa dei pastelli, più che rendere omaggio all'evidente prototipo rappresentato da *E domani?* di Lazzaro Pasini, sembra evitarne il marcato e calligrafico realismo precedendo i poetici esiti di Sottocornola, tendenza di cui parrebbe verosimile culmine un altro dipinto perduto raffigurante una maternità e condotto con la stessa tecnica, *Ombra*. Esposto a Venezia nel 1903 (dove viene acquistato dalla magnate Elisa Wetzlar), *Ombra* nasce in prima battuta come piccolo studio a olio per cui posa come modella ancora «la signora Coari con la infelice sua creaturina. Ho trovato un motivo dolce, non triste. Una settimana fa era venuta col suo bel bambino la Ferruccia»;[73] solo in seguito Mentessi traduce il soggetto a pastello, parlandone con grande animazione all'amica Ersilia:

> Il quadro rappresenta una mamma seduta sotto un pergolato di rose col suo bambino che tiene stretto al petto e che placidamente dorme. Il gruppo è in una dolce ombra e il fondo è in parte illuminato dal sole e in parte nell'ombra delle pianticelle e del muricciolo del piccolo orto. La mamma mentre tiene così vicino la sua creaturina che dorme pensa. Ed il pensiero che dà al suo volto una malinconica espressione è uno dei tanti che si rinnovano alle menti delle mamme che mentre sognano infiammate e divinizzate dall'amore, l'avvenire splendido, ridente, pieno di gioie per le loro creature sono assalite da dubbi angosciosi che le sgomentano e vedono i loro bambini coll'immaginazione a crescere in un momento e già presi nel gran vortice della vita che sanno purtroppo quasi sempre tanto triste per l'egoismo, per la cattiveria, per le ingiustizie per la crudeltà e la viltà degli uomini. E io ho tentato di dare

D'Agati (Niccolò D'Agati, *La Famiglia Artistica. Un caso di studio per l'arte a Milano tra il 1886 e il 1914*, Tesi di Dottorato, Università Ca'Foscari di Venezia, a.a. 2020, p. 501).

73. Lettera di Giuseppe Mentessi a Ersilia Majno, Milano 2 febbraio 1903, AUFN, Famiglia Majno, b. 25. Secondo una testimonianza postuma, Ferruccia Coari e uno dei suoi figli avevano posato anche per un'opera identificabile in *Visione lieta*, lettera di M. Brusa a Ersilia Majno, Milano 13 luglio 1932, AUFN, Giuseppe Mentessi, Carte postume, b. 1, fasc. 8.

> alla testa della madre faticando più di tre mesi e mezzo, l'espressione che può esserle data da uno di questi pensieri: come se un'ombra passasse sull'anima sua. E precisamente e semplicemente – *ombra* – vorrei chiamare il quadro. Cosa ti pare?[74]

Altre operaie sono quelle che Mentessi nota in Brianza nell'estate del 1898, mentre si trova a Montesiro, impegnato, come si è accennato, nella decorazione della villa Il Paradiso appartenente a Giulio Pisa e Antonietta Rizzi, amici dei Majno ed esponenti di primo piano dell'universo assistenzialista e femminista ambrosiano, coadiuvato da quattro giovani allievi tra cui Innocente Cantinotti. Lo racconta a Ersilia, tratteggiando una descrizione che sembra il tema per una composizione pittorica di tema sociale alla Sottocornola come *L'uscita delle operaie dallo stabilimento Pirelli* (1891-1895) o *L'alba dell'operaio* (1894):

> [...] vi scriverò di alcune mie impressioni. [...] Di un certo fischio che si ode la mattina alle 4 e mezza e che esce dagli stabilimenti che vi sono qui intorno e di certe figure di povere donne, di giovinette e di bambine che si incontrano a sera tarda che sembrano ombre e del loro aspetto e dell'impressione profondamente triste che si prova guardando quelle creature affrante dalla fatica. Di un vastissimo palazzo e di una chiesa fra i quali quegli esseri tristi e oppressi silenziosamente passano ogni sera e ogni mattina.[75]

5. *Il misticismo laico*

Sono gli stessi anni in cui Mentessi si avvicina alla tecnica divisionista pur non adottandola in modo scientifico e programmatico; in più punti si è accennato al ricorso a essa da parte dell'artista. L'attenzione alla resa degli effetti di luce sembra manifestarsi del resto proprio dopo il 1896, quando l'artista colloca presso la propria abitazione uno studio dalle pareti e dalla copertura in vetro per disporre di una luminosità naturale assoluta, come ricorderà molti anni dopo una testimone oculare:

> Mentessi abitava con la sua mamma al quarto piano di Piazza Castello 22 e aveva fatto costruire apposta quel cabbiotto, come lo chiamava lui, di cri-

74. Lettera di Giuseppe Mentessi a Ersilia Majno, Milano 31 marzo 1903, AUFN, Famiglia Majno, b. 25.

75. Lettera di Giuseppe Mentessi a Ersilia Majno, Montesiro 23 luglio 1898, AUFN, Famiglia Majno, b. 25.

stallo all'altezza del lucernario dello studio che aveva al 5° piano per avere molta, molta luce. Si saliva lassù grazie a un ingegnoso congegno di casse sovrapposte che facevano scalini e poi infine una scaletta a mano ci portava nel piccolo eden.[76]

La dimensione intimista e consolatoria – a ben guardare già sottesa a *Ora triste* – si fa componente essenziale della pittura di Mentessi dalla seconda metà degli anni Novanta soffondendo anche i temi sociali, come accade appunto nel secondo *Lagrime*, o trasfigurando quelli religiosi, e finisce per prevalere sull'astrazione del simbolo puro, raggiunta pienamente, secondo il nostro già espresso parere, nel pendant *Visione lieta* e *Visione triste*. E ancora, come Longoni e Sottocornola e persino Pusterla nei loro dipinti di soggetto sacro finalizzati alla decorazione di cappelle funerarie, anche l'artista produce sofisticate immagini di derivazione tardo preraffaellita, come per esempio la pala detta della *Madonna dei gigli* per l'edicola della famiglia Delmati nel cimitero di Lenno, sul Lago di Como, riferita al 1902, in cui il motivo iconografico centrale di *Visione lieta* – il gruppo della madre con il bambino così simile a una scultura di Troubetzkoy o di Pellini – viene rielaborato e tradotto in lessico cristiano in funzione della sua destinazione specifica.

Nel momento di più autentica corrispondenza alle poetiche simboliste, quindi allo scorcio del secolo, mentre intraprende una impegnativa politica espositiva di livello internazionale, Mentessi ottiene riscontri critici e di mercato, premi e attestazioni di stima da parte di colleghi e allievi e di affetto da parte dei numerosi nuovi amici afferenti all'entourage di Casa Majno. Anche Pellizza sembra nutrire considerazione, se non simpatia umana, per il più anziano collega scegliendo di rivolgersi a lui per un consulto bibliografico specializzato.[77]

Pellizza, peraltro, mostra di avere individuato e compreso l'ambivalente fisionomia che l'adesione al simbolismo di Mentessi va assumendo dopo il 1900, nella fattispecie, a proposito di un'opera come il trittico *Gloria!*. Pre-

76. Lettera di M. Brusa a Ersilia Majno, Milano 13 luglio 1932, AUFN, Giuseppe Mentessi, Carte postume, b. 1, fasc. 8.

77. In una lettera del 12 febbraio 1897 Pellizza chiede a Mentessi da parte dell'amico Alberto Callatrone di consigliare un trattato sul disegno finalizzato al conseguimento dell'abilitazione all'insegnamento; il 25 febbraio successivo scrive a Callatrone la risposta di Mentessi: Edmond Valton, *Le Dessin théorique et pratique. Premiers exercices, géométrie, perspective, tracé des ombres, anatomie, composition, architecture, ameublement, costume*, Paris, La Librairie illustrée, 1888. Ringrazio Aurora Scotti per la cortese segnalazione.

sentato alla Biennale di Venezia e acquistato per la Galleria Nazionale d'Arte Moderna di Roma, il dipinto focalizza e sviluppa un dramma esistenziale e individuale – ancora una volta quello di una madre, orbata del figlio caduto da eroe in un evento bellico – vissuto all'interno di una tragedia collettiva come la guerra, dramma sottolineato da quel beffardo punto esclamativo presente nel titolo. Scrive Pellizza che «il trittico *Gloria*, di concezione affatto borghese, sarebbe stato veramente parto di animo popolare quando l'autore sopprimendo i quattro nudi del pannello centrale con quanto tengono alto e facendo posto al campo di battaglia l'avesse intitolato *guerra*».[78]

Il passaggio dal simbolo all'allegoria – tendenza peraltro diffusa nell'ambito delle arti figurative all'inizio del nuovo secolo e culminante, per quanto riguarda il panorama nazionale, nelle opere presentate alla Esposizione di Milano del 1906 organizzata in occasione del compimento del traforo del Sempione – prende forma lentamente ma in modo inesorabile nella pittura di Mentessi; a volte, tuttavia, tale tensione pare attenuarsi fino a scomparire del tutto per lasciar posto a un idillio intimista. È questo proprio il caso della tela con cui l'artista prende parte alla grande rassegna milanese del 1906, *Il morticino*, nel quale la commozione suscitata dai due pannelli di *Gloria!* – dove la madre del soldato caduto viene raffigurata prima in età giovanile mentre culla il suo bambino su uno sfondo di natura primaverile e poi anziana e dolente in un brullo paesaggio invernale – si stempera in una visione dolce e sognante in cui ancora una volta è possibile riscontrare una forte attenzione per la vibrazione della luce di lontana e vaga ascendenza divisionista. Agli antipodi della dimensione umana e quotidiana che connota il *Morticino* dell'amico Pellizza, la composizione mentessiana presenta una scena in cui creature angeliche scendono in una notte stellata a strappare delicatamente alle braccia della madre affranta e sfinita il piccolo defunto: una iconografia prossima a certa scultura funeraria sviluppata dagli epigoni di Bistolfi e Pellini nel genere funerario.

Nell'ambito del profondo rapporto amicale, scandito da apprezzamenti e molteplici atti di solidarietà,[79] che unisce Mentessi e i Majno a Emilio

78. *Giuseppe Pellizza da Volpedo. Il Quarto Stato*, a cura di A. Scotti, Milano, Mazzotta, 1976, p. 198. Per una lettura approfondita di *Gloria!* Si veda *Arte e socialità in Italia dal realismo al simbolismo 1865-1915*, catalogo della mostra, Milano, Palazzo della Permanente, giugno-settembre 1979, Milano, Centro Grafico Linate, 1979, pp. 145-146, n. 98 (scheda di Mirella Poggialini Tominetti).

79. Nel 1899, per esempio, Mentessi rinuncia alla commissione del ritratto della benefattrice Savina Alfieri Nasoni Borsa destinato alla prestigiosa quadreria dell'Ospedale Maggiore di Milano passandola a Longoni.

Longoni in questi anni, culminati nel 1903 con la promozione di un volume illustrato dedicato all'artista, andrà forse inquadrata anche l'attenzione con cui il pittore ferrarese osserva e rimedita alcuni esiti della pittura longoniana: è nota la sua ammirazione incondizionata proprio per *Il suono del ruscello* stesso, rifiutato in quell'anno dalla commissione di accettazione della Biennale di Venezia, forse il lavoro di Longoni più prossimo all'allegoria intesa in senso segantiniano.[80] Opere connotate da un soffuso intimismo esaltato dalla tecnica divisionista, come *Gli ultimi e i primi passi* (1897) e soprattutto l'oggi mutilo *Mattino. Primavera* o *Primavera della vita* (1899), devono apparire a Mentessi consonanti alla sua ispirazione, come lo sono in precedenza altre improntate ai toni della denuncia sociale: per esempio il perduto *Già ladro!* (1893), riecheggiato nel forte disegno *L'arrestato* e finanche nel ricordato *Lagrime*, risalenti l'uno al 1898 e l'altro al 1901.

Come altri artisti decadenti Mentessi insegue senza sosta il progetto di un'opera capitale e definitiva, densa di significati e portatrice di una rivelazione che, in occasione di una grande esposizione internazionale lo avrebbe consacrato agli occhi della critica e sarebbe stata di insegnamento e conforto al pubblico. Al 1903 risale il progetto di *Verso la morte*, una composizione di grandi dimensioni e assai ambiziosa nella ricercata valenza didascalica, avviata e mai portata a termine e di cui finora non si aveva notizia.[81] Confidandosi con Ersilia, Mentessi la descrive dettagliatamente:

> Tre mesi fa incominciai a lavorare servendomi di un povero vecchio, custode di due bambini come ti scrissi e che abitando nel sobborgo a pochi passi dalla nostra casetta, avrebbe potuto venire nel mio studio due ore tutti i giorni, incominciai il disegno grande per il quadro che se avessi potuto condurre a termine avrei chiamato *Verso la morte*, allegoria della povertà e della ricchezza che nella mia immaginazione così vedevo e avrei voluto fare. Un povero vecchio lavoratore dei campi appoggiandosi alla vanga si avvia serenamente verso una gran luce che viene da una campagna lontana tutta ridente di piante fiorite, tutta nella festa delle dolci e delicate tinte dei fiori e di una purissima alba nascente. Il povero vecchio se ne va curvo, stanco con la bella e buona testa stanca alzata e l'occhio fisso nella luce. L'accompagna una giovane bellissima, sorridente, tutta vestita di bianco, recante sempreverdi rose e giacinti e sorride al vecchio e lo conforta, accompagnandolo verso il mistero che

80. Giovanna Ginex, *Emilio Longoni. Catalogo ragionato*, Milano, Federico Motta Editore, 1995, pp. 254-255, n. 275.

81. Ringrazio Daniela Bellettati per la segnalazione del prezioso documento inedito.

> chiude per sempre gli occhi alla creatura umana. La giovane bellissima e buona è la coscienza della povertà. Il primo gruppo viene seguito da un altro, pure di due figure, una di un uomo vestito di una ricca veste di broccato e di un delicatissimo color viola a fiorami d'oro e col capo cinto da una fine corona d'oro. Pensosa e triste, questa figura si avvia pure verso la gran luce e quella che l'accompagna e che non la sorregge né la conforta è coperta da un velo nero e piange: la coscienza della ricchezza e della vanità. Naturalmente io credo che sarebbe stato bello il quadro vedendolo nella mia immaginazione finito, completo, non perché io abbia dato segno d'essere capace di esprimere questo pensiero ma se non fossi stato contrariato da un complesso di cose forse sarei riuscito. Il vecchio poveretto si ammalò, come ti scrissi, e la giovinetta bellissima non riuscii a trovarla e in un triste giorno di malinconia che ora purtroppo son frequenti cancellai anche quel poco che avevo fatto. [....] Vi fu qualche giorno di sosta e pensai un altro lavoro, *Giorni che non son più* per il quale il vecchio solo mi sarebbe bastato se fosse guarito ma continuò a sentirsi poco bene per un pezzo il pover uomo.[82]

E, proseguendo, Mentessi racconta all'amica di un'altra composizione mai realizzata, raffigurante un giovane gruppo familiare di lavoratori, sorta di Sacra Famiglia laica e proletaria:

> Ritornai allora alla prima idea. Mi misi a cercare un cavatore di sabbia, un modello di professione dal torso e dalle braccia fortissime e di belle forme che si era reso introvabile, lo scovai a Trenno, paesello poco lontano da Porta Magenta. Trovai la madre e un ragazzetto di sette anni figlio di un ortolano del sobborgo e incominciai il lavoro che ora sto eseguendo come meglio posso tra difficoltà che non so se potrò riuscire a superare malgrado tutta la buona volontà e la passione intensa con cui lavoro. È un semplice disegno a colori pastello che sto eseguendo e ho scelto questo mezzo facile e pronto perché si presterà meglio di ogni altro per l'effetto che ho in mente e che spero di ottenere e per ricerche e cambiamenti che devo necessariamente fare. Il telaio è appena di un metro e sessanta per uno e trenta poiché la figura principale quantunque in grandezza naturale non vi è rappresentata che poco più della metà. Se io potessi riuscire a far bene questo lavoro vorrei si chiamasse *Nel bacio di Cristo*, ma pensando al mio telaio e agli sgorbi che purtroppo finora vi son sopra malgrado tanta fatica e tanta passione non ho il coraggio di descrivertelo, anzi sento di non doverlo fare se non quando fossi riuscito a esprimere bene il mio pensiero, ma sono purtroppo lontano ancora. Avrò cancellato cento volte ritornando da capo sempre con lo stesso ardore ma fi-

82. Giuseppe Mentessi a Ersilia Majno, Milano 2 febbraio 1903, AUFN, Famiglia Majno, b. 25.

nora solo macchie. Son forme così contrarie, così urtanti rispetto alla bellezza dell'idea poiché l'idea come la vedo nell'immaginazione mi par veramente bella che non ho il coraggio di parlartene soprattutto a te.[83]

È forse possibile rintracciare una sopravvivenza dell'idea della giovane bellissima e buona di *Verso la morte* nella statuaria figura femminile in atto di incedere verso l'astante sullo sfondo di un cimiteretto lacustre fiorito e assolato in *Pace*, che esposto alla Biennale di Venezia del 1907 viene stigmatizzato in diretta dal giovane e inquieto Boccioni: «Mentessi orribile senile».[84] Ancora una volta il confronto più produttivo sembra quello instaurato con la scultura di destinazione funeraria, quella, come si è detto, di impronta bistolfiana divenuta in quegli anni koinè diffusa attraverso l'interpretazione dei tanti artisti lombardi che andavano popolando il cimitero monumentale di Milano con aggraziate ed evanescenti figure femminili piegate al gusto Liberty, da Ravasco a Grossoni da Ghidoni a Laforet, da Galli a Vedani a Boninsegna. E *Ramingo*, apparso ancora a Venezia nel 1909, chiude e suggella idealmente la ricerca di Mentessi, riproponendone in maniera esemplare la cifra: l'infallibilità del segno grafico, la perizia prospettica visionaria, l'immaginario socialmente impegnato e l'umanitarismo dolente letto in controluce a un'idea di cristianesimo "storico" immersa nell'esperienza del quotidiano, vissuto ancora in quel tempo dagli umili, dalla povera gente.

Non è stato forse avvertito da critici ed esegeti che con la morte della amatissima madre, avvenuta nel 1910, di fatto la pittura di Mentessi pare concludere la propria parabola evolutiva. Certo, l'artista proseguirà la propria attività fino agli ultimi anni di vita ma con opere che non avrebbero potuto fare altro che riproporre temi e stimoli già vissuti, già interpretati in un passato che la Prima guerra mondiale e il mutato clima post bellico rendono improvvisamente e ineluttabilmente remoto. Al di là dell'ufficialità, in questi anni la vena pittorica più significativa di Giuseppe Mentessi sembra tradursi nell'idea di un paesaggio osservato con rinnovata freschezza dal vero a Roma, sul prediletto Lago di Como e nell'"Umbria santa" del suo Frate Francesco, in cui ingenuamente si era forse per certi versi identificato e che aveva cercato di fermare per sempre nel tempo nella composizione a pastello e tempera destinata al Concorso Alinari del 1903. Ma

83. *Ibidem.*

84. *Umberto Boccioni. Gli scritti editi e inediti*, a cura di Zeno Birolli, Milano, Feltrinelli, 1971, p. 244.

in ogni caso, si può affermare che dal punto di vista esistenziale Mentessi viva fino all'ultimo secondo l'incoraggiamento rivolto tanti anni prima a Pietraccio – alias Pietro Chiesa –, il suo allievo forse più fedele e caro, in un momento di profondo sconforto:

> Abbi fede in te, nei tuoi sogni, nelle tue aspirazioni. Lavora, lavora amico mio caro, lavora sempre e serenamente. Per tutti noi, se possiamo lavorare molto è un gran bene. Per noi principalmente, pel nostro temperamento, il lavoro ci salva da tante tristezze, non ci sfibra mai, ci rinvigorisce, ci risana sempre e come consola e innalza se si è animati a farlo da passioni e affetti veri e profondi! Lavora amico caro e non badare a malinconie.[85]

85. Lettera di Giuseppe Mentessi a Pietro Chiesa, Milano, 26 luglio 1899 (*Pietro Chiesa 1876-1959. Affetti e ideali negli anni difficili*, catalogo della mostra, a cura di Simone Soldini, Roberta Bruno Pagnamenta, Aurora Scotti Tosini, Paola Tedeschi-Pellanda, Mendrisio, Museo d'Arte, 25 aprile-27 giugno 2004, Lugano, Società d'Arti Grafiche già Veladini, p. 224, n. 5).

Valter Rosa

La «prodigiosa influenza di Mentessi insegnante»*

La precoce determinazione di Giuseppe Mentessi a intraprendere lo studio della pittura scenica muove dalla città in cui è nato e cresciuto. In quel magico Quadrivio degli Angeli, in cui la prospettiva sembra imbrigliare lo spazio urbano, si è compiuta una parte essenziale della sua formazione: fra il Palazzo dei Diamanti, allora restituito a una funzione civica, sede delle scuole dell'Ateneo, da lui frequentate in gioventù, e il palazzo Prosperi-Sacrati col portale che sarà oggetto di un suo rilievo, vero pezzo di bravura al culmine dell'iter formativo all'Accademia di Brera. A Ferrara la visione prospettica è punto di arrivo di una cultura storica e punto di

* Edoardo Majno, *Giuseppe Mentessi*, a cura di Emilio Sommariva, Milano, Rizzoli & C., 1932, p. 17. Il libro, che resta una preziosa traccia per ogni studio sul pittore, è basato su ricordi familiari e notizie desunte dal carteggio e dai documenti del Fondo Mentessi, oggi parte dell'Archivio dell'Unione femminile nazionale di Milano (d'ora in poi AUFN, Giuseppe Mentessi) recentemente riordinato da Daniela Bellettati e Donata Diamanti. La consultazione di questo archivio, assieme a quello dell'Accademia di Brera (ASAB), è risultata essenziale per il notevole lavoro di Valentina Giro, *Giuseppe Mentessi maestro di prospettive*, tesi di diploma, relatore Valter Rosa, Accademia di Belle Arti di Brera-Milano, A. A. 2007-2008, primo studio organico sulla figura di Mentessi come educatore. Altri dati interessanti, nel corso della presente ricerca, sono emersi da documenti inediti, rintracciati grazie al riordino del Fondo Mentessi, oltre che nell'Archivio privato di Luca Beltrami e nell'Archivio dell'Accademia di Belle Arti di Parma (AAPr). In vista del presente contributo, ho potuto discutere con profitto diversi argomenti con Sergio Rebora, Daniela Bellettati, Amedeo Bellini, Carlo Mambriani e Francesca Valli che qui ringrazio. Sono inoltre grato ad Angela Gavoni, Presidente dell'Unione femminile, per il sostegno e l'incoraggiamento.

partenza di un osservatore attento e sensibile, animato dalla «passione che fin da giovinetto nutrì per la prospettiva e la geometria».[1]

Se la città, decaduta dal ruolo di capitale di un ducato a centro di una provincia agricola depressa, appariva dopo «duecento cinquant'anni d'agonia» *desolata* e «tagliata fuori dal mondo»,[2] i segnali di un suo possibile riscatto, almeno sul piano culturale, erano già presenti dopo l'unificazione nazionale.

Questo, in ogni caso, non sarà sufficiente a impedire la diaspora degli artisti ferraresi, e tuttavia in tale clima la riscoperta dell'antica scuola pittorica locale, i nuovi cantieri architettonici e di restauro, la nascita di forme associative dei lavoratori, la fondazione nel 1868 della Società di Belle Arti, «istituita allo scopo di proteggere le Belle Arti e di incoraggiarle favorendo gli Artisti, alimentandone la istruzione Artistica, e dando opportunità ai medesimi di fare pubblica mostra delle loro opere in triennali Esposizioni»[3] e, non ultima, la presenza delle scuole d'arte comunali dell'Ateneo, riunite nello stesso edificio che ospitava la pinacoteca, sono tutti dati di un certo rilievo, almeno per la specifica vicenda di Mentessi.

1. *Prima formazione di un pittore prospettico tra Ferrara e Parma*

Nel 1870 veniva pubblicato il nuovo *Regolamento per le scuole di Belle Arti* che ridefiniva i corsi dell'Ateneo: Ornato-Elementi di Architettura e Prospettiva; Elementi di Figura; Nudo e Anatomia, Pittura a

1. Majno, *Giuseppe Mentessi*, p. 19. Per un profilo biografico di Mentessi cfr. essenzialmente: Giovanna Ginex, *Mentessi Giuseppe*, in *La pittura in Italia. L'Ottocento. II*, a cura di Enrico Castelnuovo, Milano, Electa, 1991, pp. 915-916; Beatrice Avanzi, *Giuseppe Mentessi. L'opera pittorica*, in *Giuseppe Mentessi. Opere nelle collezioni del Museo dell'Ottocento di Ferrara. Catalogo generale completamente illustrato*, a cura di Marcello Toffanello, con la collaborazione di Beatrice Avanzi, Ferrara, 1999, pp. 3-21, 170-171; Alessandra Imbellone, *Mentessi Giuseppe*, in *Dizionario biografico degli italiani*, vol. 73, Roma, Istituto della Enciclopedia Italiana, 2009, risorsa digitale. Preziosi sono anche i ricordi di Luigi Majno, *Giuseppe Mentessi. Testimonianze di un bambino ottuagenario*, in *Giuseppe Mentessi. Opere nelle collezioni,* pp. IX-XIX.

2. Nino Barbantini, *Gaetano Previati*, Roma-Milano, Casa Editrice d'Arte Bestetti & Tumminelli, 1919, pp. 5-11.

3. Così recita il primo articolo dello *Statuto*, citato in *Cenni storici intorno all'origine e vicende della Società di Belle Arti*, Ferrara, Stabilimento Tipografico Bresciani, 1874, p. 6.

olio e Composizione; Scultura figurativa ed ornamentale;[4] insomma una struttura più simile a un'Accademia di Belle Arti che a una scuola d'arti e mestieri. E proprio nel 1870, il 26 ottobre, Mentessi chiedeva e otteneva l'ammissione alla Scuola di Ornato.[5] Ad accogliere e seguire i primi passi del giovane studente fu Giovanni Pividor (Belluno, 1812-Ferrara, 1872),[6] litografo e architetto trasferito nel 1865 da Venezia, professore di Architettura nell'Università di Ferrara e di Ornato-Elementi di Architettura e Prospettiva presso l'Ateneo, di cui fu anche direttore. Noto pure per l'assistenza prestata a Ferdinando Canonici nel grande cantiere della Certosa e per aver progettato il Teatro dei Filodrammatici sempre a Ferrara, Pividor aveva una spiccata passione per la scenografia[7] ed era amico di Pietro Selvatico[8] del cui pensiero condivideva alcuni principi, come si può dedurre dalle prolusioni tenute all'Università di Ferrara.[9] Anche nell'Ateneo il «distinto disegnatore prospettico»[10] trasmise molto più che i rudimenti della materia se, all'esposizione della "Società Promotrice di Belle Arti Benvenuto Tisi" del 1872, Mentessi conseguì una menzione d'onore nella sezione di Assonometria,[11] e Gaetano Previati, da quel momento amico fraterno di Mentessi, il medesimo riconoscimento per la Prospettiva.[12]

4. *Regolamento disciplinare interno per le Scuole di Belle Arti in base al regolamento generale approvato dal Consiglio Municipale di Ferrara nel 1870*, Ferrara, Taddei e figli, 1873.

5. Lucio Scardino, *I turbamenti del giovane Mentessi*, in «La pianura», 2 (1998), p. 70.

6. Sulla figura di Pividor vedutista e disegnatore prospettico, cfr. essenzialmente Clelia Alberici, *Giovanni Pividor litografo e architetto veneziano*, estratto da «Rassegna di studi e di notizie», 3 (1975).

7. Pividor possedeva una raccolta di duecento disegni scenografici di Borsato da lui acquistati nel 1860 e in seguito ceduti al Museo dell'Opéra di Parigi (Ivana D'Agostino, *Apparati effimeri, costumi, allestimenti scenici e prontuari di modelli tra neoclassicismo e sentimento romantico*, in *L'Accademia di Belle Arti di Venezia. L'Ottocento. Tomo I*, a cura di Nico Stringa, Crocetta del Montello, Antiga edizioni, 2016, p. 334).

8. È lo stesso Selvatico che lo ricorda come «mio amico e valente artista» in *Le arti del disegno in Italia. Storia e critica. Parte seconda. Il Medio Evo*, Milano, Vallardi, 1879, p. 137.

9. Si veda in particolare *Sulla importanza dello studio degli ornamenti rispetto all'architettura ed all'industria. Prolusione di Giovanni Pividor*, Ferrara 1868.

10. Michele Caffi, *Giovanni Pividor. Necrologio*, in «L'Arte in Italia», 4 (1872), p. 62.

11. Scardino, *I turbamenti del giovane Mentessi*, p. 70.

12. L'importanza di questa prima formazione di Previati presso l'Ateneo ferrarese, comprese pure le tangenze con Mentessi, è stata messa in luce da Francesco Tedeschi, *Gaetano Previati: formazione e attività predivisionista*, in *Gaetano Previati 1852-1920. Un*

Incoraggiando nel giovane allievo «una inclinazione decisa per l'Arte decorativa e scenografica», fu lo stesso Pividor a consigliargli di «tentare di essere accolto fra gli apprendisti del rinomato Caval.e Magnani di Parma»,[13] scenografo verdiano assurto a notorietà soprattutto con la messa in scena dell'*Aida* alla Scala nel 1872.

Al Civico Ateneo Mentessi, oltre a seguire «un corso regolare di studi nelle scuole di Geometria, d'Architettura e di disegno di macchine riportando sempre non comuni distinzioni»,[14] frequentò anche il corso di Elementi di figura tenuto dal prof. Girolamo Domenichini, pittore ferrarese che fu pure maestro di Previati.

Parallelamente, fra il 1871 e il 1872, è segnalata la presenza di Mentessi nella Scuola di 2ª Classe di Teoria e solfeggio nell'Istituto Musicale di Ferrara, dove ottenne il primo premio.[15] L'interesse per la musica, acceso dalla popolarità del dramma lirico, soprattutto verdiano, svolse un ruolo essenziale nell'orientare le scelte ulteriori verso lo studio della prospettiva scenica che, dal punto di vista di un aspirante pittore economicamente disagiato, poteva rappresentare l'apprendimento di una professione ancora spendibile. Si spiega in tal senso la scelta di trasferirsi a Parma per frequentare l'Accademia di Belle Arti, dove insegnava Decorazione Girolamo Magnani, il maestro scenografo cui l'aveva indirizzato qualche anno prima il Pividor. Certamente sarebbe stato più logico fermarsi a Bologna che pur vantava una lunga tradizione scenografica e, nella sua Accademia, una rinomata Scuola di Prospettiva; non va infatti dimenticato che, soprattutto per la scenografia, gli strumenti teorici e i modelli di riferimento, anche per il Mentessi didatta, resteranno a lungo quelli bolognesi: Bibiena, Zanotti,[16] Basoli, Cocchi.[17] Tuttavia nell'Accademia Clementina, dopo il passaggio

protagonista del simbolismo europeo, a cura di Fernando Mazzocca, catalogo della mostra (Milano, Palazzo Reale, 8 aprile-29 agosto 1999), Milano, Electa, 1999, pp. 32-34.

13. Minuta di lettera di Teresa Mentessi ai componenti del Consiglio Comunale di Ferrara, 8 marzo 1873, AUFN, Giuseppe Mentessi, Documenti personali e di famiglia, b.1, fasc. 2.

14. Attestato del prof. Amilcare Barlaam, Ferrara, 31 ottobre 1878, AUFN, Giuseppe Mentessi, Insegnamento, b. 3, fasc. 2.

15. AUFN, Giuseppe Mentessi, Documenti personali e di famiglia, b.1, fasc. 2

16. Il libro di Eustachio Zanotti, *Trattato teorico pratico di prospettiva* (Bologna, Della Volpe, 1766), presente anche nella Biblioteca dell'Accademia di Brera, gli era stato donato nel 1903 da Luigi Majno (gentile segnalazione di Daniela Bellettati).

17. ASAB, Tea M I 14, Biblioteca artistica della R. Accademia di Belle Arti. Registro delle opere date a prestito dal 23 ottobre 1902 al 31 dicembre 1918.

dell'insegnamento della Prospettiva da Francesco Cocchi a Valentino Solmi, insegnante dal 1865 al 1877, erano venute meno le prerogative di quella scuola che ora non riusciva «a tenere il passo con le novità che si vanno affermando».[18] Per contro Parma si era messa in luce nel 1870 quale sede del Primo Congresso Artistico Nazionale, nonché dell'Esposizione Nazionale di Belle Arti nella quale figuravano, tra l'altro, quarantatré disegni di ornato, d'architettura e di prospettiva eseguiti dagli allievi dell'Ateneo di Ferrara, dove troviamo i nomi di Amilcare Barlaam, Gaetano e Giuseppe Previati.[19] Lo stesso Barlaam sarebbe stato chiamato due anni dopo, dalla medesima Accademia di Parma, quale «Professore di disegno pel corso Tecnico»,[20] a conferma di una prima apertura della scuola verso l'insegnamento del disegno industriale. Questa attenzione alla produzione delle scuole di disegno e d'arti e mestieri era del resto pienamente in linea col vivace dibattito sull'insegnamento del disegno aperto dal Congresso artistico cui partecipò Camillo Boito e di cui ampio riscontro veniva dato su «L'arte in Italia», il più importante periodico d'arte del momento. La necessità di una riforma dell'insegnamento del disegno, non solo a livello primario, ma anche nelle scuole professionali e nelle accademie, era oggetto di un'accesa discussione tra Felice Biscarra (direttore del periodico), Boito e il suo maestro Pietro Selvatico. Fra le tesi sostenute venivano ribadite l'importanza dell'osservazione dal vero, prima che dell'osservanza di regole e precetti, e l'utilità del disegno a mano libera e del *rapido schizzare* quale «grandissimo aiuto alla fantasia e alla memoria dell'artista» (Boito), seguiti poi dall'acquisizione di una grammatica delle forme attraverso l'insegnamento della geometria, requisito essenziale non solo per la riforma

18. Elisabetta Farioli, Claudio Poppi, *Prospettiva 1844-1867*, in *I concorsi curlandesi. Bologna, Accademia di Belle Arti 1785-1870*, a cura di Renzo Grandi, catalogo della mostra (Bologna, Galleria d'arte moderna, marzo-maggio; Museo Civico, giugno-luglio 1980), Bologna, Grafis, 1980, pp. 261-263.

19. *Catalogo delle Opere esposte nella Mostra italiana d'arti belle in Parma 1870*, Parma, Tipografia di Pietro Grazioli, 1870, p. 15, note 293-335.

20. Ne dà conto lo stesso Barlaam in una lettera del 20 marzo 1873 diretta al presidente dell'Accademia di Parma in cui chiede un attestato del servizio prestato l'anno precedente e di idoneità all'insegnamento dell'ornato, della architettura e della prospettiva, da utilizzare ai fini del concorso alla cattedra di Ornato dell'Ateneo di Ferrara, resasi vacante dopo la morte improvvisa di Pividor il 4 marzo 1872, cattedra che poi gli sarà assegnata. L'insegnamento del Disegno industriale e assonometrico nell'Accademia di Parma venne in seguito affidato a Stanislao Vecchi. Cfr.: AAPr, b. 82, Carteggio, anno 1873-II, fasc. n. 13, Giudizi artistici.

delle arti applicate all'industria, ma anche delle *arti propriamente dette*. Sulle linee generali di questo dibattito, che aveva coinvolto pure Francesco Scaramuzza, direttore dell'Accademia di Parma, possiamo già dire che si snoderà tutto il futuro percorso di Mentessi quale insegnante ed educatore.

Frattanto occorre rilevare che il suo trasferimento a Parma non fu cosa semplice: ammesso il 26 marzo 1873 nelle scuole di Ornato elementare e di Architettura elementare, «non frequentò per giusti motivi l'anno scolastico».[21] La madre, pur non risparmiando sacrifici, non era in grado di sostenere i costi dei suoi studi, ragione per cui, appoggiando le scelte del figlio e constatata la sua «buona volontà di studiare»,[22] si era rivolta al Comune di Ferrara al fine di ottenere un sussidio.[23] Da parte sua Mentessi, accusando qualche difficoltà di inserimento nell'ambiente parmigiano, aveva cercato di mettersi in contatto col professore Girolamo Magnani perché potesse fornirgli un attestato da presentare alla Commissione municipale di Belle Arti di Ferrara. Resta però da capire quale peso effettivo abbia avuto tale maestro su Mentessi: nelle note settimanali delle presenze dei professori, Magnani risulta più volte sostituito dal titolare di Prospettiva Giacomo Giacopelli, pure valente scenografo, che, in fin dei conti, visti i premi poi conseguiti dall'allievo proprio nella sua scuola, è da ritenersi colui che ha inciso maggiormente sulla sua formazione. D'altra parte occorre notare che Magnani, impegnato nella messinscena di opere liriche al Regio di Parma e alla Scala (come nel novembre 1874) o in grandi cantieri decorativi, riusciva a ottenere dal Direttore prolungati e frequenti congedi artistici non solo per il lustro che portava all'Accademia, ma anche perché «suole condur seco i suoi più abili allievi, ed impartisce loro quell'insegnamento pratico, li vantaggia con quell'esempio, che sono, io credo l'elemento migliore a ben riuscire nell'arte».[24] Riprova di questo è il tentativo di Ma-

21. AAPr, Registro n. 301, Ruolo degli alunni della Reale Parmense Accademia di Belle Arti, 1872-1877, Nota personale n. 1251.

22. Lettera della madre, 3 maggio 1873, AUFN, Giuseppe Mentessi, Documenti personali e di famiglia, b. 1, fasc. 3. Sulle condizioni familiari e ambientali ferraresi cfr. essenzialmente Michele Nani, *La visione triste dei lavoratori delle campagne a fine secolo*, in *Giuseppe Mentessi (1857-1931). Artista di sentimento*, a cura di Marcello Toffanello, catalogo della mostra (Ferrara, Pinacoteca Nazionale, 10 marzo-10 giugno 2018), Ferrara, 2018, pp. 18-23.

23. Istanza per il sussidio, Ferrara 8 marzo 1873, AUFN, Giuseppe Mentessi, Documenti personali e di famiglia, b. 1, fasc. 2.

24. Minuta di lettera del direttore al ministro dell'Istruzione Pubblica, Parma 23 novembre 1874, AAPr, b. 84, Carteggio, anno 1874-II.

gnani di coinvolgere il giovanissimo Mentessi, da poco giunto a Parma, in una delle sue prestigiose attività professionali, come apprendiamo da una lettera di Previati:

> [...] credo che sia stato una bella cosa che tu non abbia seguito il Magnani a Roma.[25] Col suo egoismo non ti avrebbe neanche lasciato vedere il di fuori delle tante meraviglie di Roma e poi così lontano solo... in verità io ne avrei provato dispiacere. Del resto credo Parma sufficiente per arrivare ad un buon punto. Giunto a questo poi io direi di pensare allora al perfezionamento [...].[26]

Saggiamente Previati, mentre incoraggia l'amico negli studi all'Accademia di Parma, sembra volergli additare delle mete più alte, consapevole dei limiti del percorso appena intrapreso.

Intanto nell'anno accademico 1873-1874 Mentessi frequenta i corsi di Ornato elementare tenuti da Nicola Aquila, di Prospettiva elementare con Giacomo Giacopelli e di Architettura elementare con Pancrazio Soncini, ottenendo due premi con *speciale distinzione* nei concorsi di terza classe di Ornato elementare e di Prospettiva elementare.[27]

Tuttavia alla fine dell'estate del 1874 Mentessi è sul punto di lasciare la scuola: la vendita della bottega di famiglia a Ferrara, con la madre costretta a cercare lavoro altrove per far fronte alle spese e ai creditori, la mancanza di un sussidio pubblico rendono insostenibili le spese per continuare gli studi. Ancora una volta è Previati a incoraggiarlo, convincendo Mentessi a raccogliere il più possibile attestati dei professori di Parma e a esporre i propri bozzetti scenografici a Ferrara, in modo da sollecitare il municipio a concedere una borsa di studio.[28]

25. Magnani, allora all'apice della sua fortuna, era stato chiamato a decorare alcune sale del Quirinale. Per un suo profilo biografico cfr. Roberto Lasagni, *Dizionario biografico dei parmigiani*, Parma 1999, *ad vocem* (risorsa digitale: www.comune.parma.it/dizionarioparmigiani).

26. Lettera di Gaetano Previati, Livorno 9 agosto 1873, AUFN, Giuseppe Mentessi, Corrispondenza mittenti diversi, b. 4, fasc. 7.

27. AAPr, Registro n. 301, Ruolo degli alunni della Reale Parmense Accademia di Belle Arti, 1872-1877. Una diversa interpretazione delle fonti è in Antonio Musiari, *Giuseppe Mentessi: metodo e invenzione*, in *La Città di Brera. Due secoli di progetto scenico. Dalla prospettiva alla scenografia*, a cura dell'Istituto di Storia e Teoria dell'Arte e dell'Istituto di Scenografia, Accademia di Belle Arti di Brera, Milano, Giorgio Mondadori, 1998, pp. 79-80.

28. Lettera di Gaetano Previati a Giuseppe Mentessi, Livorno 7 settembre 1874, AUFN, Giuseppe Mentessi, Corrispondenza mittenti diversi, b. 4, fasc. 7.

Nella stessa Accademia, a sostenere la sua causa, è, fra gli altri, il professore Agostino Ferrarini,[29] titolare di Scultura, il quale attesta «che il Mentessi Giuseppe, nel breve tempo che ha frequentato la mia scuola,[30] ha dimostrato moltissima attitudine all'Arte, per modo che io deploro che il povero giovane non possa per mancanza di mezzi pecuniari, continuare quegli studi, che un giorno lo avrebbero reso un distinto artista».[31]

Lo raccomanda al sindaco di Ferrara pure Francesco Scaramuzza, direttore della scuola, approfittando di questo contatto per proporre un suo poema medianico[32] da presentare in occasione delle Feste Ariostee.[33] Nella relazione quasi confidenziale e di stima che si stabilisce fra Mentessi e Scaramuzza, s'inserisce pure Previati, interessato alle sue illustrazioni dantesche.[34] D'altra parte Scaramuzza deve aver tenuto in grande considerazione i due giovani ferraresi se, grazie ai buoni uffici di Amilcare Barlaam,[35] concede per soli titoli[36] la «Patente di maestro di disegno industriale»[37] a Previati, mentre è sempre per «concessione speciale del Direttore» che Mentessi nell'anno accademico 1874-1875 viene ammesso al passaggio dall'Ornato elementare

29. Ferrarini fu una figura rilevante per la storia dell'Istituto, di cui divenne pure direttore, dopo le dimissioni di Scaramuzza: cfr. Paola Ericoli, *I luoghi e la storia della Scuola di scultura*, in *Scultura al Toschi. Storia e opere, marmi e bronzi*, Quaderni del Liceo n.4, Parma, MUP, 2021, pp. 24-28.

30. Vi era stato ammesso il 2 febbraio 1874.

31. AUFN, Giuseppe Mentessi, Documenti personali e di famiglia, b.1, fasc. 2, doc. 14 luglio 1874.

32. *Poema sacro dettato dallo spirito di Lodovico Ariosto al medio Francesco Scaramuzza*, Parma, Tip. E Lit. di Giacomo Ferrari e figli, 1873.

33. Lettera di Francesco Scaramuzza al sindaco di Ferrara, Parma 14 luglio 1874, AUFN, Giuseppe Mentessi, Documenti personali e di famiglia, b.1, fasc. 2. Non sappiamo se si debba a Scaramuzza l'avvicinamento di Mentessi allo spiritismo, come parrebbe confermare la presenza, tra le sue carte personali, della lettera, datata 14 luglio 1879, del sedicente spirito di Michele Mentessi, suo padre, dettata a un medio di cui, però, non viene indicato il nome.

34. Lettera di Gaetano Previati a Mentessi, Livorno 7 settembre 1874, AUFN, Giuseppe Mentessi, Corrispondenza, b. 4, fasc. 7. In una successiva cartolina postale, datata 24 novembre 1876, Previati scrive: «Fa i miei doveri al Sig. Direttore, Scaramuzza e digli che non dimenticherò mai i miracoli ai quali mi fece assistere in quelle due brevi ore».

35. Lettera di Amilcare Barlaam, Ferrara 30 gennaio 1875, AAPr, b. 85, Carteggio, anno 1875-I.

36. Ovvero quelli che Previati aveva conseguito frequentando i corsi dell'Ateneo e della scuola tecnica.

37. Minuta di lettera inviata a Gaetano Previati, 4 febbraio 1876, AAPr, b. 87, anno 1876-I, Corso normale per gli allievi-maestri di disegno.

all'Ornato superiore con Girolamo Magnani, ottenendo pure l'accesso a Prospettiva superiore sempre con Giacomo Giacopelli. Lusinghieri sono gli esiti di questo avanzamento negli studi: ai concorsi ai premi di prima classe consegue il 1° premio (medaglia del valore di lire 80) in entrambe le discipline. In particolare nella prova di Prospettiva superiore:

> [...] tutti i professori sono concordi nel riconoscere i pregi tanto per la osservanza più commendevole delle leggi prospettiche, quanto pel buono e gustoso disegno e per l'effetto; e sebbene il lavoro (atteso il breve tempo assegnato) non siasi potuto finire, per voto unanime concedesi il premio al Concorrente (Sig.r Mentessi Giuseppe) con particolare encomio, e raccomandazione di finire esso lavoro, anche perché merita in vero di non rimanersi incompiuto.[38]

Nella prova di Ornato superiore avente per tema «Un ornamento d'invenzione in plastica», dove è premiato ex equo con altri due concorrenti, il Consiglio delibera che «per maggior incoraggiamento ed encomio [...] sia tratto un getto» in gesso.[39]

Il 3 dicembre 1875 Mentessi è ammesso alla Scuola di Paesaggio Superiore tenuta dal pittore Guido Carmignani, tuttavia nell'anno accademico 1875-1876 la sua frequenza è discontinua a causa degli impegni ferraresi dovendo supplire il prof. Barlaam nell'Ateneo di Ferrara, prima sua esperienza come didatta «procurandosi la stima de' suoi superiori per la chiarezza e la semplicità del metodo da lui tenuto».[40] Nonostante ciò riesce ugualmente a conseguire il 1° premio con lode in Prospettiva superiore (*Lavoro d'invenzione a colori*) con un *Interno a colori*,[41] ovvero *Atrio di un Camposanto*, dipinto a olio (Parma, Accademia di Belle Arti),[42] opera

38. Adunanza del 30 giugno 1875, AAPr, registro n. 272, Atti dell'Accademia Parmense di Belle Arti 1872-1877.

39. *Ibidem.*

40. Attestato del prof. Amilcare Barlaam, Ferrara 31 ottobre 1878, AUFN, Giuseppe Mentessi, Insegnamento, b. 3, fasc. 2.

41. Attestato 1° luglio 1876 per la «Medaglia d'oro, oltre la lode nella Scuola di Scenografia», firmato dal direttore Scaramuzza e dal segretario Martini, AUFN, Giuseppe Mentessi, Insegnamento, b. 2. In realtà il premio è stato conseguito nella Scuola di Prospettiva superiore, dal momento che la Scuola di Scenografia sarebbe stata istituita solo alcuni anni dopo.

42. Il dipinto è stato curiosamente identificato con *Effetto lunare*, già menzionato in un inventario del 1874 (cfr. la scheda di Stefania Campanini in *La galleria delle arti dell'Accademia di Parma*, a cura di Marzio Dall'Acqua e Lucia Fornari Schianchi, Parma, Mup, 2007, pp. 309-310), mentre in tutta evidenza si tratta dell'opera vincitrice del concorso del 1876, esposta a Ferrara nel luglio di quell'anno nella Mostra Permanente della Società

questa che, come è stato notato, «dimostra che Mentessi era ormai ben esperto nell'intavolare grandiosi scorci d'angolo e nell'eseguire i chiaroscuri drammatici graditi al teatro».[43]

L'eco di questi ottimi risultati intanto arriva a Milano, come apprendiamo dalla lettera di Previati allora in procinto di iscriversi all'Accademia di Brera:[44]

> [...] il Segretario mi ha mandato dal Commendatore Bertini – il quale prima d'accettarmi alla sua scuola di pittura ha voluto che io dessi un saggio consistente in un nudo. Nudo che sto disegnando come mi vien fatto meglio alla scuola serale. Ecco il motivo del mio vagabondaggio diurno. Potrei e vero occupare qualche ora in Biblioteca ma ti confesso che in tanta incertezza non trovo occupazione che mi diletti – già sarà affare di giorni e poi spero essere accettato. Te lo saprò dire. Nell'Accademia domina una straordinaria disciplina: per essere ammessi solamente alla scuola serale del nudo che a Firenze era quasi pubblica qui occore il consenso di due professori che attestino la capacità. Non mi è riescito vedere ancora le scuole d'ornato e prospettiva – non avendo (estraneo ancora come sono all'accademia) motivo veruno per entrarvi. Ho però visto Giacopelli e gli ho detto dei tuoi progetti – e queste che io verrò dicendoti sono parole letterali di Giacopelli: Se hai intenzione di continuare a studiare per ottenere la patente sta pure a Parma perché qui in Milano e molto ma molto difficile – richiedonsi studi profondi. Se poi vuoi fare l'artista scenografo allora vieni – coll'aiuto suo, di Mastellari e del prof. Ferrario ti sarà facile entrare come apprendista scenografo (gratis) alla Scala e siccome Milano e un gran centro artistico Teatrale, così non ti sarà difficile – poi il trovare lavori anche per fuori. Circa il farti ammettere all'accademia mi disse sarebbe ben fatto perché così avresti occasione di farti conoscere dal Ferrario che vi è professore e non per altro giacché di ornato e prospettiva ne sai abbastanza. Questo e quanto disse Giacopelli e anche a me pare vero e giusto.[45]

"Benvenuto Tisi" (AAPr, b. 88, Carteggio, anno 1876-II, fasc. Carteggio riguardante l'invio del dipinto di Giuseppe Mentessi – da Ferrara – vincitore del Concorso) e replicata con poche varianti un paio di mesi dopo dall'artista, su commissione del Comune, per un contributo di lire 100. La copia, *Notturno - Studio per scenografia* (*Atrio di un camposanto*), 1876, fu subito collocata nella Sala dei Moderni della Civica Pinacoteca (Scardino, *I turbamenti del giovane Mentessi*, pp. 70-71).

43. Musiari, *Giuseppe Mentessi: metodo e invenzione*, p. 79.

44. Lettera di Gaetano Previati, Milano, 9 novembre 1873 [ma in realtà 1876: Previati, infatti, si iscrive alla Scuola di Pittura il 24 novembre 1876; l'errore di data è difficile da spiegare, se non come rimozione degli anni perduti nel servizio militare], AUFN, Giuseppe Mentessi, Corrispondenza mittenti diversi, b. 4, fasc. 7.

45. *Ibidem.*

Nonostante il suggerimento di Previati di trasferirsi a Milano, rafforzato dal giudizio di Giacopelli,[46] Mentessi indugia ancora, trattenendosi a Parma anche nel primo trimestre dell'anno accademico 1876-1877, ammesso alla Scuola di Anatomia del prof. Giocondo Viglioli.

All'atto di licenziarlo, il Direttore Scaramuzza attesta che Mentessi «ha percorso nella R. Accademia parmense, dal marzo 1873 in poi le scuole degli Ornamenti, del paesaggio, della Prospettiva, aggiungendo studi d'Architettura, di Scultura, d'anatomia addimostrando non comune attitudine, e buon volere indefesso».[47]

2. *«... non dimenticare la prospettiva...»: la corrispondenza-prospettica con Previati*

Sulla prima formazione vi sono ancora alcuni aspetti da mettere in luce. A partire dal 1873, mentre Mentessi è a Parma e Gaetano Previati presta il servizio militare a Livorno, inizia un fitto carteggio tra i due, destinato a interrompersi quando entrambi si sarebbero stabiliti a Milano. S'intuisce dalle lettere di Previati una reciproca messa a fuoco degli interessi e del percorso degli studi, oltre che delle difficoltà legate alla ricerca di spazi di lavoro da condividere. Premuroso come un *fratello maggiore*, Previati esorta l'amico a proseguire gli studi e perseverare nell'impegno anche a costo di grandi sacrifici. Si coglie bene nella fraseologia – «Volere è potere», scrive[48] citando Smiles – il richiamo a principi e a un'etica del lavoro che erano diventati pane comune nelle scuole di disegno operaie e fra gli artisti decisi a riscattarsi da una condizione economicamente preca-

46. Si tratta con tutta probabilità di Giuseppe Giacopelli (Parma, 1838-1903), figlio di Giacomo (il professore di Prospettiva), pure lui scenografo, già allievo di Magnani, suo collaboratore, e destinato a succedergli alla cattedra di Ornato dopo il 1878, eletto socio onorario dell'Accademia di Parma il 23 luglio 1874: la sua presenza nel corpo docenti, per quanto verosimile già in questi anni, – secondo alcuni studiosi sarebbe stato di «fondamentale importanza» nella formazione di Mentessi (cfr. anche Roberto Lasagni, *Dizionario biografico dei parmigiani*, con bibliografia precedente) – non risulta documentata nei verbali dal 1873 al 1877 o nelle note settimanali delle presenze. Non è chiaro il motivo per cui fosse in confidenza con Previati, ma è evidente che conosceva molto bene Mentessi.

47. Minuta di attestato, 22 novembre 1876, AAPr, b.87, anno 1876-I, fasc. Documenti personali scolastici.

48. Lettera di Gaetano Previati a Giuseppe Mentessi, 7 settembre 1874, AUFN, Giuseppe Mentessi, Corrispondenza, b. 4, fasc.7.

ria. L'insofferenza di Previati per la vita militare agisce da stimolo per rinsaldare un legame pervaso di nostalgia per il periodo ferrarese: «Dov'è la nostra scuola – campo di battaglia della mano che ribellavasi sempre ai desideri dell'occhio – e la nostra famiglia, le nostre case... vincolo fortissimo al lavoro, al progresso, dov'è tutto ciò?!!!».[49] Però, in altra missiva, esorta l'amico a non voltarsi indietro e a concentrasi sui nuovi studi a Parma: «Dunque che io non ti senta mai più rimpiangere le panche della nostra antica scuola. [...] Mi raccontavi invece che sei sempre più innamorato degli studi intrapresi, che frequenti la Scuola di prospettiva e cerchi d'impararne i principi da solo – come anche della figura e cose simili».[50] Dichiarandogli a sua volta il «desiderio di studiare di imparare», mortificato dalla sua condizione a Livorno, chiede a Mentessi di inviargli «delle fotografie dove predominasse il panneggio – od anche studi di qualche buon scolaro o pittore» oltre a «un trattato di prospettiva».[51]

Dopo un temporaneo avvicinamento agli ambienti dell'Accademia a Firenze, città che desiderava visitare con Mentessi[52] e nella quale intendeva trattenersi per studiare,[53] nel febbraio 1875 Previati ottiene finalmente un congedo per poter tornare a Ferrara, luogo da cui prende avvio quella «corrispondenza-prospettica» che resterà per qualche tempo una nota costante nelle sue missive. «Ricordati le lezioni di prospettiva in forma epistolare», scrive in appendice a una lettera del fratello Giuseppe a sua

49. Lettera di Gaetano Previati a Giuseppe Mentessi, Livorno 25 maggio 1874, ivi.

50. Lettera di Gaetano Previati a Giuseppe Mentessi, Livorno 30 novembre 1873, ivi.

51. Di quale trattato discutessero i due amici nella loro corrispondenza non è dato sapere. Proprio in quegli anni il ministero era intento a promuovere presso le accademie *La prospettiva dimostrata con regole pratiche dall'Architetto prospettico ed incisore Giacomo Fontana* (Roma 1840-1851), di cui lo stesso autore si premurava di inviare copia in visione all'Accademia di Parma. Cfr. AAPr, b. 82, Carteggio, anno 1873-II, fasc. VI, Libri di testo per le scuole 1873; b. 83, Carteggio, anno 1874-I, fasc. Opera di Giacomo Fontana, lettera del 24 febbraio 1874.

52. Lettera di Gaetano Previati a Giuseppe Mentessi, Livorno 13 gennaio 1874, AUFN, *Giuseppe Mentessi*, Corrispondenza, b. 4, fasc.7.

53. Lettera di Gaetano Previati a Giuseppe Mentessi, Livorno 7 agosto 1874, ivi. Previati, dopo aver messo in luce i limiti di una formazione confinata a Ferrara e circoscritta alle opere d'arte della galleria civica, così scrive: «Prova adunque che il bello il Sublime senza vagare fra le nubi lo troviamo in natura. Bisogna saperlo scegliere – per sceglierlo occorre una guida. A Ferrara tutti ne convengono queste guide non le abbiamo dunque andiamo a Firenze che racchiude tutto quanto di vero di bello di buono crearono le arti dal loro nascere al giorno d'oggi. Se il mio ragionamento ti persuade non ci resterà che pensare al tempo ed ai mezzi migliori per effettuare questo disegno».

volta in corrispondenza con Mentessi. E sempre in una lettera a due mani col fratello, Gaetano vorrebbe coinvolgere Mentessi in una discussione sui metodi prospettici e sul trattato inviatogli:

> Barlaam mi consegnò il trattato di prospettiva che gl'inviasti coi disegni. Non so se il giudizio ch'io azzardo sarà diviso da te, ma tanto lo espongo lo stesso. Mi pare adunque che un metodo così incompiuto non dovesse essere il preferito in un'accademia. Colle 24 tavole di cui è composto non si arriverà mai a porre in prospettiva esattamente che i soliti cubi e poliedri etc. Manca la parte più esenziale cioè la prospettiva applicata all'architettura e figure. Dove si trova questa. Bisognerà ricorrere ad altri metodi e quindi confusione. Tutto il buono io lo ritrovo nella comodità di eseguire le operazioni entro i limiti del quadro o disegno di cui si dispone, ma la ragione di quanto si eseguisce e l'esattezza vi sono assai problematiche.
> Con tutto questo io ne ho copiate le tavole più essenziali (quasi tutte) che studierò meglio nelle ore d'ozio della vita militare, convinto di sopperire alla vasta lacuna col Bibbiena che sarà sempre il fondamento d'ogni trattato di prospettiva.[54]

Di fatto Previati pare ricevere una sorta di dispensa a puntate sull'argomento, forse sulla base di una rielaborazione dello stesso Mentessi: «Poi non saprei raccomandarti abbastanza di ricordarti quei riassunti di prospettiva perché proprio mi è indispensabile la conoscenza di così importante ramo di disegno».[55] Li reclama qualche giorno dopo, attraverso un comune amico: «Speravo avesse portato seco quei riassunti di prospettiva di cui si parlò altre volte – ma non fu così. Vuol dire che avrai avute le tue buone ragioni – e quando ti farà comodo me le invierai con qualche mezzo, sicuro di farmi cosa grata oltre modo».[56] Ancora nel maggio del 1876, in una cartolina postale da Firenze, Previati rimette in causa la *corrispondenza-prospettica*: «Troppo tardi mi sovvenne della prospettiva (metodo della) che volevo chiederti – e tante altre cose...»,[57] lasciando intendere dunque non solo una particolare competenza in materia raggiunta da Mentessi in quel momento a Parma, ma anche un forte interesse condiviso, almeno in questa fase di formazione e in relazione alle strade intraprese, la scenografia per Mentessi e la pittura di

54. Lettera di Gaetano Previati, completata dal fratello Giuseppe, Ferrara 31 marzo 1874, ivi.

55. Lettera di Gaetano Previati a Giuseppe Mentessi, Firenze 27 dicembre 1875, ivi.

56. Lettera di Gaetano Previati a Giuseppe Mentessi, Firenze 2 gennaio 1876, ivi.

57. Cartolina postale di Gaetano Previati a Giuseppe Mentessi, Firenze 5 maggio 1876, ivi.

storia con cui Previati inizialmente vuole cimentarsi. Nello stesso frangente apprendiamo dell'aggiornamento di Mentessi in materia di ornato, dal momento che, attraverso Previati, il professore e amico ferrarese Barlaam, in procinto di fargli una proposta di lavoro, gli chiede in prestito il «famigerato librone» della *Grammatica degli ornamenti.*[58]

Che decorazione e prospettiva costituissero un particolare cruccio per questi giovani talenti, rivela quanto le questioni fossero dibattute in quel momento, tanto nelle scuole operaie di disegno quanto nelle accademie. Mentre era in corso la ridefinizione della disciplina dell'ornato, dietro la spinta della prima rivoluzione industriale in Italia e la necessità di riqualificare la produzione delle manifatture artistiche, si avvertiva al contempo, nel campo della pittura (e successivamente del progetto architettonico), il bisogno di ripensare l'insegnamento della prospettiva, data l'«imperizia prospettica nei pittori italiani dei nostri dì», come scriveva già nel 1842 Pietro Selvatico. A rilanciare la questione era stato proprio il denso capitoletto *Sulla importanza della prospettiva* che Selvatico aveva inserito nel suo fondamentale saggio *Sull'educazione del pittore storico odierno italiano*: vi troviamo già enunciati alcuni principi che potevano essere oggetto di discussione fra i due ferraresi[59] e che paiono costituire l'ossatura del futuro metodo Mentessi. Selvatico infatti, pur ritenendo essenziale lo studio della geometria, ribadisce più volte l'importanza del disegno a mano libera, dell'esercizio della copia di composizioni sempre variate di solidi, cambiando i punti di vista dell'osservatore, l'opportunità «a porre in prospettiva scale, finestre, sedie, tutto che lor si para dinanzi, tutto quanto è per essere familiare e notissimo», raccomandando «non già la teoria (chè di teorie sono micidialmente piene le accademie) ma la pratica degli scòrti», oltre all'importanza dello studio del chiaroscuro e della prospettiva aerea, rifuggendo «un vizio fatale, quello di prestar più fede alla regola che alla verità: e pur troppo la regola sta chiusa fra ristretti confini;

58. Si tratta verosimilmente della costosissima opera di Owen Jones, *The Grammar of Ornament* (1856) che sorprende un po' potesse appartenere a queste date a Mentessi.

59. La conoscenza del pensiero di Selvatico a Ferrara può essere stata mediata proprio da Giovanni Pividor, direttore dell'Ateneo, che nel suo periodo veneziano aveva collaborato col Selvatico, tra l'altro illustrando con disegni e vedute prospettiche la sua «Guida estetica di Venezia» (*Sulla architettura e sulla scultura in Venezia dal Medio Evo sino ai nostri giorni. Studi di P. Selvatico*, Venezia 1847). La preferenza accordata da Previati al metodo del Bibiena trova un preciso riscontro proprio in Selvatico.

intantoché infinitamente vario è quel vero che dev'essere sempre l'unico esemplare dell'artista».[60]

3. *Il perfezionamento della formazione all'Accademia di Brera*

Nel novembre 1876 Previati sollecita Mentessi a raggiungerlo a Milano e a condividere con lui una stanza: «Moviti, perbacco. Sono ammesso alla Scuola di Pittura! Ore di lavoro dalle 9 ant. alle 3 pom. Più due ore serali di nudo e altre due ore in prospettiva».[61]

L'iscrizione a Brera è accompagnata dal certificato di povertà[62] del municipio di Ferrara, mentre tanto il Comune quanto la Provincia avrebbero accordato a Mentessi un sussidio per gli anni compresi fra il 1877 e il 1880.[63]

Viene ammesso nella Scuola di Prospettiva del prof. Luigi Bisi il 3 gennaio 1877,[64] e abilitato il 3 febbraio 1877 a passare in quella del Paesaggio del prof. Luigi Riccardi che però muore in quell'anno, come apprendiamo da una cartolina postale di Previati del 2 luglio indirizzata ancora a Parma, dove evidentemente Mentessi era tornato per tutto il periodo estivo, intrattenuto forse da qualche lavoro.[65] Il 19 aprile 1877 si iscrive alla Scuola di Elementi

60. P. Selvatico, *Sull'educazione del pittore storico odierno* (1842), postfazione e indici a cura di A. Auf de Heyde, Pisa, Edizioni della Normale, 2007, pp. 153-160. Tali argomentazioni sarebbero state approfondite dallo stesso Selvatico nella sua *Storia estetico-critica delle arti del disegno* (Venezia 1856) e soprattutto nell'opera *Intorno alle condizioni presenti delle arti del disegno* (Venezia 1858). In merito al significato attribuito da Selvatico allo studio del disegno geometrico e della prospettiva sono illuminanti le osservazioni di C. A. Auf der Heyde, *Disegno geometrico e storia dell'arte nell'accademia di Pietro Selvatico (1849-1859)*, in *Storia dell'Accademia di Belle Arti di Venezia: l'Ottocento*, 2 voll., a cura di Nico Stringa, Crocetta del Montello, Antiga Edizioni, 2016, pp. 89-99: l'autore riconduce l'interesse di Selvatico per l'uso scientifico degli strumenti del disegno, e in particolare della prospettiva, dentro la *cornice storicistica*, di dichiarata matrice purista, che «caratterizza la ricezione della filosofia positivista da parte della cultura scientifica italiana» (p. 89).

61. Lettera di Gaetano Previati a Giuseppe Mentessi, Milano 14 novembre 1876, AUFN, Giuseppe Mentessi, Corrispondenza mittenti diversi, b. 4, fasc. 7.

62. AUFN, Giuseppe Mentessi, Insegnamento, b. 3, fasc 2, doc. 23 ottobre 1876.

63. Cfr. la documentazione relativa in AUFN, Giuseppe Mentessi, Insegnamento, b. 4, fasc. 2.

64. ASAB, Elenco generale degli Allievi inscritti per le Scuole della R. Accademia di Belle Arti.

65. Lettera di Gaetano Previati a Giuseppe Mentessi, Milano, 2 luglio 1877, AUFN, Giuseppe Mentessi, Corrispondenza mittenti diversi, b. 4, fasc. 7.

di architettura[66] che in quel momento, seppur sotto il controllo di Camillo Boito, titolare della Scuola di Architettura, era tenuta da Archimede Sacchi, in seguito professore di Architettura pratica all'Istituto Tecnico Superiore.

Il progresso nella Scuola di Prospettiva, dove ha modo di incrociare anche Medardo Rosso e Giovanni Segantini, si mantiene *molto soddisfacente* anche nell'anno seguente.

Il 16 gennaio 1878 il prof. Bisi gli accorda il permesso di accedere alla Pinacoteca e alla Galleria delle Statue[67] e nello stesso anno Mentessi consegue il «Premio con medaglia d'argento distinta pei lodevoli progressi» da lui compiuti nella Scuola di Prospettiva con l'«Invenzione di una scena».[68]

Di fatto, nel campo della scenografia, a seguirlo non è tanto il titolare Bisi, quanto Carlo Ferrario, allora aggiunto alla Scuola di Prospettiva, scenografo di punta del Teatro alla Scala dove risulta attivo dal 1852, pur firmando le scene solo dal 1869. In un attestato egli afferma che Mentessi è «fra i migliori allievi della sua Scuola di Scenografia del Teatro alla Scala, dal 1876 al 1879 e che lo prescelse come collaboratore in diversi lavori che eseguì ultimo dei quali il Secondo Sipario (o Comodino) di detto teatro».[69] L'esperienza, per quanto prestigiosa, non sembra aver rivestito un significato particolare per Mentessi, nonostante la stima che, almeno inizialmente, provava per il maestro. Di fatto, come scenografo, Ferrario, «l'ultimo romantico dei nostri», secondo Malaguzzi Valeri,[70] prediletto da Verdi,[71] ineccepibile

66. La notizia però, curiosamente, non trova riscontro nei registri della Scuola di Elementi di Architettura, ma è confermata nelle *Statistiche degli alunni 1° semestre 1877-78*, dove Mentessi è segnato al n. 19 della I^a Classe, in ASAB, Tea H IV 14, Atti periodici vari. Statistiche alunni dal 1861 al 1890 (gentile segnalazione di Edoardo Sala).

67. AUFN, Giuseppe Mentessi, Documenti personali e di famiglia, b. 1, fasc. 2. Salvo diversa indicazione, le informazioni di seguito riferite sono da intendersi tratte da questi documenti.

68. AUFN, Giuseppe Mentessi, Insegnamento, b. 2, fasc. 1, doc. 11 agosto 1878; *Atti della R. Accademia di Belle Arti in Milano. Anno MDCCCLXXVIII*, Milano, Tipografia di Alessandro Lombardi, 1878, p. 41.

69. Ivi, attestato di Carlo Ferrario, s.d. [1888]. Qui Ferrario riferisce di una Scuola di Scenografia interna al Teatro alla Scala, ma non si tratta ancora del "progetto" coinvolgente sia Brera che la Scala di cui si parlerà vent'anni dopo. Per quanto riguarda il secondo sipario della Scala, secondo i documenti dell'Archivio storico del teatro, questo risulta dipinto dal Ferrario nel 1881 (gentile segnalazione di Vittoria Crespi Morbio).

70. Francesco Malaguzzi Valeri, *L'ultimo scenografo del Romanticismo*, in «Il mondo artistico», 43-44 (1907), pp. 1-2.

71. Guido Marangoni, *Nel centenario verdiano. Lo scenografo di Verdi. Carlo Ferrario*, in «Emporium», 226 (1913), pp. 296-309. In realtà il rapporto con Verdi è molto

per professionalità e versatilità, *padrone degli stili* e «non privo di dottrina storico artistica»,[72] dotato inoltre di un notevole estro inventivo, più che alla restituzione del vero sembrava puntare, in accordo col melodramma, all'effetto emotivo servendosi spesso di un cromatismo acceso, con ombre dipinte, che via via appariranno sempre più finte dopo che, nel 1882, verrà impiantata l'illuminazione elettrica sul palcoscenico.[73]

Se Mentessi, nelle poche prove scenografiche sin qui note, non sembra scostarsi molto dal suo stile, deve aver percepito durante il suo tirocinio i limiti della scena dipinta, «combattuta tra la prospettiva e il pittoresco, il verismo ed il romanticismo, la poetica barocca dello stupore e dell'inganno dilettoso e la sua degenerazione nella versione spicciola del trucco e del mutamento di scena, tra la funzione figurativa e quella drammatica, tra il decorativo e la pittura»,[74] senza tuttavia approdare a una concezione nuova, ma virando poi lo studio della prospettiva in altra direzione. Senso di estraneità e – perché no – anche d'imbarazzo proverà ancora, verso la fine degli anni Trenta, quando sarà interpellato in merito alla sua attività di scenografo da Corrado Ricci[75] e da Alberto De Angelis[76] ai fini della compilazione di saggi e repertori sugli scenografi italiani, preferendo spostare l'attenzione sui suoi allievi versati in quel campo.

meno lineare, come ha precisato Mercedes Viale Ferrero, *Carlo Ferrario fra tradizione e innovazione*, in *La città di Brera*, pp. 13-19.

72. Giulio Ferrari, *La scenografia. Cenni storici dall'evo classico ai nostri giorni*, Milano, Ulrico Hoepli, 1902, pp. 242-243.

73. Giuliana Ricci, *La Scenografia*, Milano, Grafica Gutenberg Editrice, 1977, pp.13-15.

74. Carla Lonzi, *Rapporti tra la scena e le arti figurative dalla fine dell'800*, a cura di Moreno Bucci, Firenze, Leo S. Olschki Editore, 1995 [1956], p. 10.

75. Lettera di Corrado Ricci, Roma, 28 giugno 1927, AUFN, Giuseppe Mentessi, Corrispondenza mittenti diversi, b. 4, fasc. 11. Corrado Ricci, ne *La scenografia italiana* (Milano, Treves, 1930), pubblicherà due vedute fantastiche di Mentessi, *L'anima delle pietre* (fig. 267) e *Da una tetra leggenda immaginaria* (fig. 268) e due bozzetti, *Atrio-Schizzo improvvisato nella Scuola di Scenografia a Brera* (1909) e *Schizzo per la "Lucrezia Borgia" di Gaetano Donizzetti, improvvisato nella Scuola di Scenografia a Brera* (1911). Non è chiaro se si riferisca alle vedute fantastiche o a questi bozzetti Anton Giulio Bragaglia scrivendo che «nel primo quarto del secolo Giuseppe Mentessi, di Ferrara, seguì le vie simboliste francesi con interessanti lavori» (*Scenografia del Novecento*, in Alpheus Hyatt Mayor, Mercedes Viale, Andrea Della Corte, Anton Giulio Bragaglia, *Tempi e aspetti della scenografia*, Torino, Edizioni Radio Italiana, 1954, p. 210).

76. Alberto De Angelis, *Scenografi italiani di ieri e di oggi. Dizionario degli architetti teatrali, scenografi, scenotecnici, figurinisti, registi, ecc.*, Roma, Cremonese Libraio Editore, 1938.

Alla conclusione del terzo anno nella Scuola di Prospettiva, nel 1879 consegue il primo premio al Concorso dell'Istituzione Girotti per la plastica ornamentale con *Un modello in cera di anfora nello stile della fine del XV secolo*; Giuseppe Previati gli suggerisce di tradurlo in bronzo col procedimento della galvanoplastica per poterlo riprodurre in serie in modo da trarne così profitto.[77] Nello stesso anno partecipa al concorso del premio governativo d'incoraggiamento[78] di 1°grado per l'architettura, il cui tema prevedeva l'esecuzione di un «Capitello corintio della migliore epoca classica romana» esemplato sul modello di capitello del Pantheon presente nella Scuola elementare di Architettura. Con l'ottenimento del premio, gli viene commissionato un saggio di rilievo architettonico la cui esecuzione, dopo una proroga ottenuta dal ministero, sarà conclusa da Mentessi nell'agosto del 1881.[79] Si tratta del rilievo dal vero della porta del Palazzo Sacrati,[80] disegno esemplare per la ripresa d'angolo e l'accurata applicazione della teoria delle ombre, destinato a divenire una sorta di pietra di paragone, tanto sul piano didattico, quanto come attestato delle sue capacità in sede concorsuale.

4. *La prima esperienza didattica accanto a Luca Beltrami. L'insegnamento della Geometria elementare*

Già alla fine degli anni Settanta, non solo per le competenze per le quali si fa apprezzare, ma anche per la sua vivacità e la naturale simpatia della persona, Mentessi è organicamente incluso in un'ampia cerchia di amicizie, di cui la Famiglia Artistica[81] è, con l'Accademia di Brera, il crogiuolo.

77. Lettera di Giuseppe Previati, Ferrara 14 agosto 1879, AUFN, Giuseppe Mentessi, Corrispondenza mittenti diversi, b. 4, fasc. 8.

78. Si tratta di premi istituiti dal ministero della Istruzione Pubblica con R. Decreto 22 marzo 1877. Cfr.: *Atti della R. Accademia di Belle Arti in Milano. Anno MDCCCLXXX*, Milano, Tipografia di Alessandro Lombardi, 1880, p.71.

79. Lettera di Giuseppe Mentessi al presidente dell'Accademia, Milano 10 agosto 1881, ASAB, Tea G IV 23, Concorsi premi ministeriali 1879-80. Le altre informazioni riportate sono dedotte dalla documentazione presente nel fascicolo sui Premi d'incoraggiamento.

80. Il disegno, approvato da una Commissione speciale, sarà acquisito al patrimonio dell'Accademia. Cfr. *Oggetti pervenuti in seguito a concorsi*, in *Atti della R. Accademia di Belle Arti in Milano. Anno MDCCCLXXXI*, Milano, Coi tipi di Alessandro Lombardi, 1881, p. 186.

81. Lo studio più articolato e approfondito sull'argomento è quello di Niccolò D'Agati, *La Famiglia Artistica. Un caso di studio per l'arte a Milano tra il 1886 e il 1914*,

L'inserimento di Mentessi ventitreenne nel corpo insegnante[82] avviene nel momento della revisione dei vecchi ordinamenti dell'Accademia e dell'applicazione del nuovo Statuto, approvato con Regio Decreto del 13 ottobre 1879, di cui il fatto più eclatante fu la divisione della scuola in due sezioni, «una per lo studio delle arti propriamente dette; l'altra per lo studio dell'arte applicata alla decorazione e alle industrie», separando così la scuola degli artisti da quella degli artefici.[83] In base agli articoli 33 e 35, era emersa poi la necessità di un rafforzamento della Scuola di Architettura, dove era previsto un apposito insegnamento della Geometria piana, solida e descrittiva per gli architetti civili, per la quale Camillo Boito sollecitava l'assunzione nel ruolo organico di un «Incaricato», stanti il sempre più elevato numero di allievi (125 nel 1880) e la varietà degli indirizzi richiedenti necessariamente «metodi diversi e appropriati».[84]

In seguito al conseguimento del 1° premio nella Classe di Architettura ai concorsi governativi e su proposta del Consiglio accademico,[85] con dispaccio ministeriale del 28 dicembre 1880 Mentessi viene incaricato come Applicato del disegno architettonico e della geometria elementare. Il suo insegnamento è affiancato a quello della geometria descrittiva e del disegno di macchine (obbligatorio per gli aspiranti alla patente di maestro di disegno), affidato a Luca Beltrami, appena nominato per concorso primo aggiunto di Architettura, mentre al posto di secondo aggiunto vi era Pietro Bernasconi. Tuttavia, un anno dopo, sembra che la conferma di Mentessi fosse pregiudicata, come si evince da una lettera accorata di Camillo Boito rivolta al presidente dell'Accademia:

> Ella mi annunzia che il Ministero non ci consente questo anno l'incaricato per la Scuola di Architettura. Ella sa che l'incaricato è indispensabile, che senza di lui la scuola serale non può andare innanzi. Che cosa fare? Licenziare un quarto degli allievi, sospendendo la scuola di geometria? Noi amiamo troppo i nostri giovani, il nostro Istituto e il decoro della nostra città per poterlo fare.

tesi di dottorato in Storia delle Arti, ciclo XXXII, Università Ca' Foscari, Venezia, a.a. 2019-2020. La presenza di Mentessi in quel contesto vi risulta ampiamente documentata.

82. Il suo nome compare già fra gli insegnanti della Scuola d'architettura, quale «incaricato anche della geometria piana e solida», negli Atti accademici del 1880.

83. Eva Tea, *L'Accademia di Belle Arti a Brera-Milano*, Firenze, Felice Le Monnier, 1941, p. 102.

84. Lettera di Camillo Boito al presidente dell'Accademia, Milano 30 luglio 1880, ASAB, Tea G III 18, Scuola di Architettura dal 1877 al 1888.

85. ASAB, Carpi E IV 22, doc. 27 novembre 1880.

> Avremmo potuto pensarci se le iscrizioni non fossero già compiute, se le lezioni non fossero principiate da due settimane, se non ci fossero gl'impegni con l'Istituto Tecnico superiore per la Scuola speciale degli architetti e con l'Istituto tecnico secondario per la Scuola speciale dei Capimastri. Questo è il compenso che ci si riserva per il bene che, oltre l'obbligo nostro, abbiamo tentato di fare!
> Possiamo noi pregare il valente, l'ottimo Mentessi di continuare le lezioni gratuitamente? Egli à la madre inferma, à bisogno urgente del suo piccolo soldo.
> Dunque? Dunque io assumo a mio carico lo stipendio del Mentessi, benché io, com'Ella sa, non sia ricco, e lo stipendio mio m'abbisogni intero. Solo io La prego per delicatezza verso l'eccellente giovine di trattare Ella stesso la cosa, nascondendo al Mentessi che il soldo gli verrà, sinché non giungano le annunziate riforme, dalla borsa mia.[86]

Il documento rivela quanto strategico fosse per Boito, su una linea teorica tracciata dal suo maestro Pietro Selvatico, l'insegnamento della geometria quale fondamento scientifico di ogni disciplina, specie in questo caso trattandosi della rifondazione delle professioni dell'ingegnere e dell'architetto legate all'Istituto Tecnico Superiore (1863), restando fermo per lui il riconoscimento del ruolo chiave dell'Accademia nei confronti della città, quale garante del decoro e dell'educazione al disegno nelle stesse professioni tecniche: la scelta dell'architetto Luca Beltrami, già suo allievo e con una formazione composita e internazionale tra Accademia, Istituto Tecnico ed École Nationale des Beaux-Arts,[87] e di Mentessi in quanto artista esperto di disegno prospettico, pare a Boito una carta vincente giocata su entrambi i fronti.[88]

86. Lettera di Camillo Boito al Presidente dell'Accademia di Brera, 31 ottobre 1881, ASAB, Carpi E IV 22.

87. Sulla figura di Luca Beltrami e sulla sua formazione cfr. essenzialmente: Amedeo Bellini, *Luca Beltrami architetto restauratore*, in *Luca Beltrami architetto. Milano tra Ottocento e Novecento,* a cura di Luciana Baldrighi, catalogo della mostra (Milano, Triennale, 10 nov.-31 dic. 1997), Milano, Electa, 1997, pp. 92-139; Giuliana Ricci, *Luca Beltrami allievo e docente*, in *Luca Beltrami architetto*, pp. 142-151; Amedeo Bellini, *Un borghese esemplare della Milano dell'Ottocento*, in *Luca Beltrami 1854-1933. Storia, arte e architettura a Milano*, a cura di Silvia Paoli, catalogo della mostra (Milano, Castello Sforzesco, 27 marzo – 24 giugno 2014), Cinisello Balsamo, Silvana Editoriale, 2014, pp. 15-45.

88. Pertanto la discussione su programmi e metodi dell'insegnamento dell'ornato e della geometria resterà una nota di fondo in questi ultimi decenni, e ancora nel 1893 si constatava che gli allievi nella Scuola di Architettura «sono ancora digiuni del tutto di

Peraltro la collaborazione di Mentessi a fianco di Luca Beltrami si rivelerà subito produttiva. Uno scambio di lettere a partire dal settembre 1882, quando l'architetto si trovava a Parigi, rivela la stima reciproca, la progressiva confidenza[89] e il saldarsi di un'intensa amicizia destinata a durare sino alla morte di Mentessi.

Segno tangibile di questa vicinanza e collaborazione è la cartella, datata novembre 1881, con le riproduzioni fotografiche di sei tavole del Lazzaretto di Milano disegnate da Beltrami e Mentessi a partire dai rilievi eseguiti dall'architetto[90] su incarico dell'Accademia di Brera e per conto del ministero della Pubblica Istruzione, «uno studio che rimane esemplare per la storiografia lombarda dell'Ottocento»,[91] poco prima che il complesso venisse demolito.[92] In altre occasioni lo stesso Beltrami, che ormai ricopriva incarichi di responsabilità e prestigio quale membro della Commissione Conservatrice dei Monumenti nella Provincia di Milano, e delegato dal Regio Governo alla revisione dell'elenco dei Monumenti nazionali per la regione Lombardia, dichiara di essersi servito del «concorso intelligente» di Mentessi «sia nelle operazioni di rilievo che nella compilazione dei disegni di restauro» anche del Castello Sforzesco.[93] La collaborazione si fa particolarmente intensa proprio alla metà degli anni Ottanta, allorché

ornato e disegno geometrico» (ASAB, Carpi C I 31, Circolari e massime ministeriali dal 1891 al 1920, fasc. Programmi d'insegnamento 1893-94, Adunanza di alcuni professori per discutere delle questioni di metodo sull'insegnamento dell'ornato e della geometria, 21 giugno 1893).

89. «Creda, creda se le dico che io sono sempre stato innamorato del suo talento e del suo carattere ed ora che posso darle del tu sono contento». Lettera di Giuseppe Mentessi a Luca Beltrami, Milano 12 settembre [1882], in Archivio privato Luca Beltrami, Epistolario, XIII-1,1.

90. *Il Lazzaretto di Milano (sec. XV). Rilievi dell'architetto Luca Beltrami. Tavole Sei disegnate da Luca Beltrami e Giuseppe Mentessi. Novembre 1881*. All'esemplare n. 1 della cartella, conservato nella Biblioteca dell'Accademia di Brera, è allegata una relazione manoscritta (segn. A V 25), poi pubblicata sull'«Archivio storico lombardo», IX (1882), pp. 403-441, con 2 tavv., e come opuscolo autonomo dalla tipografia Bortolotti (Milano, 1882). Cfr. Amedeo Bellini, *La bibliografia degli scritti di Luca Beltrami. Aggiunte, correzioni e note a quella "a cura degli amici ricorrendo il LXXV anno di età sua" Milano 1930*, 4ª ed. riveduta e corretta, con alcuni inediti, Roma, Ginevra Bentivoglio EditoriA, 2022, pp. 22, 101.

91. Bellini, *Luca Beltrami architetto restauratore*, p. 96.

92. Si veda la documentazione in ASAB, Carpi A I 25, Ornato pubblico, fasc. Milano. Lazzaretto. Rilievi (1881).

93. Dichiarazione dell'arch. Luca Beltrami, Milano 3 gennaio 1887, AUFN, Giuseppe Mentessi, Insegnamento, b. 2, fasc. 1.

Beltrami progetta il Palazzo della Società Permanente chiamando l'amico a decorarne il loggiato.[94]

Che poi l'argomento *prospettiva* potesse essere un interesse condiviso lo rivelano i *Dispareri in materia d'architettura e di prospettiva nella questione del prolungamento del lato settentrionale della Piazza del Duomo* (1886) attraverso i quali Beltrami interviene sul tema del completamento della piazza maggiore di Milano, allora oggetto di discussione in sede di Consiglio Comunale, sperando di scongiurarne, nel progetto ventilato, il «parossismo della monumentalità» a scapito del duomo medesimo. A sostegno delle proprie idee, Beltrami citava ampiamente un intervento del 1839 di Carlo Cattaneo il quale portava in primo piano «le ragioni di prospettiva» che «sono ragioni di geometria, la quale tra tutte le altre cose del mondo è quella che meglio si presta a soluzioni chiare e precise».[95] In questo senso, nel linguaggio progettuale, il disegno prospettico, invece che artificio illusivo, tornava a essere uno strumento di controllo dello spazio architettonico nelle sue relazioni proporzionali quali sono percepite da un osservatore reale.[96]

Non vi è dubbio che l'abilità di Mentessi in questo campo lo avesse messo in luce presso gli studi degli architetti: già nello studio ferrarese d'Ingegneria Vignocchi-Previati-Barbantini aveva «prestato l'opera sua come disegnatore in vari progetti architettonici», come attesta Giuseppe Previati;[97] aveva poi realizzato «riproduzioni prospettiche di progetti architettonici» per Augusto Guidini, architetto e urbanista membro della Commissione di Antichità e Belle Arti, il quale ne apprezzava le doti artistiche «sia come prospettico svelto ed esattissimo, sia come acquerellista

94. Il progetto definitivo del Palazzo della Permanente, conservato nel Civico Gabinetto dei Disegni del Castello Sforzesco di Milano, è datato 1883, mentre il suo completamento con le decorazioni di Mentessi avverrà tre anni dopo.

95. Carlo Cattaneo, *Sulla Piazza del Duomo di Milano. Osservazioni ad un articolo inscritto nel fascicolo d'ottobre degli Annali di Statistica*, in «Il Politecnico», a. I, semestre II, fasc. X (1839), pp. 343-356.

96. Di una peculiarità, in tal senso, della «prospettiva a Milano» scrive Francesca Valli, *Il progetto di ricerca*, in *La città di Brera. Due secoli di progetto scenico. Prospettive d'invenzione 1802-1861*, a cura di F. Valli, catalogo della mostra (Accademia di Brera, Sala Napoleonica, 18 novembre 1997-28 febbraio 1998), Milano, Giorgio Mondadori, 1997, p. 12.

97. Attestato dell'ing. Giuseppe Previati, Ferrara 26 ottobre 1878, AUFN, Giuseppe Mentessi, Insegnamento, b. 4, fasc. 2.

e pittore di merito eccezionale»;[98] aveva operato negli stessi anni nello studio di Luigi Conconi (già amicissimo di Beltrami e suo) occupandosi, tra l'altro, della parte prospettica del progetto per il concorso del Monumento a Vittorio Emanuele a Roma (1882);[99] nel 1884 per conto dei nobili Bagatti Valsecchi aveva eseguito una serie di disegni della facciata, degli interni e di alcuni arredi del loro palazzo, finalizzati a una pubblicazione.[100] Perfettamente coerente con queste esperienze e con lo spiccato interesse di Mentessi per l'architettura, con o senza la mediazione o l'influenza di Beltrami e Conconi, pare essere anche la sua prima attività espositiva, un interesse mai sopito, ma che riemergerà dopo il 1909, successivamente alla fase della pittura sociale e simbolista.[101]

Nel 1882, superato l'esame per la patente di abilitazione all'insegnamento del disegno,[102] riceve l'incarico di Geometria elementare per la Seconda sezione (quella degli Artieri).[103] La Scuola speciale di geometria elementare – così come la chiama il Presidente dell'Accademia Visconti

98. Dichiarazione dell'arch. Augusto Guidini, Milano 22 dicembre 1886, AUFN, Giuseppe Mentessi, Insegnamento, b. 2.

99. Certificato rilasciato dall'arch. Luigi Conconi, Milano 20 gennaio 1887, ivi. Su Conconi architetto e il suo progetto del 1882, cfr. Matteo Bianchi, Giovanna Ginex, *Luigi Conconi (1852-1917): architetto, incisore, pittore*, in *Luigi Conconi incisore*, a cura di M. Bianchi e G. Ginex, Milano, Federico Motta Editore, 1994, pp. 14-15.

100. Nota di spesa per i disegni a penna da riprodursi in zincotipia rappresentanti il palazzo dei Nobili Signori Bagatti Valsecchi eseguiti dal sottoscritto per Loro commissione, Milano 28 marzo 1884, AUFN, Giuseppe Mentessi, Documenti personali e di famiglia, b.1, fasc. 8.

101. Su questo argomento rimando all'ampio saggio di Marcello Toffanello, *Il vero, le fantasie e gli ideali attraverso il disegno*, in *Giuseppe Mentessi. Opere nelle collezioni del Museo dell'Ottocento di Ferrara. Catalogo generale completamente illustrato*, a cura di Marcello Toffanello con la collaborazione di Beatrice Avanzi, Ferrara, Civiche Gallerie d'Arte Moderna e Contemporanea, 1999, pp. 25-49.

102. Mentessi si era presentato come candidato il 4 luglio 1882 e aveva ottenuto per soli titoli la patente il 6 luglio 1882 con voto unanime della Commissione, nella quale figuravano, tra gli altri, Boito e Luca Beltrami. Curiosamente lo stesso Mentessi, nell'anno precedente, era già tra i componenti della medesima Commissione, dove ricomparirà dopo aver conseguito quel titolo. Cfr. la documentazione in ASAB, Carpi C III 5, Atti inerenti agli esami per gli aspiranti al diploma di maestro di disegno nelle scuole tecniche, normali e magistrali dal 1881 al 1885.

103. Nell'approvare l'incarico il ministero (con nota del 14 novembre 1882) precisa che Mentessi dovrà «impartire alcune lezioni» per una gratificazione annua di lire 500, di cui «metà deve essere pagata colla dote dell'Accademia» (ASAB, Tea G III 21, Scuola di Geometria dal 1883 al 1912).

Venosta – a seguito dei «soddisfacentissimi» risultati e per «merito speciale» di Mentessi viene infatti confermata anche per gli anni seguenti[104] sino alla soppressione del posto il 1° agosto 1912. Per orientarsi nell'insegnamento della disciplina, Mentessi adotta un vero e proprio libro di testo che utilizzerà sino al 1887, ovvero il *Manuale di disegno lineare geometrico* di Giuseppe Boidi,[105] uno strumento già in uso in molte scuole tecniche italiane. L'autore, professore di architettura, disegno topografico e di macchine presso il Regio Istituto tecnico di Torino, pur partendo da un'impostazione rigorosamente scientifica e tutto sommato tradizionale, nella riedizione del libro (quella utilizzata da Mentessi) si mostra informato su alcuni nuovi principi pedagogici secondo i quali «non basta istruire, ma bisogna addestrare l'alunno in guisa che, uscito dalla scuola, possa compiere da sé stesso la sua educazione, a seconda dei bisogni che potrà incontrare», ciò comportando «insegnamenti teorici e pratici proprii della prima età della scuola, che tendano più a sviluppare la intelligenza che ad addestrare la mano». Un'*Avvertenza* posta in calce alla prefazione suggerisce di eseguire a mano libera la prima parte degli esercizi, per poi ripeterli con l'uso di strumenti di precisione. Così farà Mentessi, forgiando meglio il suo metodo, secondo gli insegnamenti di Boito e Selvatico, attraverso un altro prodotto editoriale, questa volta promosso dall'Accademia Albertina di Torino, e quindi indirizzato anche agli artisti, ovvero il manuale di Guido Schreiber, *Il disegno lineare. Corso Pratico per artisti e industriali*, tradotto da Carlo Felice Biscarra (segretario perpetuo dell'Albertina) e pubblicato nel 1872 per i tipi di Loescher. Diviso in tre sezioni – *Del disegno a mano libera; Del Disegno ornamentale; Del disegno geometrico* – il manuale rientrava tra quelli particolarmente raccomandati dal ministro della Pubblica Istruzione;[106] era infatti provata l'efficacia del metodo proposto, da tempo ampiamente sperimentato in Germania, nell'insegnamento artistico-industriale. Si tratta della parte più importante dell'opera *Das technische Zeichnen*[107] che Pietro Selvatico, nella sua lettera introduttiva, dimostra di aver letto nella lingua

104. Attestato del Presidente Visconti Venosta, Milano 14 gennaio 1887, AUFN, Giuseppe Mentessi, Insegnamento, b. 2, fasc. 1.

105. *Manuale di disegno lineare geometrico coordinato ai programmi governativi ad uso degli alunni del secondo anno delle scuole tecniche adottato per libro di testo in quelle del Regno di Giuseppe A. Boidi, XII Edizione emendata e accresciuta*, Torino, Paravia, s.d.

106. Con circolare 26 settembre 1870.

107. Guido Schreiber, *Das technische Zeichnen: für Architekten, Techniker, Mechaniker und Bauhandwerker*, Leipzig, Verlag von Otto Spamer, 1865.

originale, e di cui più volte raccomanda l'autore nei suoi numerosi scritti sull'insegnamento del disegno. Il testo, presente nella Biblioteca dell'Accademia di Brera, con le postille di Camillo Boito, non può non essere entrato nelle considerazioni di Mentessi che, di fatto, sembra proprio applicare il *metodo Schreiber* nei programmi predisposti in seguito per le scuole milanesi e lombarde, in particolare per il valore attribuito al disegno a mano libera e allo studio delle forme naturali delle piante, soprattutto del fogliame, in vista della loro configurazione ornamentale.

Con la messa a punto di tale metodo, anche il corso festivo di Disegno geometrico tenuto da Mentessi a Brera avrebbe incontrato il favore delle commissioni esaminatrici secondo le quali doveva essere raccomandato non solo agli artieri, ma anche agli allievi dei corsi comuni della I Sezione,[108] ovvero agli aspiranti artisti.

Nel frattempo per Mentessi s'impone la necessità di rinnovare modelli e materiali didattici e, per questa ragione, dalla collaborazione accademica con Beltrami scaturisce la *Raccolta di motivi decorativi sull'insegnamento del chiaroscuro nelle scuole*, pubblicata nel 1886, una cartella di 25 tavole in eliotipia attraverso cui gli autori intendono fornire un ausilio per superare la convenzionalità e la monotonia degli effetti di chiaroscuro legate ai consueti motivi decorativi che, sino a quel momento, venivano proposti agli allievi. Non si tratta in effetti del solito repertorio di monumenti antichi assurti astrattamente a esemplificare uno stile o un'epoca storica, ma di una raccolta di modelli concreti, interamente rinnovata ed esemplata sui marmi, sulle pietre, sui frammenti e gli oggetti fittili, dall'antichità al XVI secolo, conservati in massima parte a Brera, nel Museo Patrio di Archeologia, istituzione che, com'era stato ribadito nel 1881 dal segretario Sebregondi, era da considerarsi «un'appendice dell'Accademia, e perché vi si custodiscono preziosi cimeli di sua proprietà, e perché serve alle esercitazioni dei nostri allievi».[109] Ciò corrisponde a una precisa scelta di campo, quasi in ideale continuità con l'insegnamento di Durelli e di Mongeri, volta a rivalutare le antichità patrie e a indicare, fra i modelli da imitare, non più solo i gessi, ma

108. Relazione di Giuseppe Lombardi e Ambrogio Annoni per il corso festivo di disegno geometrico, Milano 11 luglio 1910, ASAB, Tea G I 24, Esami ammissione e riparazione Accademia 1909-10, 2° dossier.

109. Discorso del segretario Francesco Sebregondi in occasione della distribuzione dei premi per l'anno scolastico 1880-81, in *Atti della R. Accademia di Belle Arti in Milano. Anno MDCCCLXXXI*, Milano, Coi tipi di Alessandro Lombardi, 1881, p. 49.

gli originali della scultura lombarda.[110] Nella *Raccolta di motivi decorativi* i reperti, scelti opportunamente a «formare un seguito graduato di effetti» secondo un metodo progressivo, sono presentati coi segni del tempo e nel chiaroscuro naturale restituito nelle morbide gradazioni della eliotipia, da riprodurre poi nella copia a carboncino e ad acquerello. Occorre qui sottolineare l'indicazione circa l'uso di matita grassa o carbone, che si tratti di disegno dal vero e di tavole di studio della prospettiva, nonché l'impiego della matita rossa utilizzato da Mentessi in alcuni dei suoi migliori disegni. Si ravvisa in questa pratica il deciso superamento, nell'insegnamento dell'ornato, della concezione albertolliana della forma conchiusa e calligrafica, colta ora in una visione sensibile, pittorico-atmosferica, che attinge tanto all'esperienza della pittura lombarda contemporanea, quanto alla riscoperta e fortuna critica del Settecento veneziano. Si comprende allora, in questa sua prima fase professionale, perché Mentessi adotti per due anni, dall'86 all'88, gli *Studj di Pittura* del Piazzetta, così come più tardi mostri un particolare interesse per il Tiepolo pittore e incisore attraverso le monografie di Pompeo Molmenti.[111] Forse anche sulla suggestione dei dipinti di soggetto veneziano presentati in quegli anni alle Esposizioni di Brera (lo aveva molto colpito un dipinto di Filippo Carcano, vincitore nel 1882 del premio Principe Umberto), nell'estate del 1886 si reca a Venezia dove, entusiasta per la bellezza della città, esegue molti studi,[112] confessando però a Beltrami di sentirsi tormentato dal «dispiacere di non aver potuto studiare pel passato come avrei voluto e come ne avrei avuto la passione».[113] Non è chiaro se alluda alla sua carente preparazione storico-artistica, ma è pur vero che negli anni seguenti cercherà di migliorarla con frequenti letture di monografie sui pittori veneziani (Tiziano e Veronese) e soprattutto sulla storia dell'arte non solo italiana (Lafenestre, Bayet, Muntz, Lubke, Gonse, Cavallucci, Ricci), mentre continuerà ad approfondire la conoscenza dei

110. Chiara Nenci, *Il Museo di Antichità di Brera*, in *Musei nell'Ottocento alle origini delle collezioni pubbliche lombarde*, a cura di Maria Fratelli e Francesca Valli, atti delle giornate di studio (Milano, Palazzo Moriggia, 7-8 ottobre 2010, Torino, Umberto Allemandi & C., 2012, p. 325).

111. ASAB, Tea M I 14, Registro dei libri dati a prestito dal 1875=76 al 1888; Biblioteca artistica della R. Accademia di Belle Arti. Registro delle opere date a prestito dal 1889 al 6 ottobre 1902.

112. Lettera di Giuseppe Mentessi a Luca Beltrami, Venezia 24 agosto 1886, Archivio privato Luca Beltrami, Epistolario XIII-1.

113. *Ibidem*.

monumenti veneziani attraverso le fotografie del legato Mongeri pervenute in dono all'Accademia nel 1888.

La sua abilità di disegnatore, unita alla sua sensibilità per la tutela dei monumenti, lo segnala alla Consulta Archeologica che gli affida l'incarico dei rilievi di alcune lapidi antiche, poi trasmessi al ministero dell'Istruzione pubblica.[114]

Ma il 1886-1887 è un anno di svolta per entrambi gli amici: se Beltrami abbandona l'insegnamento a Brera per occupare il posto di professore straordinario di Architettura pratica nell'Istituto Tecnico Superiore, incarico che manterrà sino al 1890, Mentessi da parte sua, dopo aver supplito nel 1886 il prof. aggiunto della Scuola di Prospettiva,[115] con Regio Decreto del 20 marzo 1887 viene nominato, a seguito di concorso, Primo aggiunto di prospettiva incaricato dell'insegnamento del paesaggio con decorrenza dal 1° aprile e stipendio annuo di lire 2.000.[116] Tale nomina, giunta dopo la morte di Luigi Bisi e il passaggio della cattedra di Prospettiva a Carlo Ferrario, era stata sollecitata da una dichiarazione congiunta di Camillo Boito e Luca Beltrami, controfirmata dal presidente Visconti Venosta, relativamente all'esperienza maturata da Mentessi in tale campo, avendo già avviato alla prospettiva gli allievi della Scuola elementare di Architettura e gli aspiranti alla patente per l'insegnamento del disegno.[117]

5. *Il personale approccio alla prospettiva e alla scenografia*

L'insegnamento di Mentessi come Primo aggiunto di prospettiva, già alla luce dei risultati del primo anno, viene salutato dalla Commissione esaminatrice, composta da Emilio Alemagna, Camillo Boito, Carlo

114. Attestato del Presidente Visconti Venosta, AUFN, Giuseppe Mentessi, Insegnamento, b. 2.

115. Con lettera del 7 febbraio 1886, il presidente Luigi Bisi, titolare della Scuola di Prospettiva in congedo da due mesi per motivi di salute, gli propone di supplire il prof. Carlo Ferrario (che lo sostituisce alla cattedra) nella qualità e incarico d'aggiunto della Scuola di Prospettiva «senza remunerazione». La nomina ufficiale di tale incarico gli era stata conferita qualche giorno prima con Dispaccio Ministeriale del 5 febbraio 1886. La documentazione relativa è in ASAB, Carpi E IV 22.

116. L'incarico biennale verrà poi confermato stabilmente con Regio Decreto del 4 giugno 1889.

117. Cfr. doc. 3 gennaio 1887, in ASAB, Carpi E IV 22.

Ferrario e Luigi Broggi, come la novità più importante dell'anno accademico 1887-1888. Rilevando che era «la prima volta» che in Accademia veniva introdotto l'insegnamento di «Prospettiva pratica» come corso preparatorio alla Scuola di Prospettiva, ne approvava l'indirizzo secondo cui «l'allievo deve sforzarsi di rappresentare prospetticamente una forma, prima di conoscere le norme che regolano questa rappresentazione speciale».[118]

Pur orientato, per la sua formazione di scenografo, dalla *pratica della prospettiva* (da Serlio ad Andrea Pozzo, da Bibiena a Cocchi), man mano che approfondisce i metodi di rappresentazione, Mentessi si allontana progressivamente da formulazioni geometricamente predeterminate.

Con la priorità attribuita al disegno dal vero e alla dimensione intuitiva dello spazio, egli intende portare il discente alla percezione delle qualità spaziali dei singoli oggetti. Questo avviene inizialmente attraverso il disegno di solidi regolari, di cui si premura di far dotare la scuola. In secondo luogo, scostandosi dall'approccio tradizionale, Mentessi adotta il sistema di sovrapporre agli oggetti d'uso quotidiano dei telai metallici a forma di solidi regolari con lo scopo di far entrare lo spazio nella percezione degli oggetti medesimi senza l'impiego di complicate costruzioni o normalizzazioni geometriche.

Alla fine del tirocinio, il discente potrà percepire-rappresentare correttamente in prospettiva qualsiasi oggetto abbia di fronte e accostarsi pure agli aspetti più ardui della teoria, col vantaggio di una pratica visiva collaudata, se il fine è pur sempre l'approdo geometrico scientifico alla costruzione delle immagini.

La testimonianza di un suo allievo e poi stretto collaboratore, Pietro Chiesa, è molto eloquente:

> Insegnata da lui la Prospettiva perdeva ogni carattere astratto; diventava metodo di osservazione, controllo, abitudine d'esattezza. Avidi di forme e di colore, avremmo certamente disertato una scuola in cui la prospettiva fosse stata considerata solo dal punto di vista scientifico, come un puro caso di geometria descrittiva: e cioè un esercizio di ginnastica mentale che diventa esercizio di tiralinea. Viceversa quel "discorso mentale" cui allude Leonardo e senza il quale "nulla si fa nei casi di Pittura" diventava per il nostro maestro

118. Relazione della commissione, 10 novembre 1888, ASAB, Tea M V 19, Atti Presidenza e protocollo 1861-1889.

il chiaro e plastico linguaggio dell'artista, che nella scienza trova la controprova dell'intuizione, il miglior sussidio per la conquista del vero.[119]

Bisogna inoltre considerare l'efficacia e l'importanza del metodo Mentessi da un altro punto di vista, più sottile di quello sinora esposto: forse, prima ancora che nell'esame storico-critico del problema, qui la prospettiva, oltre che come *struttura codificata* e *punto di arrivo di un determinato svolgimento storico*, sembra emergere come *punto di partenza*, come *dato dell'esperienza comune*,[120] in un dialogo – non sappiamo se ravvicinato piuttosto che a distanza – con l'ottica fisiologica e la sua applicazione alla sfera artistica, per esempio nella parallela trattazione teorica elaborata da Gaetano Previati ne *I principi scientifici del divisionismo* (1906).

D'altra parte si sbaglierebbe a credere che in Mentessi l'approccio scenografico della prospettiva sia del tutto eluso, giacché è costantemente presente, fuori dalla cornice teatrale, nella sua duplice valenza di proiezione visionaria e prefigurante da applicare tanto alla pittura quanto al progetto architettonico.

Merita qui di essere sottolineato l'interesse per le incisioni di Piranesi (nella Biblioteca dell'Accademia poteva consultare l'intera serie stampata a Parigi sui rami originali), documentabile almeno a partire dal 1884 e nella traccia lasciata nelle *Fantasie architettoniche o nere* (1890) esposte alla Famiglia Artistica nel 1891, assieme a opere di Conconi e di Previati. Felice Cameroni, in una delle serate in casa Cairati,[121] condividendo con Erminia Vogt e Carlo Bozzi un giudizio lusinghiero sul suo lavoro, sottolinea la specificità di Mentessi «come pittore-poeta delle visioni architettoniche», ovvero il suo «primato su tutti quanti i nostri artisti nel rendere fantastica, aerea, suggestiva l'architettura», applicando a lui ciò che Huysmans[122] aveva scritto evocando le *Carceri* di Piranesi.

Tuttavia non si insisterà mai abbastanza sull'importanza che riveste nel lavoro di Mentessi l'uso della fotografia (ovvero il taglio fotografico

119. Pietro Chiesa, *Note su Mentessi insegnante*, 1932, ms., AUFN, Giuseppe Mentessi, Carte postume, b. 2, fasc. 4.

120. Mi servo qui liberamente di un concetto espresso da Decio Gioseffi nella voce *Prospettiva* dell'*Enciclopedia Universale dell'Arte*, vol. XI, Novara, De Agostini, 1983, p. 154.

121. Sul ruolo di questo salotto e cenacolo d'intellettuali e artisti, cfr. in questo libro il contributo di Sergio Rebora che pure commenta l'episodio.

122. Cfr. *Certains* (1889), citato nella lettera di Felice Cameroni dell'8 luglio 1896, AUFN, Giuseppe Mentessi, Corrispondenza mittenti diversi, b. 2, fasc. 15.

nello studio di scorci e prospettive, oltre allo studio della luce),[123] restando un punto di riferimento anche nell'opera dell'illustratore, come si può notare a proposito di alcune tavole per *Teresa* di Neera,[124] riconducibili a foto-cartoline di monumenti e angoli di Casalmaggiore, città in cui è ambientato il romanzo. «Dicono che lavoro con la fotografia, ma vedrai quanti sforzi prima di raggiungere l'armonia e la grandiosità della linea»,[125] avrà a lamentarsi Mentessi, pur senza smentire il ricorso a essa. In altri casi, quando si tratta del rilievo di monumenti, dichiarato è l'impiego del «prisma», ovvero della camera lucida.

Per quanto riguarda invece l'uso "positivo" del metodo proiettivo applicato al progetto architettonico, è fuor di dubbio che Mentessi abbia saputo trasmettere ai suoi migliori allievi la padronanza assoluta dello strumento, così da consentire l'impiego di tagli prospettici arditi, catottici e anottici, funzionali a veicolare un'immagine architettonica e urbana dinamica e proiettata nel futuro: si pensi già solo alle prospettive dell'architetto Mario Palanti, uno dei suoi migliori allievi, ma soprattutto alle ardite vedute a volo d'uccello di Mario Stroppa, uno specialista del genere. Del resto sono stati suoi allievi anche alcuni futuristi italiani e quei costruttivisti russi che si formarono al Politecnico, tenuti comunque a seguire i corsi di disegno all'Accademia. Insomma se Nino Barbantini poteva affermare nel 1919 che «nell'arte contemporanea la composizione e la prospettiva sono parole troppo logiche per avere senso»,[126] non aveva fatto i conti con l'interesse che il corso accademico del suo concittadino aveva suscitato nei giovani artisti, da quelli gravitanti intorno a Nuove Tendenze[127] a coloro che in seguito aderiranno a Novecento.

Un'ulteriore conferma dell'interesse per lo studio della prospettiva fra i giovani artisti dell'ultimo decennio dell'Ottocento è data dalla cospicua

123. Per l'uso della fotografia da parte di Mentessi nel campo del ritratto, segnalo il pionieristico studio di Giovanna Ginex, *Fotografia e pittura nel laboratorio divisionista*, in *L'età del Divisionismo*, a cura di Gabriella Belli e Franco Rella, Milano, Electa, 1990, p. 236.

124. Neera (Anna Zuccari Radius), *Teresa. Romanzo*, con disegni di G. Buffa, L. Conconi e G. Mentessi, 5ª ed., Milano, Casa Editrice Galli, 1897.

125. Citato in Majno, *Giuseppe Mentessi*, p. 40.

126. Barbantini, *Gaetano Previati*, p. 14.

127. Su Nuove Tendenze cfr. i recenti contributi raccolti in *Leonardo Dudreville e Nuove Tendenze. L'avanguardia negli anni Dieci*, a cura di Francesco Parisi, catalogo della mostra (Lucca, Fondazione Ragghianti, 15 ottobre 2022-8 gennaio 2023), Cinisello Balsamo, Silvana Editoriale, 2022.

produzione teorica di Enrico Vegetti, pittore e acquafortista torinese[128] presente nelle esposizioni milanesi e legato come accademico a Brera. Oltre a un articolo sull'argomento uscito nel 1892 sul «Politecnico», è notevole il suo corposo trattato in tre volumi sulla *Prospettiva lineare speculativa e pratica* pubblicato tra il 1896 e il 1899 dalla Ditta Luigi Calcaterra, il principale fornitore milanese di materiali per la pittura,[129] qui in veste di editore. L'autore, pur affermando nella premessa l'importanza dello studio dal vero e di non voler ridurre la trattazione a un'ostica esposizione di teoremi, precisa che «non riesce possibile rendere elementare, ancor meno dilettevole, il complesso arido per natura di un fenomeno fisico, come pronto a prodursi, difficile ad analizzare»:[130] l'impostazione scientifica del trattato appare, in tal senso, distante dall'approccio pratico e intuitivo conferito alla materia da Mentessi, pur tuttavia corredato da numerosissimi schizzi a mano libera, tratti quasi integralmente da studi dal vero di angoli e architetture della città di Milano, in questo mostrando di condividere la stessa pratica e cultura visiva della Scuola di Prospettiva dell'Accademia di Brera.[131] Forse ancora, come Mentessi, Vegetti sembra conferire alla prospettiva un ruolo che va al di là delle questioni tecnico-artistiche, quasi una missione educativa se abitua il lettore/osservatore a «quello spirito d'esame e di metodo che applicato alle grandi ragioni della vita» può condurre a modificarla.[132]

Il successo delle lezioni di Prospettiva pratica di Mentessi si era già manifestato verso la metà degli anni Novanta, quando il numero crescente degli iscritti aveva evidenziato sempre più l'inadeguatezza degli spazi. Nell'aprile del 1895, non avendo posto disponibile per gli allievi del 1°

128. Su Vegetti cfr. essenzialmente Raffaele Calzini, *Enrico Vegetti acquafortista e il mistero del paesaggio*, in «Emporium», 359 (1924), pp. 683-695; Lina Cortis Anderson, *L'arte di Enrico Vegetti, pittore, incisore e xilografo*, in «L'Illustrazione Vaticana», 5 (1936), pp. 221-224: in questo articolo si riferisce del rapporto di vicinanza tra Mentessi e Vegetti per quanto riguarda l'apprendimento, da parte di quest'ultimo, dell'acquaforte. Del resto Vegetti, a partire dal 1880, aveva frequentato alcune scuole dell'Accademia di Brera.

129. Mentessi e Previati erano suoi clienti.

130. Enrico Vegetti, *Prospettiva lineare speculativa e pratica. I. La teoria fondamentale*, Milano, Ditta Calcaterra Luigi, 1896, p. XI.

131. Non sappiamo se il trattato di Vegetti sia stato letto e utilizzato nella scuola di Mentessi, fatta eccezione per l'assistente Lombardi che se ne servirà nel corso del 1913, mentre viceversa, come vedremo più avanti, è provata la stima di Vegetti nei confronti del maestro di Brera.

132. Enrico Vegetti, *Prospettiva lineare speculativa e pratica. II. La teoria delle ombre e quella dei riflessi*, Milano, Ditta Calcaterra Luigi, 1897, p. XI.

anno del Corso comune, Mentessi si trova costretto a richiedere al R. Ufficio Regionale per la conservazione dei monumenti il permesso «di fare degli studi dal vero nel cortile maggiore del Palazzo di Brera e nella loggia ora almeno che la buona stagione lo permette. In questo palazzo motivi splendidi di prospettiva non ne mancano e noi più che altrove potremo meglio sorvegliare ed aiutare nei loro studi gli allievi».[133]

Ma, se questa condizione rivela in Mentessi il saper fare di necessità virtù, per il titolare alla cattedra è vista solo come limitazione e fonte di disordine. Forse inizia proprio in questo momento a incrinarsi il rapporto fra i due, seppur la diversità di approccio alla materia e i riflessi talora negativi sull'orientamento degli allievi restino ancora sottotraccia, quasi fossero attribuiti solo alle difficoltà logistico-organizzative e al sovraccarico di lavoro, dovendo Mentessi occuparsi non solo della prospettiva pratica, ma anche del disegno elementare di paesaggio, insegnamenti poi suddivisi nelle sezioni maschile e femminile in «aule sconvenienti per disturbo e sorveglianza e distrazione per tutti gli allievi».[134]

Nel 1897 gli viene affiancato Angelo Cattaneo per l'insegnamento della prospettiva, tuttavia il carico eccessivo di lavoro per il numero elevato degli allievi e i non pochi incarichi, anche di tipo professionale, cui deve far fronte, gli avrebbero causato nel novembre 1898 dei disturbi nervosi, trovandosi costretto a chiedere un periodo di congedo.[135]

Anche per sopperire a questa situazione, appreso da Boito che il ministero della Pubblica Istruzione aveva in cantiere una riforma delle accademie comprendente l'introduzione di «un corso speciale di Prospettiva applicata alla scenografia teatrale» e che il senatore Tullo Massarani aveva proposto al Comune di Milano la creazione di una Scuola di Scenografia, Carlo Ferrario suggeriva al Presidente dell'Accademia l'idea di trasferire in toto la Scuola di Prospettiva in Castello, nei locali prospicienti verso via Dante in modo da dare sufficiente spazio a tutti i corsi, compreso quello

133. Lettera di Giuseppe Mentessi, Milano 4 aprile 1895, ASAB, Tea G III 20, Scuola di Prospettiva.

134. Relazione di Carlo Ferrario, non datata [ma primi anni Novanta], ASAB, Carpi C I 31, Circolari e massime ministeriali dal 1891 al 1920. La totale inadeguatezza degli spazi è ribadita nella successiva relazione datata 1° maggio 1895.

135. Lettera di Giuseppe Mentessi al presidente dell'Accademia di Brera, Milano 7 novembre 1898. ASAB, Carpi E IV 22. Nel certificato medico allegato si afferma che «è da tempo sofferente di disturbi nervosi sostenuti da una condizione di cerebrostenia occasionata da eccessivo lavoro».

specializzante sulla scenografia.[136] L'impraticabilità di quella proposta, e una nuova organizzazione degli spazi, anche fra le diverse istituzioni interne al palazzo di Brera, spingeranno a trovare altre soluzioni.

Quando finalmente l'insegnamento della prospettiva potrà dispiegarsi in un ambiente più ampio, quello dell'antico refettorio del collegio gesuitico di Brera (attuale aula 10), sarà la stessa logica e razionale distribuzione del lavoro e delle suppellettili nello spazio della sala a parlare e rendere esplicito il metodo, come apprendiamo dalla testimonianza di un altro allievo, Giulio Cisari:

> Appena entrati in questo salone, subito, in principio, la prima cosa che si vedeva erano i giovani studenti, si intende, di varie età, in acconciature non troppo comuni, molto capelluti di solito, intenti con evidente grande impegno, in religioso silenzio, a ritrarre così dal vero, gruppi di sfere, cataste di cilindri, di piramidi di gesso, disposti in modo da formare un insieme interessante, con giochi di ombre proprie e portate, e poggiati su di un tappeto arabescato a figure geometriche.
> Poi più in là, da una parte, lunghi banchi e ancora giovani curvi su grandi fogli zeppi di segni e di forme, assorti in meditazioni o intenti a tracciare con lunghe righe le fuggenti ai "punti accidentali" sulle sottili "linee d'orizzonte", o unendo le "perpendicolari" alla "linea di terra", i "punti di distanza", o trattenendo il respiro tracciando con i compassi esattamente, archi di 45 gradi, risolvendo complicati problemi di difficile prospettiva teorica. A fianco di questi attenti studiosi, altri ve ne erano non meno occupati e preoccupati, dinanzi a cavalletti sui quali si stendevano enormi fogli, sforzarsi a raggiungere i toni giusti e le precise prospettive lineari e aeree di taluni speciali oggetti messi a bella posta insieme: lucidi gli strumenti di musica, oggetti di vari metalli, o vasi di vetro e di porcellana. Finalmente, poi, in fondo al salone, un piccolo gruppetto di studenti, una dozzina in tutto, gli eletti, alla diretta sorveglianza del maestro. [...] Noi giovani andavamo spesso a dipingere dei bozzetti, o nelle chiese o nelle sacrestie, o a schizzare semplicemente a matita per le strade, o dove potevamo meglio, quanto ci capitava sott'occhio di interessante, su di un album (ottima abitudine oggi scomparsa), che si aveva sempre in tasca a portata di mano. Finiti i lavori, specialmente se questi erano ben riusciti, si facevano vedere al Mentessi...[137]

136. Relazione di Carlo Ferrario, 1° maggio 1895, ASAB, Carpi C I 31, Circolari e massime ministeriali dal 1891 al 1920.

137. Giulio Cisari, *Rieducatori di mutilati. Il pittore Giuseppe Mentessi*, in «La Stampella», 8 (1931), pp. 10-11. In modo più colorito gli stessi argomenti sono ripresi anche in un articolo di un altro allievo, Anselmo Bucci, *Mentessi*, in «Corriere della Sera», 6 febbraio 1940.

Queste peregrinazioni per studiare la prospettiva dal vero, secondo una prassi consolidata da tempo a Brera, trovano conferma in diversi permessi richiesti da Mentessi per far disegnare i suoi studenti in alcune chiese milanesi (duomo, monastero maggiore, chiese della Passione, di Sant'Angelo, San Marco, Sant'Alessandro, Sant'Ambrogio, Santa Maria presso S. Satiro, ecc.) e nei cortili e scaloni di palazzi privati (Sormani, Litta, ecc.).[138] Nelle esercitazioni in aula si manifesta al contempo la volontà di variare i modelli, come si deduce per esempio dalle richieste «di poter riunire nella scuola di prospettiva tutti i frammenti del pulpito di S. Ambrogio esistenti nell'Accademia»,[139] precedentemente utilizzati da Pogliaghi nella sua scuola, e di ottenere in prestito, dalla Scuola superiore d'arte applicata del Castello, il calco del fonte battesimale della Cattedrale di Bellinzona,[140] quale si vede in effetti in una delle foto storiche che ritrae l'angolo dell'aula dove erano radunati gli allievi del 2° Corso comune per la copia dal vero di motivi ornamentali.

Di fatto Mentessi, elaborando un proprio metodo volto ad attribuire sempre più importanza all'osservazione e ai processi intuitivi, si era via via staccato dall'impostazione del titolare alla cattedra, acquisendo un'autonomia che a un certo punto, tra il 1903 e il 1904, lo aveva visto in conflitto con Carlo Ferrario che avrebbe preferito un approccio molto più orientato alla teoria.[141] Tale diversità di metodi «apriva delle lacune nel corso degli studi e rompeva l'unità dell'insegnamento e della scuola»[142] prestando il fianco a giudizi fortemente critici da parte di alcuni commissari chiamati a esaminare le prove finali degli allievi, tra cui in particolare lo scenografo Mario Sala che, apertamente schierato dalla parte di Ferrario (di cui era collaboratore alla Scala), avrebbe auspicato l'abolizione dell'insegnamento della Prospettiva pratica.

Il conflitto, divenuto esplosivo, a un certo punto approda nel Consiglio dei professori, prima nella seduta del 12 luglio 1905, durante la quale lo

138. Cfr. la documentazione conservata in ASAB, Tea G III 20, Scuola di Prospettiva.

139. Verbale dell'adunanza del Consiglio dei professori del 17 ottobre 1906, ASAB, Carpi A V 17, Adunanze Corpo Accademico 1905-6-7-8.

140. Lettera dell'economo Arturo Campi alla Direzione della Scuola Superiore d'arte industriale in Castello, 25 maggio 1909, ASAB, Tea G III 20, Scuola di Prospettiva. Segue la risposta positiva del direttore L. Cavenaghi in data 9 novembre 1910.

141. Tutta la querelle è stata ricostruita puntualmente da Giro, *Giuseppe Mentessi maestro di prospettive*, pp. 23-32.

142. Ivi, p. 27.

stesso Boito si mostra restio ad accettare tale insegnamento, introdotto solo come una «specie di concessione» all'ala *progressista* della scuola, mentre nella successiva riunione del 26 settembre 1905 prende decisamente posizione a favore del metodo di Ferrario chiedendo a Mentessi di seguirne le indicazioni, rinunciando all'uso di strumenti pittografici (carbone e colori) a favore del semplice contorno. Mentessi, fermo sulle sue posizioni, si dice «profondamente convinto della utilità e della bontà» della Prospettiva pratica e gli sembra «un dovere» insegnarla in quel modo.[143]

I risultati del suo metodo – ancora oggi apprezzabili nelle prove degli allievi conservate nelle raccolte storiche dell'Accademia –, dopo la morte di Ferrario, fugheranno progressivamente le pregiudiziali di Boito se lui stesso, in qualità di direttore di «Arte Italiana Decorativa e Industriale», consentirà all'ex allievo Pietro Chiesa di tesserne l'elogio in un denso articolo dimostrativo della razionalità e scientificità dell'insegnamento, ampiamente illustrato attraverso disegni, schemi grafici e fotografie:

> Le prime prove consistono nel notare la trasformazione che un determinato oggetto, del quale l'allievo conosca la configurazione e le proprietà geometriche, subisce secondo il modo con cui venga situato rispetto all'osservatore; nell'avvertire la convergenza delle linee, lo scorcio dei piani, l'impicciolimento graduale in ragione dell'aumentare delle distanze. Da tali osservazioni è naturale che venga all'allievo il desiderio di conoscere la legge che spiega e determina i fatti notati.
>
> [...] Intorno ad una vasta figura geometrica, applicata al pavimento, viene tracciato a debita distanza un semicerchio, sul quale gli scolari determinano il loro punto di osservazione. Da tale punto ognuno di essi, sul raggio generatore del semicerchio, segna i limiti del quadro, secondo la teoria che fissa la grandezza massima dell'angolo visuale in 45 gradi. Oltre la figura geometrica tracciata nel piano orizzontale risulta naturalmente inclusa nel quadro una parte delle vicine pareti verticali, sulle quali in piani diversi stanno disegnate altre figure geometriche ed intrecci di rette e di curve. Successivamente all'esercizio di copia diretta l'allievo, come controprova all'esattezza del suo occhio, sui dati metrici ben determinati risolve con gli strumenti di precisione secondo le regole prospettiche lo stesso problema, e può così avere un'idea evidente dell'utilità delle sue ricerche.[144]

143. Verbale dell'adunanza del Consiglio dei professori del 17 ottobre 1906, ASAB, Carpi A V 17, Adunanze Corpo Accademico 1905-6-7-8. Cfr. *Le perplessità di Camillo Boito*, in *La città di Brera*, p.74.

144. Pietro Chiesa, *Questioni didattiche. L'insegnamento della prospettiva*, in «Arte Italiana Decorativa e Industriale», 8 (1910), pp. 61-67.

6. *Mentessi titolare della Scuola di Prospettiva*

Nel 1907, a seguito della morte di Ferrario,[145] si apre per Mentessi la possibilità di subentrare alla cattedra divenendone titolare. Il passaggio, però, è tutt'altro che automatico, perché spunta un altro temibile concorrente, ovvero Salvatore Marchesi, scenografo di Parma, insegnante da 22 anni nell'Istituto d'arte di Palermo, il quale aveva chiesto il trasferimento a Milano. Per dirimere la questione si apre un concorso per esame e titoli, della cui commissione due membri sono eletti dall'Accademia, due dagli artisti, e due dal ministro.[146] In vista del concorso, Mentessi raccoglie una copiosissima documentazione organizzata in 9 cartelle più un rotolo[147] riguardante la sua carriera d'insegnante e di artista. Si segnala il contenuto delle cartelle segnate 2, 3 e 4: la prima con saggi di prospettiva eseguiti dagli allievi, riprodotti in fotografia a scala ridotta e organizzati in 32 cartoni numerati; la seconda con «schizzi e disegni estemporanei» eseguiti da Mentessi durante le lezioni teoriche di prospettiva, a loro volta riprodotti in fotografia e distribuiti su 33 cartoni numerati, di cui gli ultimi due rappresentano «il materiale didattico ideato e usato dal concorrente per insegnare la prospettiva pratica»; la terza contenente invece un «apparecchio in forma di cartella a piani reticolati, disposti ad angolo retto, ideato dal concorrente e usato per servire allo studio della forma reale e apparente di corpi contenuti in detto angolo diedro» e otto tavole dimostrative dell'uso di questo apparecchio.

In tutta evidenza Mentessi, esibendo materiali così strutturati, era consapevole che il suo punto di forza, rispetto al concorrente, maggiormente versato nella scenografia, era proprio quello del metodo d'insegnamento della prospettiva, illustrato visivamente in modo progressivo attraverso disegni e schemi suoi e degli allievi. In questi *cartoni* è forse dato ricono-

145. Come omaggio alla memoria del maestro Ferrario, l'Accademia decide di pubblicare una raccolta dei suoi più importanti bozzetti scenografici affidandone la curatela a Virgilio Colombo, Vespasiano Bignami e Giuseppe Mentessi, con l'idea di farne un «volume di alta qualità per i giovani artisti studiosi e per i lavoratori del Teatro» (Minuta di lettera di Virgilio Colombo, 3 giugno 1907, ASAB, Carpi E IV 14, Personale insegnante, Ferrario Carlo). La pubblicazione piuttosto corposa uscirà molti anni dopo, preceduta da un breve profilo biografico tracciato da Vespasiano Bignami: *500 bozzetti scenografici divisi in cinque volumi di Carlo Ferrario*, Milano, Editori Calzolari & Ferrario, 1919.

146. Lettera del ministro Luigi Rava a Luigi Majno, Roma 3 febbraio 1908; altra lettera datata 9 gennaio 1908, AUFN, Giuseppe Mentessi, Insegnamento, b. 2, fasc. 1.

147. Il rotolo conteneva il famoso disegno della Porta di palazzo Sacrati di Ferrara, realizzato nel 1881. Cfr. la documentazione in AUFN, Giuseppe Mentessi, Insegnamento, b. 2, fasc. 1.

scere il nucleo essenziale dei 25 cartelloni fotografici ancora conservati,[148] quel *Corso progressivo teorico-pratico*[149] che, a tutt'oggi, costituisce la più documentata e compiuta esplicazione di un metodo didattico applicato all'interno delle scuole di Brera.

In attesa che si apra il concorso, il ministero accoglie la proposta di Boito di affidare provvisoriamente la direzione della Scuola di Prospettiva all'aggiunto Mentessi, il quale sceglie come supplente il prof. Giuseppe Lombardi «che ha già dato non indubbie [sic] prove di speciali attitudini didattiche e che conosce in modo assai encomiabile la prospettiva».[150]

A seguito del concorso del 1908 è nominato professore di Prospettiva per un biennio di prova e poi in via definitiva dal 1° giugno 1910 con l'annuo stipendio di lire 3.000, conservando l'incarico dell'insegnamento della Geometria elementare per la 2ª Sezione (Scuola festiva) con lo stipendio di lire 600.

Le relazioni annuali delle Commissioni per l'esame dei lavori presentati consentono una verifica e un bilancio a più voci sull'andamento della scuola, sulla preparazione degli allievi e sull'efficacia del metodo di Mentessi.

Nel primo anno della titolarità, la verifica finale è affidata a Leopoldo Burlando e a un vero e proprio esperto della materia, il pittore e incisore Enrico Vegetti, autore di quel trattato sulla prospettiva, di impostazione rigorosamente scientifica, di cui si è già accennato. Sorprendentemente è Vegetti stesso, in qualità di relatore, a esprimere ammirazione per il metodo didattico teso a «risolvere e dare ragione dei fenomeni geometrici prima constatati sulla copia dal vero, dove l'allievo si trova secondo il procedimento naturale condotto alla soluzione scientifica nel momento appunto in cui gli si affaccia il quesito». Per quanto riguarda la teoria:

> La materia appare suddivisa in un seguito di motivi dai più semplici ad altri man mano più complessi, desunti per la maggior parte da modelli facilmente praticabili perché il controllo possibile renda più efficace la dimostrazione e più conveniente il criterio; tutti, non occorre dirlo, scelti con particolare felicità di intuito e sentimento di bello; analizzati quei modelli e riassunti nelle loro forme organiche e così sottoposti al calcolo geometrico senza che esuli

148. Nel Gabinetto disegni e stampe dell'Accademia di Brera esiste una seconda serie incompleta di questi cartelloni.

149. Probabilmente integrato con prove successive di allievi in vista di un'esposizione, visto che copre un arco cronologico che dagli anni Novanta dell'Ottocento arriva al 1916: cfr. Giovanna D'Amia, *Il metodo di Mentessi*, in *La Città di Brera*, p.73.

150. Lettera di Camillo Boito al ministero, 28 ottobre 1907. ASAB, Carpi E IV 22.

il prestigio delle masse ed in modo che vi si possa seguire senza perderlo di vista tutto il meccanismo del movimento dei piani.
Ai sistemi ausiliari di descrizione che sembrano commendevoli in pratica, è pure data larga esposizione avuto riguardo specialmente alle esigenze della scenografia.
I sottoscritti non possono trattenersi dal designare al giusto apprezzamento del Consiglio la premura intelligente con cui è dato in larga scala agli allievi l'occasione ed anche l'incitamento alla applicazione della teoria nella pittura d'ambiente e di paesaggio scopo precipuo della prospettiva nell'arte; mentre agli allievi Ingegneri provenienti dal Politecnico ed agli studenti di architettura in genere è fornito il modo di completare la loro dottrina tecnica colla predisposizione degli effetti prospettici e di quelli delle ombre riguardo ai progetti di costruzioni edilizie.

Non manca poi Vegetti di sottolineare «la collaborazione intelligente e sapiente dei suoi collaboratori assistenti, l'architetto Cattaneo e il Prof. Lombardi, al primo dei quali è più specialmente affidato l'incarico della sezione femminile dove la specialità delle condizioni della scolaresca poté permettere di curare la soluzione di speciali quesiti complicati riguardo alle ombre ed ai riflessi».[151] Nell'anno accademico 1907-1908 si erano distinti allievi come Mario Chiattone, Giovanni Calori, Mario Palanti, Lina Arpesani, Rosa Menni e, fra gli allievi del Politecnico, Pietro Portaluppi e Pier Fausto Bagatti Valsecchi.

In seguito Mentessi, per rafforzare la sezione finalizzata alla scenografia, aveva incaricato un gruppo di studenti (tra cui Eliseo Fumagalli) di eseguire «alcuni studi e rilievi sul palcoscenico del Teatro alla Scala»[152] e ottenere che potessero «assistere a qualche rappresentazione, allo scopo di poter perfezionare la tecnica della loro arte».[153] Questa maggiore attenzione agli aspetti applicativi in relazione allo spazio teatrale, sostenuta di lì a qualche anno dal riorientamento bibliografico di Mentessi su alcuni teorici di riferimento (Bibiena e Pozzo nel 1913; Basoli nel 1915-1916; Cocchi nel 1917; Landriani e Patte nel 1920),[154] vedeva allora attivata l'Accademia

151. Relazione saggi finali, relatore Enrico Vegetti, ASAB, Tea G I 21, Esami ammissione e riparazione Accademia 1907-08, Scuola di Prospettiva.

152. Lettera del segretario dell'Accademia al Sindaco di Milano, 18 maggio1910, ASAB, Tea G III 20, Scuola di Prospettiva e Scenografia.

153. Minuta del Presidente dell'Accademia al duca Uberto Visconti di Modrone, 22 febbraio 1911, ASAB, Tea G III 20, Scuola di Prospettiva e Scenografia.

154. Registro delle opere date a prestito dal 23 ottobre 1902 al 31 dicembre 1918, ASAB, Tea M I 14, Biblioteca artistica della R. Accademia di Belle Arti.

di Brera per il riconoscimento, presso il ministero, di un corso di Scenografia, già avviato in via sperimentale. L'idea di una Scuola di Scenografia strettamente legata al Teatro alla Scala risaliva almeno al 1898-1899, quando Carlo Ferrario aveva proposto un dettagliato progetto approvato tanto dal Consiglio accademico quanto dalla Società anonima per l'esercizio del Teatro alla Scala, pur con alcune riserve. Sottoposta al ministero, ne riceveva il nullaosta per poter essere aperta in forma sperimentale, ma col divieto di poter rilasciare un certificato di diploma.[155] Come allora, in risposta alla nuova richiesta inoltrata il 15 dicembre 1911, il ministero si dichiarava «pienamente convinto dell'utilità delle scuole di scenografia, le quali, oltreché esser di vantaggio alla produzione teatrale, tornano utili agli studiosi di architettura, cui ispirano coraggiose concezioni e larghi effetti», e le riconosceva come di particolare importanza a Milano, assicurando quindi di stare approntando un progetto di legge per istituire la cattedra di scenografia non ancora discusso in Parlamento, diffidando tuttavia l'Accademia dal rilasciare un regolare certificato di frequenza per il corso, sì, già attivato, ma ancora privo di «alcun carattere ufficiale».[156]

Un riconoscimento di fatto giunge invece, nell'agosto del 1912, dal Politeama di Lecce con la richiesta dell'opera di un giovane scenografo di Brera per dipingere il sipario.[157]

Nuovi apprezzamenti sono espressi dalla relazione della Commissione presentata il 10 luglio 1913, in cui si evidenzia che la prospettiva è razionalmente insegnata con profonde basi geometriche e che si può «asserire che in nessun errore di Prospettiva cadranno gli artisti che avranno obbedito ai suoi insegnamenti», mentre si elogiano in particolare le prove applicate alla scenografia realizzate anche con l'ausilio di un "teatrino" in legno riproducente in scala il palcoscenico del Teatro alla Scala, munito di lampade colorate per dosare e studiare gli effetti di luce: un tempio a pianta circolare (scena delle *Vestali*), la gran piazza di Palermo (scena dei *Vespri Siciliani*) e un'altra del I atto della *Lucrezia Borgia*.[158]

155. Fasc. 1895-1899. Scuola di Prospettiva con applicazione pratica alla Scenografia: applicazione da farsi nel Teatro alla Scala, ASAB, Carpi C I 31, Circolari e massime ministeriali dal 1891 al 1920.

156. AUFN, Giuseppe Mentessi, Insegnamento, b. 1, fasc. 1, doc. 7 marzo 1912.

157. Lettera di Donato Greco al Direttore dell'Accademia di Brera, Lecce 31 agosto 1912ASAB, Tea G III 20, Scuola di Prospettiva e Scenografia.

158. *Relazione della Commissione per l'esame dei lavori presentati dagli allievi iscritti ai corsi di Prospettiva*, 10 luglio 1913, dattiloscritto, AUFN, Giuseppe Mentessi,

Ma il giudizio più lusinghiero sulla scuola resta quello apparso sulle pagine di «Emporium» per l'autorevole voce di Guido Marangoni che, dopo aver tracciato un quadro desolante dell'istruzione artistica in Italia, prende in esame la scuola di prospettiva di Mentessi come una *nobilissima eccezione*: «Una prima occhiata alla scuola ed alla scolaresca rivela lo scopo primo del maestro di Brera: coltivare nei giovani discepoli la facoltà di osservazione. Il sistema adottato dal Mentessi è un acuto e sagace mezzo termine fra il cosiddetto "metodo scientifico" e quello "intuitivo"», un sistema che dall'osservazione del vero spinge senza forzature l'allievo a desiderare di conoscere *le cause generatrici* e quindi le leggi geometriche che presiedono alla «trasformazione che gli oggetti subiscono secondo il punto di vista dal quale sono guardati». Particolarmente apprezzato è il corso di scenografia:

> Le applicazioni della teoria e della pratica prospettica vengono riassunte agli scolari in relazione ai diversi casi della scenografia e questo studio scientifico si avvicenda con speciali esercitazioni di pittura a tempera. Si passa quindi alle composizioni scenografiche in vario stile su temi obbligati, per poi tradurle nella pratica con modelli di palcoscenici in scala ridotta al fine di meglio dimostrare la teoria delle ombre in rapporto alla razionale illuminazione della scena. Così, aliena da ogni pedanteria, sorretta da un criterio sanamente scientifico e aperta a tutte le audacie di menti appena sbocciate all'arte, la scuola di Mentessi – fiorita sul ceppo glorioso in precedenza coltivato con anima entusiasta dal compianto Luigi Bisi e dal fortissimo artista Carlo Ferrario rinnovatore della scenografia in Italia – lancia verso le definitive affermazioni e conquiste, dei giovani magnificamente educati al raziocinio e alla libertà. Gli artisti che *sanno*, assai meglio degli altri attingono dalle cognizioni raccolte l'anelito, la fiamma e l'energia dell'originalità.[159]

A partire dal 1914 Mentessi comincia ad accusare problemi di salute, soprattutto nei mesi invernali, a causa dei quali è costretto a ricorrere a periodi di congedo (che trascorre alternativamente in Liguria e a Roma) facendosi sostituire in Accademia da Angelo Cattaneo e dagli aggiunti Lombardi e Portaluppi, sempre previa pianificazione del lavoro.

Tali problemi si faranno sentire ancora di più all'inizio degli anni Venti, al punto che, al termine di un ennesimo periodo di aspettativa, si troverà costretto a malincuore a chiedere al Presidente dell'Accademia di essere collo-

Insegnamento, b. 1, fasc. 1. La copia della relazione conservata in ASAB, Tea G I 27 porta la firma di Giovanni Greppi, C. Capelli e Oreste Silvestri.

159. Guido Marangoni, *L'insegnamento artistico in Italia: La Scuola dell'Accademia di Brera*, in «Emporium», 218 (1913), pp. 102-118.

cato a riposo, non avendo più «l'energia, la volontà, la forza così necessarie ad un insegnante specialmente di una scuola come è la nostra», auspicando che il suo posto sia occupato da Angelo Cattaneo che da venticinque anni, «sulla via tracciata» e, sviluppandone egregiamente il programma, «dedica alla scuola le migliori sue qualità di artista e di insegnante».[160] La commissione esaminatrice dei saggi finali del 1922, composta da Vittorio Rota e Ambrogio Annoni, del resto aveva ormai identificato in Cattaneo il vero referente della Scuola di Prospettiva, retta «con rara, unica abnegazione, pari soltanto alla profonda e varia dottrina che prodiga nell'insegnamento rendendo piane e semplici le cose più geometricamente difficili» ed elogiato in special modo le applicazioni della prospettiva alla pittura dal vero, al bassorilievo e alla scenografia, rammaricandosi però della mancanza di collegamento di questa disciplina col Teatro alla Scala.[161]

Il passaggio di consegne, ovvero la successione desiderata da Mentessi, era cosa già avvenuta.

Pertanto Giovanni Beltrami non potrà che assecondare tale richiesta inoltrandola al ministero,[162] accompagnandola con una nota di merito sull'insegnante:

> Maestri come il Mentessi sono più unici che rari. Artista a volte soave per la dolcezza di sentimento che sa trasfondere nei suoi dipinti o disegni, a volte forte per profondità di pensiero, ammirevole sempre. Entusiasta per convinzione della utilità della prospettiva (in cui è dottissimo) nelle varie manifestazioni dell'arte; consapevole di indirizzi e di metodi, coscienzioso, sapiente, col fascino che proviene dalle sue doti d'artista e con l'efficacia del suo insegnamento ha saputo creare il miracolo di bandire la noia dallo studio di una materia per se stessa non allettante suscitando, prima nei collaboratori, e poi nella maggior parte degli scolari, la stessa di lui passione, i medesimi entusiasmi.[163]

160. Minuta della lettera di dimissioni di Giuseppe Mentessi al Presidente dell'Accademia di Brera, s.d. [1922], AUFN, Giuseppe Mentessi, Insegnamento, b. 1, fasc. 1. Copia dattiloscritta della lettera è in ASAB, Carpi E IV 22, datata 2 luglio 1922.

161. Anno 1921-1922, Relazione della commissione, ASAB, Tea G II 9, Esami ammissione e riparazione Accademia 1921-22, Scuola di Prospettiva e di Scenografia.

162. Minuta di lettera del presidente Beltrami alla Direzione Generale per le Antichità e le Belle Arti, Div. III, 5 settembre 1922, ASAB, Carpi E IV 9, Personale insegnante. Prof. Cattaneo Angelo; altra lettera sul medesimo argomento verrà inoltrata il 23 giugno 1923 (ASAB, Carpi E IV 22).

163. Questionario su Mentessi compilato dal presidente G. Beltrami, 20 giugno 1923, ASAB, Carpi A IV 22.

In aspettativa dal 1° marzo 1923 per "ragioni di famiglia", finalmente sarà collocato a riposo a decorrere dal 31 dicembre 1923 (con 40 anni di servizio e 65 di età).[164] Il suo sofferto distacco da Brera coincide con la difficoltosa applicazione della Riforma Gentile che, tra l'altro, istituiva finalmente la Scuola di Scenografia.

A seguito del provvedimento di pensionamento è lo stesso presidente Beltrami, con riservata del 1° maggio 1924 diretta al ministro, a sollecitare il conferimento della medaglia d'oro come Benemerito dell'Istruzione.[165] Seguirà, da parte del ministero, la nomina di Mentessi a professore emerito nell'Accademia di Brera,[166] una distinzione di «speciale valore» in quanto per la prima volta conferita in questa scuola.[167]

7. *Il metodo Mentessi nelle scuole milanesi*

Precocemente la figura di Mentessi, quale giurato per esposizioni, commissario d'esami, oltre che consulente in fatto di metodi didattici, s'impone al di fuori del palazzo di Brera, prima nell'ambito delle scuole di disegno e di arte industriale del Comune di Milano,[168] poi via via in un giro sempre più ampio di istituzioni. Già nel 1884 era stato chiamato dalla Scuola superiore d'arte applicata all'industria, allora ubicata in una palazzina ai Giardini pubblici, a far parte di una commissione giudicatrice assieme a Bertini, Dragoni, Maciachini, Pogliaghi e Bagatti Valsecchi, incarico che si sarebbe rinnovato anche negli anni seguenti. Ancora più prestigiosa è la chiamata nel 1900 a rappresentare il Comune in seno al Consiglio dirigente della medesima scuola, mentre l'anno successivo, il 23 aprile, riceve la nomina a commissario per la Prima esposizione internazionale d'arte decorativa che si sarebbe tenuta a Torino tra aprile e ottobre del 1902. D'altra parte il ruolo guida dell'Accademia di Brera in quello specifico

164. Il decreto sarà firmato dal ministro Gentile il 30 gennaio 1924.

165. Cfr. la lettera di Giuseppe Mentessi (Torno, 25 luglio 1924) che comunica a Giovanni Beltrami, ringraziandolo, il ricevimento dell'onorificenza.

166. Copia del Decreto Ministeriale 11 agosto 1924, ASAB, Carpi E IV 22.

167. Minuta di lettera del presidente Giovanni Beltrami a Giuseppe Mentessi, Milano 25 settembre 1924. ASAB, Carpi E IV 22.

168. Le informazioni seguenti sono dedotte dalla documentazione conservata in AUFN, FM, Serie insegnamento, b. 2.

settore, specialmente attraverso «Arte Italiana Decorativa e Industriale» – un periodico orientato verso le scuole operaie e d'arte industriale – e il suo direttore Camillo Boito – che in quel momento sapeva imporre la propria linea al Congresso dei rappresentanti delle Scuole d'arte applicata all'industria e al disegno industriale, tenutosi a Roma nel 1901 –,[169] non poteva che accrescere il prestigio di Giuseppe Mentessi.

Seguirà di lì a poco, il 22 marzo 1902, la sua nomina a visitatore dei corsi delle scuole serali di disegno elementare d'ornato a Milano, prima fondamentale tappa di una missione che vedrà sempre più impegnato Mentessi sul fronte dell'educazione professionale, nella consapevolezza della necessità di riformare l'insegnamento nelle scuole operaie e di estendere a ogni ordine e grado dell'istruzione metodi razionali improntati a semplicità e chiarezza, anzi un metodo solo opportunamente declinato in funzione dell'età dei discenti, e delle specializzazioni professionali e tecniche dei singoli corsi e scuole.

I legami sempre più stretti con la famiglia Majno e in particolare con Ersilia Bronzini, con l'Unione femminile (1899) e gli ambienti solidaristici, la cui adesione da parte di Mentessi è tanto istintiva quanto appassionata e convinta, gli apriranno nel primo decennio del Novecento notevoli possibilità di sperimentare il suo metodo applicandolo a realtà assistenziali[170] e didattico-educative alla cui nascita e sviluppo lui stesso concorre in prima persona a partire dall'esperienza della Scuola delle Piscinine.[171]

8. *I programmi per le Scuole dell'Umanitaria*

Parallelamente, e sempre con la mediazione dei Majno, avviene il coinvolgimento di Mentessi nella nascita di una delle realtà più innovative nel campo dell'istruzione artistico-professionale, quella delle Scuole dell'Umanitaria, società fondata nel 1893 a seguito del lascito testamenta-

169. Giro, *Giuseppe Mentessi maestro di prospettive*, pp. 57-58.

170. Per un quadro ampio delle realtà associative, educative e assistenziali a Milano, cfr. i vari contributi del volume *Milano e le sue associazioni. Cinque secoli di storia cittadina (XVI-XX secolo)*, a cura di Lucia Aiello, Marco Bascapè, Danilo Zardin, Milano, Scalpendi Editore, 2014.

171. Per questo argomento rimando al saggio di Daniela Bellettati.

rio di Prospero Moisè Loria (1892)[172] e di cui l'avvocato Luigi Majno fu primo presidente sino al 1897.[173]

Nel settembre 1902 Mentessi viene invitato dal segretario amministrativo Augusto Osimo – che dal 1904 sarà poi segretario generale – a presentare i programmi d'insegnamento del disegno per le Scuole dell'Umanitaria, poi approntati entro la fine di dicembre.

In vista della nuova istituzione di scuole-laboratorio d'arte applicata all'industria (da non confondersi con le scuole-officina), l'Umanitaria pubblica una *Relazione-progetto* che resta esemplare non solo per i principi a cui si ispira – immancabile il riferimento alle idee morrisiane – e per le ragioni economico-sociali esposte a garanzia di una finalizzazione mirata essenzialmente a istruzione e lavoro, ma per sottoporre analiticamente al vaglio tutte le scuole d'arte industriale milanesi, lombarde, italiane ed europee di cui vengono riportati i relativi programmi, creando dunque un'ampia e autorevole rete di esperienze da valutare e di cui far tesoro per formulare le nuove proposte dell'Umanitaria.[174]

Il 28 settembre 1903 Mentessi riceve la nomina a far parte della Commissione consultiva e di vigilanza per le scuole di disegno elementare e complementare che la società ha deliberato di fondare.[175] È in sede di Commissione (formata, oltre a Mentessi, da Giovanni Beltrami, Luca Beltrami, Luigi Cavenaghi, Cesare Saldini, Carlo Bozzi, Gustavo Macchi, Achille Manfredini e Luigi Rossi) che si tirano le somme di quell'accurata inchiesta, orientate su tre essenziali convinzioni:

172. Sulla figura di Loria e i suoi legami con gli ambienti della filantropia e dell'umanitarismo a Milano, cfr. Bruno Pellegrino, *Il filantropo. Prospero Moisè Loria e la Società Umanitaria*, Bologna, Minerva Edizioni, 2014.

173. Per la storia dell'Umanitaria, cfr. essenzialmente: Riccardo Bauer, *La Società Umanitaria. Fondazione P. M. Loria Milano 1893/1963*, Milano, Amilcare Pizzi, 1964; *Il Modello Umanitaria. Storia, immagini, prospettive*, a cura di Massimo della Campa, Milano, Raccolto Edizioni, 2003. Sull'attività delle scuole in relazione al tema del lavoro vedi: Paola Masetti, Donatella Tacchinardi, *Le scuole professionali dell'Umanitaria (1902-1914)*, in «Nuova Rivista Storica», settembre-dicembre 1983, pp. 579-610, gennaio-aprile 1984, pp. 109-138; Enrico Decleva, *Etica del lavoro, socialismo, cultura popolare. Augusto Osimo e la Società Umanitaria*, Milano, FrancoAngeli, 1985.

174. *Relazione-progetto per l'istituzione di scuole-laboratorio d'arte applicata all'industria*, Società Umanitaria. Sezione III. Scuole d'Arti e Mestieri, Milano, Tipografia degli Operai, 1903.

175. AUFN, Giuseppe Mentessi, Insegnamento, b. 1, fasc. 2, doc. 28 settembre 1903.

1° Che necessario fondamento dell'insegnamento dell'arte applicata all'industria, dovesse essere una razionale ed omogenea preparazione [...] nel disegno elementare geometrico e di ornato. [...];
2° Che all'insegnamento degli elementi del disegno geometrico e ornamentale impartito da Scuole esistenti, coordinate dalla Società Umanitaria, dovesse tener dietro un corso di disegno applicato alle varie industrie e impartito in quella che sarebbe la prima sezione della Scuola d'arte applicata all'industria;
3° Che l'insegnamento del disegno elementare e del disegno applicato alle industrie doveva essere completato da un laboratorio ove si potesse far seguire alla rappresentazione grafica, per quanto perfetta, degli oggetti, la loro costruzione, armonizzando la bellezza della forma con la loro rispondenza all'uso al quale sono destinati, in modo che l'allievo si trovi a contatto colle difficoltà della lavorazione della materia e abbia la possibilità di trasfondere nella medesima la ispirazione coltivata ed il gusto affinato ed arrivi così a *fare artisticamente il proprio mestiere e non a fare dell'arte un mestiere*.[176]

Nello stesso anno viene aperta all'Umanitaria la scuola d'arte applicata all'industria per la quale Mentessi fornisce il *Programma per l'insegnamento del disegno elementare*[177] e le indicazioni per i programmi dei vari indirizzi con le sue *Proposte per il riordinamento e funzionamento delle Scuole di Disegno per gli Operai e delle Scuole Laboratorio d'Arte Applicata*. Il programma prevede un corso della durata di due anni con cinque lezioni settimanali della durata di due ore ciascuna da ottobre a giugno, mentre ogni aula non deve avere più di 30 allievi con due insegnanti. Per il primo anno si deve svolgere una serie di 40 «esercizi di disegno geometrico a mano libera da eseguirsi sopra foglio fissato a una tavoletta conservata in posizione costante», di cui Mentessi fornisce in una vignetta l'esemplificazione grafica,[178] seguiti dallo «Studio del disegno geometrico coll'uso degli strumenti di precisione. Costruzione ragionata di ogni figura». Per il secondo anno lo «Studio della forma di foglie naturali disseccate, poste sotto vetro ed inscritte in figure geometriche» seguito da un ciclo di lezioni sulla prospettiva pratica, pure questo corredato da vignette grafiche, che prevede lo studio «della forma apparente dei corpi solidi geometrici e dei

176. *Relazione-progetto*, p. 238.

177. *Società Umanitaria. Programma per l'insegnamento del disegno elementare nelle scuole serali maschili e festiva femminile dettato dal Prof. Giuseppe Mentessi*, Milano, Tipografia degli Operai, 1903.

178. In essi riconosciamo molti degli esercizi grafici messi a punto e proposti nell'Accademia di Brera.

più semplici oggetti di uso domestico aventi relazione di forme e di proprietà con detti corpi» attraverso modelli in cartone costruiti dagli allievi. Nelle *Proposte* l'insegnamento del disegno è opportunamente declinato in funzione degli oggetti più tipici delle scuole-laboratorio.

In calce alle *Proposte* Mentessi illustra una sua visione delle scuole operaie (la Scuola di disegno elementare, le scuole-laboratorio dell'Umanitaria, la Scuola superiore d'arte applicata all'industria e le Scuole professionali fondate da associazioni operaie di mutuo soccorso) che immagina riunite non solo dalle finalità e nelle linee generali di un solo programma di studi, ma anche fisicamente in un edificio comune, con grandi vetrate, logge e portici e vasti ambienti illuminati, che «dovrebbe sorgere sopra una vasta zona quadrata racchiudente un giardino zoologico con acquario», con piccole officine «costruite su altra zona concentrica e parallela alla prima», auspicando la fondazione di una «Cassa di sovvenzione» col concorso del Comune, dei principali istituti di credito e degli stessi industriali, «poiché è loro principale interesse che gli operai abbiano una completa istruzione professionale». Questa visione quasi panottica, con al centro la natura come principale fonte di ispirazione per la creazione artistica,[179] non parve però realizzabile da parte della Società Umanitaria, e di questo Mentessi ebbe a dispiacersene, come confessò a Ersilia Majno.[180]

Delle tre scuole-laboratorio d'arte applicata all'industria attivate (legno con Quarti; ferro con Mazzucotelli; oreficeria, argenteria, cesellatura, incisione con Saronni) e frequentate nei loro corsi serali da operai che già professano l'arte da pochi anni, viene realizzata nel 1906, in un padiglione progettato da Luigi Conconi nell'ambito dell'Esposizione Universale di Milano, una mostra che riscuote successo per i risultati e la «novità d'indirizzo».[181]

Nel 1907 però Mentessi, maggiormente impegnato con l'Accademia, presenta la sua lettera di dimissioni quale membro della Commissione di vigilanza per le scuole d'arte, ricevendone da parte di Osimo il sollecito a ritirarla perché «esse hanno bisogno del concorso del loro primo inspiratore».[182]

179. Cfr. Giro, *Giuseppe Mentessi maestro di prospettive*, pp. 81-82.

180. Lettera di Giuseppe Mentessi a Ersilia Majno, 24 luglio 1904, AUFN, Famiglia Majno, b. 25.

181. AUFN, Giuseppe Mentessi, Insegnamento, b. 1, fasc. 2, doc. 13 ottobre 1906.

182. Lettera di Augusto Osimo a Giuseppe Mentessi, 12 luglio 1907, ivi.

In effetti in quegli anni la consulenza di Mentessi è continuamente richiesta da altre scuole satelliti dell'Umanitaria come la Scuola del libro che nel 1909 lo vuole nella commissione che deve esaminare i risultati ottenuti dal corso di disegno litografico.[183]

Nel 1910, dopo sei-sette anni di esperimenti, nel momento in cui le scuole stanno per passare al Consorzio, Osimo si rivolge di nuovo a lui per una revisione dei programmi raccolti.[184]

Il passo ulteriore per la fortuna del metodo didattico di Mentessi sarà infine la creazione nel 1922 dell'Università delle arti decorative nella Villa Reale di Monza, come diretta emanazione della Società Umanitaria costituitasi come Consorzio Milano-Monza Umanitaria.[185] Nei corsi delle scuole attivate, poi raccolti sotto il nome di Istituto superiore per le industrie artistiche (ISIA),[186] di cui si sono conservati programmi e testimonianze visive, è dimostrato che nell'insegnamento del disegno lineare e della prospettiva veniva sostanzialmente riproposto il tirocinio formativo approntato vent'anni prima da Mentessi persino nella disposizione di banchi e suppellettili dell'aula.[187]

9. *I programmi per le scuole del Canton Ticino*

Nel 1904, col pittore ticinese Edoardo Berta, Mentessi viene chiamato dal Dipartimento della pubblica educazione del Canton Ticino per redigere un rapporto sull'andamento delle scuole di disegno e formulare proposte per la loro riforma. Si trattava di una decisione che giungeva a coronamento di una fase di riordino dell'istruzione culminata con la

183. AUFN, Giuseppe Mentessi, Insegnamento, b. 2, doc. 23 giugno 1909.

184. Lettera di Augusto Osimo a Giuseppe Mentessi, 11 settembre 1910, AUFN, Giuseppe Mentessi, Insegnamento, b. 1, fasc. 2.

185. *Università delle Arti Decorative del Consorzio Milano-Monza-Umanitaria retta dalla Società Umanitaria nella Villa Reale di Monza*, Milano, Cooperativa Grafica degli Operai, 1922.

186. Sull'ISIA si veda essenzialmente *L'ISIA a Monza. Una scuola d'arte europea*, a cura di Rossana Bossaglia, Cinisello Balsamo, Silvana Editoriale, 1986; Franco R. Gambarelli, *Monza anni Trenta dall'Umanitaria all'ISIA*, presentazione di Ornella Selvafolta, a cura di Roberto Cassanelli e Alberto Crespi, Musei Civici di Monza, 2001; Anty Pansera, *La formazione del designer in Italia. Una storia lunga più di un secolo*, Venezia, Marsilio, 2015, pp.15-20.

187. Giro, *Giuseppe Mentessi maestro di prospettive*, p. 83.

riforma del 1897 che sottolineava «il carattere artistico e professionale delle scuole di disegno, strutturate su tre livelli ed integrate da materie culturali».[188] Non era la prima volta che un maestro di Brera veniva chiamato a visitare le scuole del Canton Ticino;[189] del resto le relazioni fra gli artisti ticinesi e l'Accademia di Milano, come luogo di formazione e vetrina espositiva, non sono mai venute meno sin dall'epoca della sua fondazione.[190] Dall'ispezione emersero numerose osservazioni sulle carenze dell'ordinamento di molte scuole e sulla distribuzione delle materie d'insegnamento, con riferimento alla mancanza di chiarezza e uniformità dei metodi didattici, all'inadeguatezza di spazi, modelli e strumenti di studio. Tanto negli intenti, quanto nei saggi proposti, Berta e Mentessi, ritenendo di dover modificare il programma delle scuole per renderlo più semplice e più pratico, in parte sulla falsariga di quello adottato dall'Umanitaria – sia in funzione degli artieri, sia per chi si dedicava alle arti propriamente dette e all'arte decorativa –, proponevano

> un 1° corso comune della durata di un anno nel quale si insegnassero materie che potessero essere utili a tutti gli allievi indistintamente, ed un corso speciale della durata di tre anni in cui fosse possibile (per chi potesse continuare gli studi) svolgere l'insegnamento del disegno, della plastica, della pittura murale, ecc., con applicazioni varie secondo le professioni alle quali gli allievi si dedicano.[191]

Dentro una linea di continuità, piuttosto che di rottura, l'inchiesta e il programma che ne scaturì furono accuratamente preparati: il 12 aprile 1905 il direttore del Consiglio di Stato del Dipartimento pubblica educazione del Canton Ticino invitava Mentessi ad accettare l'incarico della direzione del Corso speciale da impartire ai docenti durante le vacanze estive.[192] Si organizzarono inoltre un "Congresso Nazionale dei Docenti di disegno e dell'insegnamento professionale", coinvolgente le principali

188. Roberto Cassanelli, *Un'esperienza didattica di Giuseppe Mentessi nel Canton Ticino, 1905-1908*, in *La città di Brera*, pp. 78-79; Giro, *Giuseppe Mentessi maestro di prospettive*, pp. 84-89.

189. Cassanelli, *Un'esperienza didattica*, p. 78.

190. Cfr. *Dall'Accademia all'Atelier. Pittori tra Brera e il Canton Ticino*, a cura di Maria Angela Previtera e Sergio Rebora, Milano, Electa, 2000.

191. Giuseppe Mentessi, Edoardo Berta, *Relazione sulle Scuole di disegno del Canton Ticino, annate 1905-1906*, Bellinzona, Tipografia Cantonale, 1906, p. 9.

192. Lettera di Pietro Anastasio, 1° agosto 1905, AUFN, Giuseppe Mentessi, Insegnamento, b. 1, fasc. 4.

scuole artistiche di Milano a cui venne invitato a partecipare Mentessi,[193] e una serie di «visite ivi fatte in comune alla Accademia di Belle Arti, alla Scuola superiore d'arte applicata, agli istituti dell'Umanitaria (Scuola del Libro, di disegno professionale della Scuola dell'Unione femminile)», cui seguì a Lugano una conferenza generale con gli insegnanti che avrebbero dovuto adottare il nuovo programma.[194]

Il rapporto Berta-Mentessi è ultimato entro il 1906: il 4 dicembre infatti Berta scrive da Lugano di aver terminato di correggere definitivamente le bozze di stampa del programma[195] e di averlo spedito al Dipartimento con preghiera di farlo subito pubblicare per diramarlo ai docenti.

Due anni dopo a Lugano, il 20 settembre 1908 nel Palazzo degli studi s'inaugurò un'esposizione didattica dimostrativa della sperimentazione attuata nelle scuole di disegno secondo le proposte di Mentessi e di Berta coi primi saggi ottenuti nelle Scuole cantonali che sarebbero stati riprodotti in calce alla *Relazione* pubblicata nel 1910.[196] Soddisfatto dei risultati, il Consiglio di Stato avrebbe poi rinnovato a Mentessi l'incarico di commissario per le scuole di disegno del Canton Ticino per il triennio 1909-1913.

Mentessi con questa pubblicazione incontrò subito il giudizio entusiasta di Vittore Grubicy per «esser riuscito a documentare in modo così efficace ed incontrovertibile la praticità e bellezza del metodo razionale da Lei fatto adottare e che non dubito – coll'efficacia suasiva di questo bel volume – avrà larghissimo consenso e, spero, anche seguito».[197]

Seguirà l'anno dopo, nel 1911, la pubblicazione di *Insegnamento Razionale dei Primi Elementi del Disegno*, programma completo del corso tenuto da Mentessi presso "La Fraterna", con introduzione di Ersilia Bronzini, volumetto che resta forse sul piano didattico-educativo il lavoro più compiuto e innovativo di Mentessi, giustamente coronato da un vasto suc-

193. Ivi, doc. del 12 aprile 1905.

194. *Discorso pronunciato dal Prof. G. Bontempi, segretario del Dipartimento della Pubblica Educazione, inaugurandosi l'Esposizione delle Scuole Cantonali di Disegno in Lugano il giorno 20 settembre 1908*, in *Scuole di Disegno del Canton Ticino 1905-1908*, Milano, Eliotipia Calzolari e Ferrario, 1910, pp. 5-7.

195. Mentessi, Berta, *Relazione sulle Scuole di disegno del Canton Ticino, annate 1905-1906*.

196. Giuseppe Mentessi, Edoardo Berta, *Relazione alla Commissione Cantonale delle Scuole di disegno del Canton Ticino, annate 1905-1908*, in *Scuole di Disegno del Canton Ticino 1905-1908*.

197. Lettera di Vittore Grubicy, Milano, 26 marzo 1910, AUFN, Giuseppe Mentessi, Insegnamento, b. 1, fasc. 4.

cesso su scala nazionale, come si evince dalle numerose lettere di apprezzamento e richieste documentate nell'Archivio Mentessi.

Infatti anche questo libro aveva incontrato subito recensioni entusiaste, l'approvazione di Guido Marangoni[198] e ancora i complimenti di Vittore Grubicy il quale auspicava «che l'opera sua amorosa abbia a fruttificare e rendersi largamente proficua a molte migliaia di giovani menti anche quando noi non ci saremo più».[199]

10. *Il Consorzio per le scuole professionali di disegno*

Al fine di «promuovere un migliore ordinamento delle scuole di disegno professionali della Provincia di Milano che ne permetta un organico sviluppo in armonia con le nuove esigenze dell'industria, specialmente del mobilio»[200] si era costituito nel 1915 su nuove basi un Consorzio fra la Camera di commercio, la Provincia di Milano e la Società Umanitaria. La rifondazione di tale Consorzio, già esistente nel 1905, aveva suscitato non poche polemiche in Consiglio comunale e sugli organi di stampa:[201] secondo alcuni, tale organismo avrebbe limitato l'autonomia delle singole scuole senza peraltro garantire i mezzi adeguati per il loro funzionamento; altri, più politicamente schierati sulle pagine del conservatore «La Perseveranza», vi vedevano un'ingerenza dell'Umanitaria e una minaccia alla libertà di pensiero e di insegnamento; a favore si erano dichiarati i consiglieri Beltrami e soprattutto Majno. Augusto Osimo, segretario generale dell'Umanitaria, e Cesare Saldini, professore dell'Istituto Tecnico Superiore di Milano, convinti sostenitori del progetto, intervistati il primo da «Il Secolo»,[202] il secondo dal «Corriere della Sera», avevano smontato punto per punto le critiche sollevate, sostenendo la necessità di superare

198. Lettera di Guido Marangoni, Milano, 11 ottobre 1911, AUFN, *Giuseppe Mentessi*, Insegnamento, b. 1, fasc. 3.

199. Lettera di Vittore Grubicy De Dragon, Milano, 10 ottobre 1911, ivi.

200. Lettera del presidente del Consorzio Besana al direttore dell'Accademia di Brera, Milano 19 aprile 1916, ASAB, Carpi E IV 22.

201. L'«Avanti» del 15 aprile 1913 (*Intempestiva interpellanza al Consiglio comunale sul Consorzio per le Scuole professionali*) riferisce di una discussione piuttosto animata sull'argomento in occasione di una seduta del Consiglio.

202. *Il Consorzio delle Scuole Professionali. Nostra intervista col segretario generale dell'"Umanitaria"*, in «Il Secolo», 24 marzo 1913.

l'orientamento generico delle scuole a favore di una «specializzazione per mestiere», dal momento che tali istituti non erano preposti a formare genericamente degli artisti, ma degli operai «capaci di leggere un disegno e di eseguirlo coscienziosamente», motivo per cui l'organizzazione per l'insegnamento professionale avrebbe dovuto essere «elemento indispensabile di prosperità economica per le industrie artistiche e tecniche».[203]

Finalmente nel 1914 viene pubblicato un rapporto sugli *Studii e proposte per la istituzione di un Consorzio fra le scuole professionali esistenti nel Comune di Milano* e nel 1915 diventa operativo, con la nomina di tre nuovi commissari – Pietro Chiesa, Angelo Cattaneo e Giuseppe Mentessi –, il Consorzio con la Provincia e la Camera di commercio e industria per le scuole professionali di disegno del Forese. Su incarico del consiglio direttivo[204] Giuseppe Mentessi è individuato come «persona di sicura coscienza artistica e di indiscutibile competenza tecnica», oltre che per gli ottimi risultati con cui «riordinò altre scuole analoghe e propose per esse un metodo di insegnamento ormai diffusissimo», per visitare le scuole e fissare «le linee generali di un programma di studio elementare del disegno che dia affidamenti sicuri di buona riuscita».[205] Nel corso di sei giornate, dal 9 al 16 giugno 1916, Mentessi, coadiuvato dai soci, effettua la visita delle 49 scuole sussidiate dal Consorzio, ovvero scuole di disegno popolari e municipali dell'hinterland milanese e della Brianza, al fine di valutare le condizioni ambientali e di accessibilità, la qualità dei materiali didattici (modelli d'ornato, disegni di macchine, ecc.), i metodi d'insegnamento e il

203. *Il nuovo Consorzio per l'arte professionale difeso dal prof. Saldini*, in «Corriere della Sera», 6 febbraio 1913. Nel vivace dibattito di quel momento, s'inseriscono anche le acutissime osservazioni di un grande poeta, dettate dalla sua esperienza di insegnante nelle scuole serali operaie: «La qualità degli studi e le modalità dell'insegnamento attestano ottime intenzioni d'insieme, ma rivelano un'imprecisa visione dell'utile singolo; troppo si sfalda perciò nell'attuazione l'esigenza sana del "programma". Il quale è ancora manchevole e a vicenda pletorico: scarso di senso pratico, di adattamento, d'inquadratura; privo di quel che dovrebbe essere un sapere immediatamente tecnico, un'educazione materiata di cose. E quando dico programma, intendo programma-uomini», Clemente Rebora, *La vita che va a scuola e viceversa*, in «La Voce», a. V (31 luglio 1913), p. 1127.

204. Composto dal presidente Riccardo Besana, dal sen. Luigi Della Torre, da Giuseppe Marietti, Augusto Osimo, Alessandro Penati e Augusto Richard.

205. Lettera del presidente del Consorzio Besana al direttore dell'Accademia di Brera, Milano 19 aprile 1916, ASAB, Carpi E IV 22; l'incarico è confermato poi al diretto interessato: cfr. Lettera di Besana, presidente della Camera di commercio e industria di Milano, 8 giugno 1916, AUFN, FM, Serie Insegnamento, b. 2, fasc. 3.

livello di preparazione del disegno geometrico, l'applicazione alla costruzione di oggetti per le industrie artistiche.[206]

La pubblicazione del programma da parte dei tre commissari si farà però attendere, da una parte per la difficoltà, in periodo bellico, di raccogliere le informazioni sui programmi delle altre nazioni con cui confrontarsi, dall'altra per il ritardo di Cattaneo nella consegna della sezione che a lui competeva.[207]

Nel 1920 esce finalmente la *Relazione e programmi per l'insegnamento del disegno nelle scuole professionali e operaie. Redatto per il Consorzio per le scuole professionali di disegno del forese fra la Provincia, la Camera di Commercio e Industria e la Società Umanitaria di Milano.*

Il libro si compone di tre parti: la «Relazione sull'insegnamento del disegno nelle scuole professionali ed operaie» di Pietro Chiesa; la «Guida per l'insegnamento dei primi elementi del disegno nei corsi comuni delle scuole professionali ed operaie», con note e disegni di Giuseppe Mentessi; la «Guida per l'insegnamento tecnico del disegno nei corsi speciali delle scuole professionali ed operaie», con note e disegni di Angelo Cattaneo.

Con una chiarezza esemplare il libro propone l'ormai collaudato metodo progressivo dell'insegnamento del disegno, seppur con una più precisa declinazione verso le attività decorative e industriali. Il testo di Chiesa svolge un'essenziale funzione introduttiva volta a «metterne in evidenza la ragione ed il valore», ovvero a delineare la finalità del testo e la strada intrapresa. Pur non potendo disporre di quella vasta rete di confronti da lui auspicata,[208] riesce a orientare su due fondamentali linee di tendenza – quella del metodo scientifico e quella del metodo intuitivo – alcuni casi esemplari: il metodo di Gaston Quénioux,[209] in Francia, tutto impostato sul disegno libero dalle costrizioni e astrazioni geometriche, legato alla concretezza della natura, ma anche all'immaginazione, alla sensibilità e alla memoria; il metodo scientifico diversamente focalizzato sulle scuole professionali in Belgio, orientato sul principio geometrico e sulle sue

206. Si vedano le annotazioni a matita di Mentessi sul diario delle visite, AUFN, Giuseppe Mentessi, Insegnamento, b. 3, fasc. 3.

207. Lettera di Giuseppe Mentessi al segretario dell'Accademia di Brera Arturo Campi, Roma 30 maggio 1918, ASAB, Carpi E IV 22.

208. Lettera di Pietro Chiesa da Sagno, 10 settembre 1917, AUFN, Giuseppe Mentessi, Corrispondenza mittenti diversi, b. 2, fasc. 21.

209. Sul «metodo intuitivo» di Quénioux cfr. Emmanuel Pernoud, *L'invention du dessin d'enfant en France, à l'aube des avant-gardes*, Paris, Hazan, 2003, pp. 42-50, 55-58.

applicazioni pratiche; quanto alle scuole americane e tedesche, la prima è menzionata per aver saputo affiancare all'insegnamento teorico dei veri laboratori, la seconda per la «preoccupazione tecnologica» e la particolare competenza messa in campo nella lavorazione dei materiali. Arrivando al caso italiano, Chiesa, forte della visita effettuata nelle scuole lombarde, sottolinea la necessità di un rinnovamento di metodi e modelli, stigmatizzando ancora una volta «quegli assurdi giri e svolazzi di penna» del disegno calligrafico, cui contrappone l'insegnamento di un disegno fondato su basi sicure, sulla geometria non meno che sull'osservazione delle cose:

> In tutti questi esercizi si dà molta importanza alla geometria. Non dimentichiamo che si tratta di disegno professionale, nel quale l'operaio deve riconoscere, già dalle prime prove e poi sempre sino alla fine del corso, la ragione e l'utile. Se egli è un falegname, un fabbro, un meccanico, un tagliapietre... sarà pur necessario che sappia misurare le superficie ed i volumi, leggere un disegno costruttivo ed eseguirne egli stesso.
> Ma tutta la geometria che si vuol insegnare non dev'essere materia astratta e puramente mentale; [...] Al contrario, le definizioni e le proprietà geometriche devono subito essere argomento per un'osservazione diretta su di un oggetto reale, su quegli oggetti d'uso comune e di lavoro che la scuola dovrà possedere, su tutti gli altri che saranno di volta in volta indicati dallo scolaro stesso, per sua iniziativa.[210]

È sempre Chiesa che si prende cura della diffusione del libro di Mentessi, suggerendogli di inviarlo a Ugo Ojetti: «Ma non è indispensabile ch'egli si faccia un sostenitore della tua teoria punto per punto; basta che segnali l'importanza e la bontà del tuo metodo, l'utilità pratica del libro, la necessità di diffonderlo nelle scuole professionali di disegno, dove regna l'anarchia oppure un tradizionalismo idiota».[211] L'agile, ma pur esaustiva guida avrà in effetti una grandissima diffusione, e non solo in Lombardia, assicurando al metodo Mentessi un successo di cui ancora non si è valutata compiutamente la portata.

210. *Relazione sull'insegnamento del disegno nelle scuole professionali ed operaie del pittore Pietro Chiesa*, in *Relazione e programmi per l'insegnamento del disegno nelle scuole professionali e operaie. Redatto per il Consorzio per le scuole professionali di disegno del forese fra la Provincia, la Camera di Commercio e Industria e la Società Umanitaria di Milano*, a cura di Giuseppe Mentessi, Pietro Chiesa e Angelo Cattaneo, Milano, Tip. Allegretti, s.d. [1920], p. XVI.

211. Lettera di Pietro Chiesa da Sagno, 19 settembre 1921, AUFN, Giuseppe Mentessi, Corrispondenza mittenti diversi, b. 2, fasc. 21.

11. *La Grande guerra e la Scuola di disegno per i mutilati*

Nonostante la positività di tutte queste iniziative che, su un percorso ormai tracciato, restano portatrici di ottimi risultati, dalle parole con cui Pietro Chiesa si rivolge a Mentessi viene fuori un nitido quadro del clima in cui ciò avveniva: «Dopo che viviamo in mezzo alle ansie della guerra, alle notizie terribili che ogni giornale ci reca ed alle angustie dell'avvenire, il tempo ci pare ancora più breve e febbrile, diventa il bisogno di occuparlo, di fare, di disfare; si resta insoddisfatti di noi e di tutto».[212] E ancora in una lettera dalla Svizzera: «Quando ci rivedremo? Gli avvenimenti si succedono imprevedibili. Conserviamo tutta la nostra fede. Non è possibile che tanti sacrifici e tanti eroismi siano per niente; non è possibile che l'umanità piombi così basso da far vergogna alle bestie».[213]

Allo scoppio della Guerra mondiale, il bombardamento aereo della cattedrale di Reims nel 1914, cui seguì negli anni successivi quello dell'intera città,[214] fu uno dei primi disastrosi effetti della follia autodistruttiva della civiltà che allora suscitò sdegno e condanna universale e non lasciò insensibile l'Accademia di Brera. Mentessi rimase profondamente colpito da quell'evento a cui dedicò alcuni studi e in particolare *Bersaglio*, un acquerello del 1915.[215] Sensibile come pittore al tema della guerra, fu lui a proporre come soci onorari alcuni artisti che si erano impegnati a denunciarne gli orrori, specialmente sul fronte belga,[216] come il pittore Henry de Groux e il disegnatore olandese Louis Raemaekers.[217]

Nel novembre del '17 Mentessi, trovandosi lontano dalle sue scuole, l'Accademia e la Scuola del Mutilato, affidate la prima a Cattaneo e la

212. Lettera di Pietro Chiesa, s.d. [1915], ivi.

213. Lettera di Pietro Chiesa da Sagno, 17 novembre 1917, ivi.

214. Cfr. lo straziante reportage fotografico raccolto nell'album *Reims. Avant et après les bombardements* [1914-1918]. *Album Artistique*, Édition Spéciale des Amis de la Cathédrale, Paris, Imp. Levy & Cie, 1918.

215. Cfr. la scheda di Sergio Rebora, *Giuseppe Mentessi, «Dettaglio per "Bersaglio. Il bombardamento della Cattedrale di Reims", 1918*, in *Trasparenze.L'acquarello tra Romanticismo e Belle Epoque*, a cura di Sergio Rebora e Paolo Plebani, catalogo della mostra (Rancate, Pinacoteca Cantonale Giovanni Züst, 9 ottobre 2011-8 gennaio 2012), Torino, Allemandi & C., 2011, pp. 242-243.

216. Nel 1918 si sarebbe tenuta al Cova una mostra di foto delle devastazioni fatte dai tedeschi nel Belgio.

217. Eva Tea, *Storia del cinquantennio 1894-1944 dell'Accademia di Belle Arti a Brera in Milano*, Milano, Scuola Tipografica Artigianelli, 1948, p. 19.

seconda a Lombardi, e avendo ottenuto di poter trascorrere a Roma un periodo di congedo per motivi di salute, ne approfittò per visitare un collega, il prof. Bazzani, titolare della Scuola di Prospettiva e Scenografia all'Istituto superiore di Belle Arti: «Abbiamo parlato delle nostre scuole. Ora anche in questa non vi sono che ragazze. I giovani sono ben pochi e si capisce purtroppo!». Uno degli effetti della Grande guerra fu proprio quello di ridurre drasticamente la presenza maschile nella scuola, soprattutto fra i giovani studenti chiamati in massa al fronte, ma in parte anche fra gli insegnanti. Questa situazione, soprattutto nelle scuole d'arte, ha posto per la prima volta in evidenza, rendendola protagonista, una presenza prima sommersa, quella delle donne aspiranti artiste e non semplici artefici di occupazioni "donnesche".

Intanto dal fronte molti giovani erano tornati feriti nello spirito e nel corpo, spesso con gravi mutilazioni, accolti dagli ospedali, ma senza speranza di poter riprendere le occupazioni di prima o trovare qualche sbocco professionale, senza aspettative sul proprio futuro.

È in questo contesto che era maturato il progetto di una scuola di rieducazione dei mutilati di guerra, come racconta sinteticamente il presidente dell'Accademia di Brera Giovanni Beltrami in un documento indirizzato al Consiglio regionale dell'Opera nazionale pro mutilati:

> L'idea di istituire una scuola di disegno tra i mutilati di guerra nacque simultaneamente al prof. Riccardo Galeazzi, tenente colonnello medico, direttore dell'Ospedale militare ortopedico di riserva, e all'arch. Giovanni Giachi, presidente del pio istituto dei rachitici, detto delle Marcelline, ove l'ospedale era stato allogato.
> L'artista e lo scienziato avevano osservato insieme come alcuni dei ricoverati di divertissero, nei momenti d'ozio, a eseguire schizzi, piccole e rudimentali ornamentazioni, ritratti a carboncino e a matita tolti da fotografie e da stampe, soggetto prediletto, per quest'ultime esercitazioni il Re. All'arch. Giachi e al dott. Galeazzi parve di scorgere, attraverso la semplice, ingenua e naturalmente imperfetta esecuzione, la possibilità che i giovani che la eseguivano potessero, opportunamente indirizzati, trovare nel disegno e nelle sue tante svariate applicazioni, la sorgente di posizioni economiche e civili migliori di quelle che essi avevano innanzi la loro gloriosa sciagura.[218]

218. ASAB, Tea G IV 12, Scuola di disegno dei mutilati di guerra dal 1917 al 1923, fasc. 1921, doc. dattiloscritto 27 luglio 1921. Cfr. anche Giovanni Beltrami, *La Reale Accademia di Brera e le sue scuole*, Milano 1923.

La proposta dell'addestramento al disegno come strumento di redenzione materiale e spirituale piacque a Giuseppe Mentessi (cui fu sottoposta al principio di giugno del 1916) che si attivò subito per metterla in pratica. Il 1° luglio nella casa delle Marcelline (Pio Istituto dei Rachitici) di Milano, per suo interessamento e sotto la direzione dell'Accademia di Brera che fornì il materiale didattico[219] e il mobilio, si aprì la Scuola dei mutilati.[220] Vi lavorarono diversi insegnanti dell'Accademia, ma in particolare i professori Lombardi per il Corso comune di disegno geometrico, Rapetti per il disegno di figura, Bolgiani per la modellazione, mentre Mentessi predispose il piano e il programma di studi, seguendone costantemente a distanza gli sviluppi.[221]

Tale programma, in larga parte collaudato da Mentessi in altri contesti, sinteticamente prevedeva nella prima fase l'insegnamento del disegno lineare e geometrico, comprensivo della applicazione della geometria al disegno di macchine e al disegno architettonico, oltre che dello studio dell'ornamentazione, in disegno e plastica, tratto da elementi naturali.[222]

La seconda fase comprendeva esercitazioni nelle discipline artistiche in diretta relazione alla nuova professione scelta dall'alunno, in vista della quale la scuola venne divisa in sette sezioni – ritoccatori di fotografie, disegnatori di stoffe, disegnatori di architettura, assistenti di fabbrica, maestri di disegno nelle scuole medie, modellatori e disegnatori di macchine –, in seguito portate a undici con l'aggiunta di decoratori del libro, cesellatori, decoratori in ceramica, intagliatori e intarsiatori.

Dagli iniziali tre allievi, la scuola crebbe presto di numero arrivando a 50, così da dover essere trasferita nell'ottobre del 1917 in locali più ampi e bene illuminati ai piani superiori di Casa Cazzaniga a Gorla e qualche anno dopo, in seguito a sfratto, all'ultimo piano del Rifugio Fanny Ottolenghi Finzi, in un luogo che parve forse più adatto.[223] Le prove finali

219. Concessione di prestito di gessi e disegni alla Scuola dei soldati mutilati, 24 maggio 1917, ASAB, Tea G III 24, Scuola di Figura dal 1835 al 1924.

220. La nascita della scuola e il suo primo anno di vita, attraverso l'intervista di alcuni protagonisti, sono raccontati da Vincenzo Bucci, *"Italia dalle cento vite"*, in «La Lettura», 8 (1917).

221. Valentina Giro (*Giuseppe Mentessi maestro di prospettive*, p.99) segnala la presenza di lettere di studenti mutilati nei carteggi del Fondo Mentessi dell'AUFN.

222. ASAB, Tea G IV 12, *Scuola di disegno dei mutilati di guerra dal 1917 al 1923*, fasc. 1921, doc. dattiloscritto 27 luglio 1921.

223. Per l'elenco del primo gruppo di allievi e dei materiali didattici, nonché le fotografie degli interni della scuola, cfr. fasc. Scuola di Disegno dei Mutilati in Guerra, Corsi di rieducazione professionale, 1916-1917, ASAB, Tea G II 4.

del primo anno furono sottoposte al consueto esame di una commissione giudicatrice (composta da Gottardo Valentini, Prassitele Barzaghi e Rovescalli) che, apprezzando gli esiti conseguiti, suggerì individualmente agli allievi l'indirizzo loro più adatto per la seconda fase dei loro studi.[224] Nel frattempo i notevoli risultati raggiunti dalla scuola, dove gli allievi dettero prova di grande forza di volontà bruciando le tappe e ottenendo progressi rimarcabili più rapidamente dei loro colleghi d'Accademia, si prestarono a essere divulgati in diverse esposizioni. A Gorla, approfittando della vicinanza delle vicine officine delle altre sezioni di rieducazione, gli allievi poterono applicare gli studi di disegno alla esecuzione di oggetti della industria artistica quali stoffe decorate, tovagliette, ceramiche per servizi da té e caffé, piatti, vassoi, tavolini e sedie da giardino, quali «prove tangibili della utilità degli studi intrapresi», tutti oggetti che furono venduti in occasioni espositive. Per i ritoccatori di fotografie e fotoincisioni si aprirono poi possibilità di lavorare per noti fotografi di Milano, così come i disegnatori di macchine in seguito trovarono impiego in alcune officine della città.[225]

Già nel 1917 Mentessi venne invitato a scegliere il materiale d'arte prodotto dalla Scuola dei mutilati per l'esposizione "La scuola e la guerra" che si aprì a Parigi il 6 maggio.[226]

Altre significative esposizioni didattiche furono organizzate prima a Roma e poi a Milano nel Palazzo di Brera, quest'ultima inaugurata nel Salone delle cerimonie (sala Napoleonica) il 18 gennaio 1920, alla presenza di autorità civili e militari e bene accolta sulla stampa milanese.

Con questa formazione quattro allievi ottennero l'abilitazione a insegnare il disegno nelle scuole medie[227] e per uno di essi pure il diploma di pro-

224. Relazione della commissione giudicatrice dei saggi d'esame delle Scuole dei Mutilati, 4 luglio 1917, ivi.

225. *Comitato Lombardo per i mutilati in guerra. La scuola d'arte*, 30 giugno 1919, dattiloscritto, ASAB, Tea G IV 13, Scuola di disegno dei mutilati di guerra dal 1917 al 1923. Notizie più articolate sugli altri indirizzi della scuola e sui laboratori sono nella *Relazione dell'opera svolta da Comitato Lombardo per i soldati mutilati in Guerra sino al giugno 1919*, testo a stampa con alcune immagini della scuola.

226. AUFN, Giuseppe Mentessi, Insegnamento, b. 1, fasc. 2, doc. 25 aprile 1917.

227. Merita di essere segnalata una lunghissima lettera indirizzata all'allievo Bossi da parte di Mentessi (da Roma, 21 aprile 1923), in cui il professore è prodigo di consigli e programmi ai fini della partecipazione ai concorsi a cattedre per l'insegnamento nelle scuole medie (ASAB, Tea G IV 12, Scuola di disegno dei mutilati di guerra dal 1917 al 1923, fasc. 1923).

fessore di disegno architettonico; altri quattordici trovarono impieghi dignitosi. Non va dimenticato che in questa sua prima fase l'Accademia di Brera aveva raccolto sussidi per quella scuola, incontrando la generosa adesione dell'industriale Broggi che donava la somma di lire 9.000.[228] Tuttavia verso la metà del 1921 la scuola, quasi che avesse perso di vista le sue finalità e il suo carattere artistico industriale entrò in crisi, accompagnata pure dallo scioglimento del Comitato lombardo per la rieducazione dei mutilati e dal venir meno dei sussidi. S'imponeva quindi una svolta per uscire da questa impasse: per salvaguardare l'opera avviata, la proposta realistica del presidente Beltrami, rivolta al Consiglio regionale pro mutilati, fu quella «di far entrare nelle scuole dell'Accademia gli alunni assegnandoli ai vari corsi in relazione alle loro capacità, allo studio che devono compiere, al tempo fissato per la loro rieducazione. Così non ci sarà bisogno di compensi ai maestri, così sarà eliminata la difficoltà grave e costosa di trovare i locali per la scuola»,[229] il che avvenne alla fine di febbraio del '22.

L'11 dicembre 1922 fu inaugurata alla Permanente la 2ª mostra dei saggi eseguiti nella Scuola di disegno dei mutilati di guerra. Il commentatore de «Il Secolo» sottolineava il *miracolo* compiuto «da giovani che prima non sapevano nulla di disegno, con una debilitazione fisica che rendeva loro lo studio qualche volta penoso (tre sono mutilati della mano destra)» evidenziando anche il felice approdo di molti di essi ad attività professionali, artigianali o addirittura imprenditoriali.[230]

A Gand, nel mese di aprile 1923, si tenne infine l'*Esposizione interalleata dei lavori degli invalidi di Guerra* dove la partecipazione italiana (presente anche con una piccola pubblicazione), nella sezione Belle Arti, si distinse in modo particolare sia per la qualità dei lavori esposti, sia perché la scuola d'arte dei mutilati è «l'unica che sia stata creata dalle nazioni in guerra», suscitando in Belgio un *interesse straordinario* «assai più intenso che non in Italia, dove questa magnifica opera di redenzione di molti nostri valorosissimi invalidi è quasi ignorata!».[231]

228. Eva Tea, *Storia del cinquantennio*, p. 19; cfr. la documentazione in fasc. Iniziative pro artisti morti o mutilati, ASAB, Tea M V 3, Miscellanea. Atti vari 1864-1942; Registro di cassa, 1920-1926, Donazione Broggi, fondo pro-mutilati.

229. *La scuola per la rieducazione dei mutilati di guerra*, ms., ASAB, Tea G IV 12, Scuola di disegno dei mutilati di guerra dal 1917 al 1923.

230. *La scuola d'arte per mutilati di guerra*, in «Il Secolo», 12 dicembre 1922.

231. *L'Esposizione interalleata dei lavori degli invalidi di guerra (Gand, 14-22 aprile 1923) e la partecipazione italiana. Relazione all'Opera Nazionale per la protezione ed*

12. *Roma: il tempo dei bilanci*

Mentre si allentano progressivamente, a causa di prolungati congedi per ragioni di salute, i legami con la Scuola di Prospettiva, affidata sempre più alle salde mani dei suoi assistenti, prende corpo quel progetto condiviso con l'amico Luca Beltrami che impegnerà Mentessi fino al 1925, anno della pubblicazione di *Roma*,[232] il grande elaboratissimo volume in cui raccoglie tutti i suoi studi dedicati alla capitale.[233]

Sul posto Mentessi esegue con passione[234] un numero considerevole di disegni sui quali annota sempre con precisione la data di esecuzione, il luogo e talvolta il punto della ripresa e la durata della stessa; lavori che, intrecciati con le lettere dirette a Beltrami, compongono una sorta di diario romano che copre l'arco di quattro soggiorni dal 1921 al 1924, periodi durante i quali alloggiava all'Albergo d'Inghilterra.

> Ieri l'altro, giorno di Natale sono stato parecchie ore nelle vicinanze di S. Pietro ed ho notato un buon numero di motivi che mi sembrano non comuni per quei disegni di cui abbiamo parlato. Ho veduto la meravigliosa cupola di Michelangelo da diversi punti di vista, in una ortaglia a poca distanza dal Vaticano ho visto degli effetti di linee, di luci e di ombre originalissimi e sorprendenti di bellezza. Io spero proprio di prepararti qualche buon lavoro...[235]

Una cartolina postale, datata 12 aprile 1922, sulla quale segnala di aver eseguito «un disegno di una parte molto importante del Colosseo»,

assistenza degli Invalidi della Guerra, Roma, 1923, pp. 12-13. L'allusione è da riferire probabilmente al silenzio de «Il Popolo d'Italia» in occasione dell'esposizione del 1922, in relazione al quale il rammarico della scuola venne espresso ad Arnaldo Mussolini: cfr. nello stesso fascicolo la lettera di Dante Dini al prof. Rapetti, Milano 15 dicembre 1922.

232. *Roma. Disegni di Giuseppe Mentessi. Testo di Luca Beltrami*, Bergamo, Istituto Italiano d'Arti Grafiche, 1925.

233. Una collezione di 46 disegni finalizzati a *Roma* è stata esposta nel 1999 nella Torre di Moresco: cfr. *Roma. Disegni e acquarelli di Giuseppe Mentessi 1857-1931*, testo di Renzo Mangili, Comune di Moresco, 1999; schizzi per il frontespizio, altri disegni e alcuni documenti, inerenti sempre alla pubblicazione, sono emersi recentemente sul mercato antiquario.

234. «Se tu sapessi Beltrami come faccio volentieri questo lavoro che abbiamo combinato insieme e come mi appassiono per tante cose belle antiche che vado scoprendo e che prima non avevo osservato bene», scrive Mentessi da Roma il 1° aprile 1921 (Archivio privato Luca Beltrami, Epistolario XIII-1, Lettere di Giuseppe Mentessi, n. 33).

235. Lettera a Luca Beltrami, Roma 27 dicembre 1920, Archivio privato Luca Beltrami, Epistolario XIII-1, Lettere di Giuseppe Mentessi, n. 28.

reca nel recto la riproduzione di un'incisione di Piranesi relativa al *Tempio della Fortuna Virile*: una dichiarazione quanto mai esplicita che la scoperta di Roma da parte di Mentessi procede attraverso la continua rimemorazione delle vedute di Piranesi, da lui studiate – come già si è detto – negli anni braidensi. E questo confronto certo non poteva sfuggire ai primi commentatori in occasione dell'Esposizione degli amatori e dei cultori a Roma nel 1922, dove figurava un suo primo ciclo di disegni in cui però spiccava il carattere intimo della sua visione, in grado di segnare quella bellezza del particolare «che soltanto l'analisi grafica può scoprire», attraverso l'uso della matita che giunge «a creare se non un'atmosfera, almeno una continuità di superficie».[236] A un esame ravvicinato, il bulino dell'uno e la matita dell'altro – come osservava puntualmente Beltrami – «non sono raffrontabili fra di loro», essendo rimarcabile la differenza nella scelta dei punti di vista e nel taglio delle vedute, oltre che nella selezione dei monumenti e angoli urbani che, in Mentessi, dall'antichità romana si estendono alla città rinascimentale e barocca. Il confronto deve porsi semmai su un altro piano, quello del comune «rispetto dell'integrità delle vestigia di Roma».[237]

Questo richiamo alla difesa dell'aspetto della città antica, «in relazione alle sopraggiunte funzioni di Capitale», ovvero alle manomissioni subite dopo il 1870, e di fronte a deficienze nella sua tutela[238] rivela quanto tali preoccupazioni fossero condivise, come apprendiamo anche da una lettera in cui Mentessi riferisce all'amico «la notizia dello sfruttamento del Colosseo per spettacoli teatrali e della conferma di questa incredibile notizia per mezzo del Comunicato del Ministero della Pubblica Istruzione. [...] Ma! Povera cara nostra Italia amatissima – così infelice! E pensare che sono italiani che si affaccendano in suo danno».[239]

Pare infine chiaro a Beltrami, data la sua lunghissima frequentazione dell'amico e collega, che le *impressioni romane*[240] di Mentessi costitui-

236. Guido Ludovico Luzzatto, *I disegni di Roma di Giuseppe Mentessi*, in «La Sera», 15 aprile 1922, p. 3.

237. Beltrami, *Roma*, p. 3. Il brano è riportato anche nell'ampio profilo tracciato da Piero Scarpa, *Giuseppe Mentessi*, in «Il Meridiano», 37 (1928), p. 5.

238. Beltrami, *Roma*, pp. 15-18.

239. Lettera a Luca Beltrami, Roma 1° aprile 1921, Archivio privato Luca Beltrami, Epistolario XIII-1, Lettere di Giuseppe Mentessi, n. 33.

240. La definizione è di Beltrami che la usa come titolo dell'estratto del testo pubblicato separatamente: Luca Beltrami, *Le impressioni romane di Giuseppe Mentessi*, Milano, Tip. Allegretti, 1925.

scano la più compiuta applicazione del metodo di osservazione e rappresentazione che l'artista ha perfezionato (e pure codificato) nella sua lunga carriera di insegnante:

> Più di una volta, nel mostrare a qualche amico i disegni originali di G. Mentessi, ebbi ad intravvedere la impressione che la esattezza prospettica dell'assieme, la fedeltà nei più minuti particolari, fosse raggiunta mediante schizzi e tracciati preliminari, agevolati fors'anco dal procedimento – adottato all'estero più che da noi – di osservare il vero attraverso un prisma che consenta di tracciare con sicura rapidità lo schema della veduta, destinata poi ad essere elaborata con la matita, o all'acquerello. Ma né a questo né ad altro sussidio, e nemmeno ad una preparazione materialmente basata sopra regole prospettiche, ricorre G. Mentessi, pur affrontando i motivi architettonici e decorativi più complicati per varietà di linee e di raggruppamenti. Avendo nel corso di oltre quarant'anni educato migliaia di allievi, non soltanto nella materiale disciplina delle regole prospettiche, ma nella diretta percezione e riproduzione del vero, G. Mentessi ha talmente connaturato nell'occhio e nella mano il senso prospettico, da trovarsi in grado di fissare rapidamente ciò che gli si presenta allo sguardo, senza nemmeno giovarsi di quanto gli potrebbe rendere meno faticoso il lavoro. In piedi, ordinariamente, reggendo con la sinistra un cartone, a sostegno del foglio destinato a ricevere le sue impressioni, egli delinea senz'altro con la semplice matita l'assieme del soggetto prescelto, e ne accarezza in pari tempo i minuti particolari.[241]

Durante la fase di lavorazione del libro, Mentessi continuerà ad aggiungere materiali, con la piena disponibilità e collaborazione dell'Istituto d'arti grafiche di Bergamo, anche quando ormai si trovava a Milano o nella sua villeggiatura a Torno, servendosi in questo caso, soprattutto per le illustrazioni destinate ad accompagnare il testo di Beltrami, non più di riprese dal vero, ma di fotografie che prontamente l'amico senatore gli inviava. Ma per certe parti ornamentali sentiva di nuovo la necessità del confronto col vero sino al punto di chiedere all'amico di «mettere in una scatoletta uno o due piccoli cespugli di margheritine che in questa stagione fioriscono sul Palatino e qualche fiorellino» perché ci sono pagine di testo che richiedono di essere «decorate con disegni tolti dalla flora palatina».[242]

241. Beltrami, *Roma*, p. 22.

242. Lettera a Luca Beltrami, Bergamo, Istituto Italiano d'Arti Grafiche, 12 gennaio 1925, Archivio privato Luca Beltrami, Epistolario XIII-1, Lettere di Giuseppe Mentessi, n. 80. Con tutta evidenza questo interesse è legato alla frequentazione dell'archeologo Giacomo Boni, amico di Beltrami, che tanto si era speso anche per riportare la flora antica

La cura meticolosa con cui Mentessi, in costante dialogo con Beltrami, fedele anche ai suoi suggerimenti, segue tutte le fasi di costruzione del libro, fornendo schizzi e indicazioni precise per l'impaginazione e in particolare controllando la riproduzione con processo offset dei suoi disegni (130 tavole di grande formato più altri 90 disegni intercalati nel testo),[243] traspare in tutto il fitto carteggio che intercorre fra i soggetti coinvolti.[244]

Proprio nei disegni per *Roma*, «in cui la matita dell'artista ferrarese raggiunge con poche linee e chiaroscuri un'efficacia ammirevole di rappresentazione», il critico del «Corriere della Sera» riconosce «l'opera più durevole di Mentessi»,[245] cui fa eco quello del «Giornale d'Italia» secondo cui i disegni ispirati alle città italiane e specialmente a Roma «difenderanno la memoria dell'artista ferrarese con eloquenza assai più convincente di quella delle pitture».[246] La consumata bravura disegnativa, evidente in queste tavole, non lascia indifferenti anche i critici più severi.[247]

Su taluni giudizi pesa però un fraintendimento circa il carattere di quella «romanità», come per esempio in quello di Dante Dini che, commentando l'ultima serie di disegni fantastici, ovvero i *Sogni Romani* (1929), vi scorge la rinascita della «forza imperiale dell'Urbe» e «l'aura tonificante del Fascismo: non più ripiegamenti accorati, ma espansioni ottimistiche, risuscitamento di fede, esuberanza, grandezza e serenità».[248]

Zeno Birolli smontava nel 1972 questo equivoco: «Nell'Ombre dei Cesari e nell'Arco di Tito al tramonto egli rimane aderente al suo amore

sul Palatino. Sul rapporto Mentessi-Boni cfr. Eva Tea, *Giacomo Boni nella vita del suo tempo*, vol. II, Milano, Ceschina, 1932, p. 507.

243. In vista della riproduzione a stampa, i disegni erano stati accuratamente fotografati da Emilio Sommariva.

244. Nel contratto stipulato con l'editore, dal quale apprendiamo il costo dell'opera (sono preventivate inizialmente lire 225.000), viene fissata l'uscita del volume entro aprile 1925, anche se avverrà diversi mesi dopo, comunque in tempo utile per restare nell'Anno Santo, in vista del quale verrà poi approntata una copia personalizzata per il Pontefice. (Lettera a Luca Beltrami, Milano, Asilo Evangelico per ammalati, 28 novembre 1925, Archivio privato Luca Beltrami, Epistolario XIII-1, Lettere di Giuseppe Mentessi, n. 107).

245. *Due pittori che scompaiono. Giuseppe Mentessi e Vittore Antonio Cargnel*, in «Corriere della Sera», 15 giugno 1931.

246. C.T., *La morte di Giuseppe Mentessi*, in «Giornale d'Italia», 17 giugno 1931.

247. Per esempio Roberto Papini (*La novantesima Esposizione degli "Amatori e Cultori"*, in «Il Mondo», 28 marzo 1922, p. 3), pur considerando l'artista ormai superato – «La sua arte non è di oggi, non è di domani...» – riconosce la «serietà e nobiltà di Mentessi» nei disegni per *Roma*.

248. Dante Dini, *Giuseppe Mentessi*, in «Il Popolo d'Italia», 17 giugno 1933.

per le cose di questo lontano mondo archeologico in modo integrale e del tutto estraneo al novecentismo e al suo relativo ormai montante culto reazionario e imperialista perseguito negli anni trenta».[249] E forse non aveva tutti i torti ad aggiungere che nelle migliori pagine di *Roma* «risulta una sospesa atmosfera "ferrarese" più che romana».[250]

249. Zeno Birolli, *Giuseppe Mentessi (1857-1931). Mostra antologica* (Ferrara, Palazzo dei Diamanti, 1° luglio-2 ottobre 1972), Cento, Siaca Arti Grafiche, 1972, p. [11].
250. *Ibidem*.

Daniela Bellettati

Il filantropo Mentessi

> *Il* Mentessi può essere orgoglioso di tutto il bene che sparge a piene mani sulle nebulosità di certe esistenze tetre che sono una continua ed ininterrotta battaglia colle necessità e la fatica.
>
> («Cordelia. Giornale settimanale per signorine», 7 dicembre 1912)

Non si può raccontare l'attività filantropica e l'impegno assistenziale di Giuseppe Mentessi senza considerare il suo rapporto strettissimo con la famiglia di Luigi Majno e della moglie Ersilia Bronzini. Come ricordato in altri contributi di questo volume e nel saggio di Beatrice Avanzi, l'incontro con i Majno impone un segno decisivo sia nella sua produzione artistica, orientata alle tematiche sociali, sia nel suo operato umanitario e politico.[1] Non va comunque trascurata l'innata sensibilità del pittore, pronto a prestare la sua opera in aiuto di chi si trovasse in difficoltà. Si veda, per esempio, questa cronaca del «Corriere della sera» del 25 ottobre 1884:

> Per i danneggiati dal colera. Il Comitato milanese di Beneficenza ha già in pronto e pubblicherà ai primi dell'entrante settimana, il numero unico Auxilium, il ricavo della cui vendita andrà a benefizio dei danneggiati dal colera. Vi hanno collaborato egregi artisti e letterati [...] La copertina è opera dell'illustre pittore Michetti. Vi sono disegni di Favretto, di Mentessi [...]

1. Beatrice Avanzi, *Giuseppe Mentessi. L'opera pittorica*, in *Giuseppe Mentessi. Opere nelle collezioni del Museo dell'Ottocento di Ferrara. Catalogo generale completamente illustrato*, a cura di Marcello Toffanello con la collaborazione di Beatrice Avanzi, Comune di Ferrara, 1999, pp. 3-21.

Mentessi e i Majno si incontrano nei primi anni Novanta dell'Ottocento; all'epoca Luigi[2] aveva già uno studio legale ben avviato, stava per concludere l'esperienza di docente nell'Ateneo pavese e aveva intrapreso la carriera politica nel Consiglio Comunale di Milano con l'elezione del 1890, dove aveva raccolto anche i voti dei moderati (sarebbe stato rieletto nel 1895); Ersilia partecipava alle attività della Guardia Ostetrica, aperta nel 1887, e nel 1894 si iscriveva alla Associazione generale delle operaie.[3] Proprio a partire dal 1894 l'archivio dell'Unione femminile conserva testimonianza dei rapporti tra Mentessi e i Majno, attraverso un fitto carteggio epistolare. È Ersilia a nominarlo per prima nelle lettere che invia dai soggiorni sul lago di Como a Torno e da quelli estivi a Rivera, nel Canton Ticino. Nomina di sfuggita l'amico per la prima volta il 6 aprile 1894 in una lettera al marito «E Mentessi? L'hai più visto?».[4] E il successivo 20 agosto:

> E Mentessi come sta? Gli scriverò uno di questi giorni per incoraggiarlo a finir presto i suoi Santi, così potrà prendersi qualche giorno di riposo e di svago, necessari per riprendere, un po' rinvigorito la sua vita faticosa di insegnante.[5]

È un rapporto di amicizia che diverrà sempre più stretto, fino a includere il pittore, di fatto, nella cerchia familiare dei Majno. Il legame, oltre ai genitori, comprendeva anche i figli della coppia, Carlotta, Edoardo e Maria, nati rispettivamente nel 1884, 1886 e 1888, per i quali Mentessi, "il Mentessone" citato in tante lettere di grandi e piccoli, fu prima "il professore" e poi una sorta di bonario zio. Il medesimo affetto, come se fossero suoi nipoti, l'artista riversò sui figli di Edoardo e di Elda Bernstein, Luigi junior, Guido e Carlo, che non avevano mai conosciuto il nonno Luigi morto nel 1915. Edoardo Majno – nominato erede universale dall'artista – ricorderà affettuosamente la vicinanza tra la famiglia

2. Per un profilo di Luigi Majno si rimanda alla scheda di Simona Trombetta, *Majno, Luigi*, in *Dizionario Biografico degli Italiani,* vol. 67, 2006. Sulla sua figura di giurista si veda il recente Elisabetta D'Amico, *Andante ma non troppo*, Torino, Giappichelli, 2022.

3. Per brevi cenni sulla figura di Ersilia Majno si rimanda alla scheda biografica consultabile in https://unionefemminile.it/bronzini-ersilia-in-majno-1859-1933/. Uno sguardo generale sulla sua opera e sulle attività dell'Unione femminile fino allo scoppio della Seconda guerra mondiale si trova in Graziella Gaballo, *Il nostro dovere. L'Unione femminile tra impegno sociale, guerra e fascismo (1899-1939)*, Novi Ligure, ed. Joker, 2015.

4. Lettera di Ersilia Majno a Luigi Majno, Torno, 6 aprile 1894, Archivio Unione femminile nazionale (AUFN), Famiglia Majno, b. 3.

5. Ivi, 20 agosto 1894.

e il pittore nel volume a lui dedicato, nel primo anniversario della scomparsa; il figlio Luigi, in maniera più confidenziale, racconterà episodi di vita quotidiana, soprattutto nella casa di via Pietro Verri, dove i Majno avevano riservato alcuni locali a uso esclusivo dell'artista.[6] Non si trattava però di un rapporto limitato solamente alla sfera affettiva. Il pittore e i Majno condivisero ideali, passioni politiche, azioni umanitarie, letture, interessi artistici, in uno scambio reciproco di arricchimento intellettuale. Scrive Ersilia:

> Egregio Professore Se il tempo non è proprio bello, non ci troveremo al convegno avendo tutte la tosse che non guarisce certo prendendo dell'umido. Così siamo rimaste d'accordo con le signorine Vismara che hanno avvertito anche l'Ada Negri e mi preme avvisare anche lei che deve essere il rapito [sic]. Speriamo vederla presto. Ella sa quanto ci è cara la sua compagnia e quanto io impari tanto da lei che è giusto. Non direi buono, perché questa qualità tante volte esclude un'altra ch'io apprezzo molto di più e che è appunto la giustizia. La Mariuccia questa mattina mi ha domandato a chi apparteneva quella voce d'uomo che sentiva ieri sera. Le ho detto ch'era la sua e si è mostrata assai spiacente di non aver abbracciato il suo caro Mentessin del quale sovente mette la pazienza a dura prova. Ho notizie passabili del nostro Dinetto che Majno domenica andrà a vedere. Curi lei pure la sua tosse, mi riverisca la sua buona mamma e riceva i nostri affettuosi saluti.[7]

Certo Luigi Majno è per Mentessi un sicuro riferimento culturale in ogni campo, anche quelli più inaspettati:

> Carissimo Majno, ho riletto con vivissimo piacere il cantico di San Francesco che tu hai avuto la bontà di trascrivere per me ed inviarmi con tue preziose osservazioni. Ti ringrazio Majno tanto, del piacere intellettuale che hai voluto procurarmi malgrado le tue gravi occupazioni che io conosco abbastanza per apprezzare sempre più la gentilezza che mi hai usata dedicandomi un po' del tuo tempo prezioso. Ho riletto il canto di Walt Whitman e il Salmo 148 da te indicatomi ad imitazione del quale si vorrebbe fosse stato composto il cantico di San Francesco.[8]

6. Edoardo Majno, *Giuseppe Mentessi*, edizione curata da Emilio Sommariva, Milano, Rizzoli, 1932; Luigi Majno, *Giuseppe Mentessi. Testimonianze di un bambino ottuagenario*, in *Opere nelle collezioni del Museo dell'Ottocento di Ferrara*, pp. IX-XIX.

7. Lettera di Ersilia Majno a Giuseppe Mentessi, 24 maggio 1894, AUFN, Giuseppe Mentessi, Corrispondenza Majno Bronzini, b. 1, fasc. 1.

8. Lettera di Giuseppe Mentessi a Luigi Majno, 22 gennaio 1897, AUFN, Famiglia Majno, b. 25.

La confidenza tra i due permette al pittore di commentare con ironia l'esito dei consigli dell'amico:

> Queste letture e il pensiero tuo gentile di ricordarti delle mie passioni mi scaldano molto e ieri ti scrissi una tiritera fenomenale che per fortuna rilessi in tempo e ebbi il buon senso di cambiarle immediatamente destinazione. Che documento mio Majno sarebbe stato, che documento da consegnarsi d'urgenza ad un'illustre specialista delle malattie mentali. Fortunatamente ti ripeto me ne sono accorto e l'ho mandato a ravvivare l'ascosa fiamma della stufa.[9]

Se, come sottolineato nel saggio di Sergio Rebora, l'artista si confrontava spesso con Ersilia durante l'ideazione delle sue opere, dobbiamo annotare anche gli irrituali suggerimenti dell'avvocato all'amico pittore. Riferisce Mentessi a Ersilia, mentre è impegnato nella preparazione di un dipinto che ha alcuni contadini tra i soggetti ritratti:

> Al nostro Majnone faremo una sorpresa. Oh! se fosse contento lui pure di questo lavoro. Ed il pensiero così allegro e pieno di spirito che ha avuto immaginando che io potessi fare il contadino a cavallo dell'aratro che vola in cielo! Ah! Majnone. Ma gli mostreremo il lavoro quando sarà quasi finito. Intanto bisogna pensare a farlo.[10]

Più seriamente, in una occasione professionale, Mentessi si rivolge a Luigi per una revisione delle bozze di una proposta per il riordinamento delle Scuole di disegno per gli operai e delle Scuole laboratorio delle arti applicate organizzate dalla Società Umanitaria. Il programma piacque a Majno che fu invece critico sui progetti di costruzione di grandi case-studio favoleggiate dal pittore.[11] La Scuola laboratorio d'arte applicata all'industria fu effettivamente aperta dalla Società Umanitaria nel 1903,

9. *Ibidem*.

10. Lettera di Giuseppe Mentessi a Ersilia Majno, 9 novembre 1886, AUFN, Famiglia Majno, b. 25.

11. Ivi, lettera di Giuseppe Mentessi a Ersilia Majno, luglio 1903; Luigi Majno non trascurava di incoraggiare l'attività dell'amico, sempre conservando il tono scherzoso: «Gallarate 31/7/97. Caro Mentessi. Trovandomi qui per varie cose, ho visitato anche la Scuola tecnica. Nella sala di disegno sono appesi molti modelli distribuiti per autori. Uno dei riparti è contrassegnato da un cartello Beltrami e Mentessi a lettere cubitali: sono gli studi di chiaro-scuro, da me finora ignorati. Vedi dunque che sei profeta almeno nella mia patria.» Lettera di Luigi Majno a Giuseppe Mentessi, AUFN, Giuseppe Mentessi, Corrispondenza Majno-Bronzini, b. 1, fasc. 1. Majno fa qui riferimento al volume *Raccolta di motivi decorativi per l'insegnamento del chiaroscuro nelle scuole*, a cura di Luca Beltrami e Giuseppe Mentessi, Milano, ed. Artaria, 1887.

accogliendo le proposte della commissione di artisti e maestri d'arte formata da Mentessi, Luca e Giovanni Beltrami, Luigi Cavenaghi, Achille Manfredini, Gustavo Macchi e Carlo Bozzi.[12]

«Gentile signora Ersilia», «Egregio professore», inizia così formalmente la corrispondenza tra Ersilia e Giuseppe Mentessi, che dal 1898 passeranno a un più confidenziale tu nei rapporti epistolari. Lei nei decenni diventerà la «cara Ersilia», «sorella Ersilia», «mamma Ersilia»,[13] lui rimarrà «buon amico», «caro Mentessi», fino alla morte.

Dopo i fatti del 1898 e la dura repressione militare dei moti popolari contro il rincaro del pane, il pittore apparve al fianco del Comitato proreclusi di maggio, creato per il sostegno dei detenuti politici – soprattutto quelli di condizione modesta – proprio da Ersilia Bronzini nel gennaio 1899 con altre compagne come Alessandrina Ravizza, Edwige Gessner Vonwiller, Ada Negri; tra i proventi principali dobbiamo contare le somme provenienti dalla vendita di quadri offerti da artisti già noti o emergenti, che furono messi all'asta nei locali di casa Majno in via Pietro Verri. Il nome di Giuseppe Mentessi, assieme a quello del sodale Emilio Longoni, compare nell'elenco degli artisti che donano alcune opere per la raccolta fondi.[14] All'amica Ersilia il pittore confida il proprio sdegno per il trattamento riservato ai detenuti politici, condividendo le opinioni di lei:

> Cara Ersilia io pure provai vivissimo dolore e sdegno e un'ira grande quando seppi che quegli esseri vili avevano fatto tradurre ai diversi reclusori i detenuti politici ammanettati, legati, costringendoli a viaggiare in quel modo orribile. Come sono assassini – cretini crudeli [...] Oh, io non posso pensare alle manette, alla prigione senza provare sensazioni di dolore di spavento di sdegno di odio così profonde che mi sconvolgono e m'inquietano penosamente [...] Tu mi descrivi lo stato della povera mamma Turati. M'immagino la desolazione di quella donna ed il suo povero figlio chiuso in quella prigione dalla finestra che guarda il lago alla quale però è proibitissimo affacciarsi.[15]

Alternandosi a Ersilia, Mentessi porta conforto a Adele Turati durante la reclusione del figlio Filippo, di cui Luigi Majno aveva assunto la difesa,

12. Archivio Società Umanitaria, Atti dalla fondazione al 1911, b. 89/2.

13. L'appellativo, con cui spesso la donna si firmava, era abitualmente usato nell'ambiente dell'Asilo Mariuccia, dove Ersilia era "la mamma" di tutte le ricoverate.

14. Gaballo, *Il nostro dovere*, pp. 27-30.

15. Lettera di Giuseppe Mentessi a Ersilia Majno del 7 settembre 1898 da Montesiro, AUFN, Famiglia Majno, b. 25.

assieme a quella di altri imprigionati per i fatti di quei giorni, come la compagna di Turati, Anna Kuliscioff. L'indignazione di Mentessi, che pone l'accento soprattutto sulla empatia nei confronti della sofferenza altrui, in special modo per gli amici e per i più deboli, si trasforma nella Majno in una lucida analisi dei fatti:

> Ti mando una parola in fretta in fretta. Son stata da Edgardo che è ritornato ieri da Acqui e ha aspetto buonissimo poi avendo una mezz'ora di tempo prima d'andar a prendere i bambini ho fatto un salto a casa mia per scrivere alla signora Turati e a te. Quella povera donna perderà la testa prima del figlio. Non può rassegnarsi ad aspettare eppure non c'è altro da fare. Essa vorrebbe che io parlassi a tutti i deputati di Milano e figurati che influenza potrei avere io. Ora sono tutti partiti. Ma il progetto ch'essa vuol sostenere dell'esiglio [sic] non è giusto perché farebbe parte della proposta del governo sugli stati d'assedio. Il governo propone una legge per la quale gli stati d'assedio che oggi collo statuto sono un arbitrio diventerebbero invece cosa legale. Se li mettono ora – stato d'assedio e tribunale militare che sono un arbitrio – ti puoi immaginare…[16]

L'anno successivo, il 28 dicembre 1899, viene fondata l'Unione femminile, l'associazione per la quale Ersilia Bronzini avrebbe profuso ogni energia, assieme ad alcune istituzioni che dall'Unione presero origine. Giuseppe Mentessi, nuovamente a fianco dell'amica, è tra i promotori della nuova impresa. Con Ersilia si contano altre dieci giovani donne – molte delle quali già impegnate nell'Associazione generale delle operaie, in opere assistenziali e sociali e in campo intellettuale – e tre uomini, Giuseppe Mentessi appunto, Umano (pseudonimo di Gaetano Meale), giurista e filosofo, e il banchiere Alberto Vonwiller, vedovo di Edwige Gessner, grande amica di Ersilia, scomparsa prematuramente.[17]

L'adesione del pittore non fu solo formale, dal momento che il suo impegno fattivo per l'Unione fu costante e duraturo, come vedremo in seguito, per la sua presenza soprattutto nelle iniziative a favore dell'educazione delle giovanissime. Più direttamente Mentessi si occupava anche delle banali questioni amministrative: le schede di registrazione dei nuovi iscritti

16. Lettera di Ersilia Majno a Giuseppe Mentessi, 16 novembre 1898, AUFN, Giuseppe Mentessi, Corrispondenza Majno-Bronzini, b. 1, fasc. 1.

17. Per l'elenco dei membri del comitato promotore dell'Unione femminile cfr. Stefania Bartoloni, *L'Unione femminile tra politica, memoria e fondi archivistici. Introduzione* in *Attraversando il tempo. Centoventi anni dell'Unione femminile nazionale (1899-2019)*, a cura di Stefania Bartoloni, Roma, Viella, 2019, p. 10 nota 1.

all'Unione o del versamento periodico delle quote portano frequentemente la sua firma, almeno tra il 1905 e il 1910.[18] La corrispondenza tra Mentessi ed Ersilia racconta di frequenti contatti tra il pittore e le unioniste per organizzare incontri, raccolte di fondi, conferenze, sbrigare incombenze di ogni genere. Nel maggio 1900 accompagnò persino Nina Rignano Sullam[19] a visitare un appartamento in via S. Antonio, non lontano dalla sede della Associazione Generale delle operaie, che entrambi giudicarono adatto alla sede dell'Unione femminile.[20] Da ultimo, ma certo non in ordine di importanza, va ricordato che fu l'artista a creare il simbolo distintivo dell'Unione femminile, il "logo" ancora oggi in uso e che i suoi disegni, dedicati ai temi femminili, e le riproduzioni di alcune sue opere furono pubblicati sul periodico dell'associazione – il mensile «Unione femminile» – e stampati su cartoline per la raccolta di contributi. Per esempio, la controcopertina del numero 7-8 dell'aprile 1902, il cui frontespizio è ornato da una fronda d'edera disegnata da Mentessi, riporta:

> Alle nostre abbonate. Per diffondere la conoscenza delle opere dei migliori artisti moderni, specialmente di quelli che dividono i nostri ideali e vogliono che l'arte concorra all'opera di elevazione e rigenerazione sociale, il nostro periodico pubblica delle cartoline artistiche. La prima serie di 9 cartoline riproduce in fotoincisione quadri di G. Mentessi: *Trittico Gloria – Visione – Orfane – Madre con bambino, ecc.* e le nostre abbonate potranno acquistare tutta la serie, mandando cartolina vaglia di L. 1.50 all'Amministrazione dell'Unione femminile.[21]

Il legame con la famiglia Majno, l'Unione e le istituzioni a essa legate, non si interruppe dopo la morte di Luigi[22] avvenuta il 9 gennaio del 1915.

18. AUFN, Unione femminile nazionale, Archivio storico, Libro Soci 1905-1948. Si tratta del primo registro soci conservato.

19. Costanza, detta Nina, Sullam in Rignano (1871-1945) protagonista della scena assistenziale, politica e dell'emancipazionismo femminile, fu tra le fondatrici dell'Unione femminile e una delle più attive collaboratrici. Una scheda biografica in *Dizionario biografico delle donne lombarde, 1568-1968*, a cura di Rachele Farina, Milano, Baldini e Castoldi, 1995, pp. 1048-1050.

20. Lettera di Giuseppe Mentessi a Ersilia Majno, 25 maggio 1900, AUFN, Famiglia Majno, b. 25.

21. Copia digitale del numero della rivista è disponibile all'indirizzo https://archive.org/details/uf-1902-7-8-aprile/page/.

22. La copertina del volumetto di poesie dedicato a Luigi Majno, *In memoria. Versi di Giovanni Bertacchi*, Milano, 1915, era stata realizzata da Giuseppe Mentessi e il disegno fu utilizzato anche per la copertina del piccolo *Almanacco del soldato. Versi di Giovanni*

La vicinanza affettiva e intellettuale dell'artista si strinse ancora di più con Ersilia e con la giovane coppia formata dal figlio Edoardo ed Elda Bernstein, le cui nozze furono celebrate nel 1915, nonostante il pittore fosse spesso assente da Milano per motivi di salute e di lavoro dalla fine degli anni Dieci del Novecento. Alla ricerca di un clima migliore per le sue precarie condizioni fisiche soggiornò a lungo a Roma, in particolare durante la Prima guerra mondiale. Anche se lontano, non mancò mai di informarsi sulle vicende milanesi e di partecipare a ogni iniziativa, raccolta fondi e aiuti in favore di profughi, mutilati, militari, sempre in apprensione per i suoi giovani allievi di Brera chiamati alle armi.

1. *Mentessi e le "piscinine"*

La Scuola di disegno professionale per le piccole lavoratrici venne istituita nel 1903, a lato della fondazione della società "La Fraterna", destinata al sostegno e allo svago delle "piscinine", le giovani apprendiste sarte e modiste, protagoniste nel 1902 di uno sciopero singolare, che ebbe vasta eco sui giornali dell'epoca.[23]

Il 23 giugno 1902 le vie del centro di Milano furono invase dalla rumorosa manifestazione di protesta delle giovanissime operaie tra i nove e i dodici anni, apprendiste di grandi e piccole sartorie e atelier di moda, stanche di essere sottopagate e sfruttate dai datori di lavoro. La richiesta delle giovani lavoratrici, clamorosamente portata per le strade cittadine anche con metodi piuttosto rudi verso le "crumire", prevedeva una giornata lavorativa di 10 ore, con un'ora di intervallo per il pranzo, un minimo di paga di 50 centesimi al giorno e il lavoro festivo retribuito. A queste pro-

Bertacchi - Diario storico, Milano, 1916. Alcune copie sono conservate in AUFN, Giuseppe Mentessi, Lavori, b. 2, fasc. 8. Di Mentessi è anche il ritratto della cartolina commemorativa di Luigi Majno, stampata per la raccolta fondi pro Asilo Mariuccia.

23. Sulla vicenda delle "piscinine" si vedano le cronache dell'epoca dei quotidiani «Corriere della sera», 24 giugno 1902 e «Avanti!», 25 giugno 1902; per un panorama generale sulle lotte operaie femminili del periodo, cfr. Fiorella Imprenti, *Operaie e socialismo. Milano, le leghe femminili, la camera del Lavoro (1891-1918)*, Milano, FrancoAngeli, 2000. Si rimanda inoltre al podcast, realizzato a cura dell'Unione femminile nel 2020 nell'ambito della manifestazione nazionale *Archivissima*, e ascoltabile al link https://www.archivissima.it/2020/eventi/186-voeurem-50-ghei-al-di-lo-sciopero-del-1902-delle-piscinine-e-la-societa-di-mutuo-soccorso-la-fraterna.

poste economiche si aggiungeva la rivendicazione del miglioramento delle condizioni del lavoro fisico a cui erano sottoposte – trasporto di colli (i cosiddetti scatoloni) di peso non superiore ai 4 kg per le bambine fino ai 9 anni e 10 kg per le piccole sino ai 12. Chiedevano inoltre di essere esentate dal lavoro domestico a cui erano spesso obbligate.

La condizione di sfruttamento di queste piccole lavoratrici, costrette a volte a frequentare persone e luoghi equivoci non consoni alla loro età, fu considerata con attenzione dall'Unione femminile, che aveva tra i suoi scopi precipui la tutela dell'infanzia. Accolte nella sede dell'Unione, le "piscinine" trovarono così valide interlocutrici, pronte a sostenere le loro ragioni, a provvedere per molte di loro un collocamento adeguato e a considerare sviluppi futuri della loro azione. Dopo il successo delle rivendicazioni sindacali, l'Unione femminile promosse infatti una piccola Società tra le giovani operaie "La Fraterna", nata il 6 novembre del 1902, e un Ricreatorio-scuola con corsi domenicali, momenti di ricreazione e biblioteca, aperto dal marzo 1903, in alcuni locali della Scuola Tecnica Piatti offerti dal Comune di Milano.[24] Ai corsi di preparazione elementare, economia domestica, pronto soccorso ecc., che furono aperti alcuni anni dopo anche a ragazze più grandi e alle donne adulte, si aggiunse un corso di disegno professionale, istituito su proposta di Giuseppe Mentessi. L'apertura ufficiale della scuola di disegno data al 1904, ma il pittore si impegnò alla definizione dell'impianto del corso, dedicandosi in prima persona all'insegnamento fin dall'anno precedente. Significative della sua dedizione all'istruzione delle giovanissime alunne sono queste poche righe, scritte con grafia e grammatica incerte da una allieva:

> Gentillissimo signor Mentessi, siamo molto contenti di imparare il disegno. Quanta riconoscenza dobbiamo verso di lei. Che si sfiata molto per noi, farci imparare con pazienza e precisione. La salutiamo affetuosamente sue scolare e mi sottoscrivo Castiglioni Giuseppina.[25]

La presenza e l'opera dell'artista non riguardavano esclusivamente il corso di disegno. Il 23 gennaio del 1904 Mentessi viene chiamato dal Con-

24. AUFN, Famiglia Majno, b. 49, fasc. 1/B, Estratto dal verbale del Consiglio dell'Unione femminile, 20 dicembre 1903. La scrittrice e poetessa Lina Schwarz si occupò a lungo della biblioteca a partire dal 1907. Un recente profilo della Schwarz è consultabile al link http://viteattraverso.milanoattraverso.it/schwarz/.

25. AUFN, Giuseppe Mentessi, Insegnamento, b. 1, fasc. 3, biglietto di ringraziamento, 27 dicembre 1903.

siglio dell'Unione femminile a far parte della neonata Commissione Direttiva della Società delle Piscinine assieme alle signore Sala, Delia Boschetti e alla professoressa Pellegrini. Alla Commissione sarebbero stati affidati il buon andamento della "Fraterna", la sua promozione e la raccolta di tutte le osservazioni e dei suggerimenti utili «al progresso morale e intellettuale delle piccole socie».

Il plauso delle unioniste andava alla disinteressata abnegazione del pittore che aveva permesso la creazione della scuola di disegno sviluppando non solo il senso artistico delle piccole operaie, fornendo loro un prezioso strumento per il loro futuro professionale e legandole ancor più strettamente alla Società. Per convincere un Mentessi forse restio ad accettare un nuovo impegnativo incarico, il Consiglio faceva leva direttamente sulla sensibilità dell'uomo al quale poco pesavano i sacrifici quando si trattava di soccorrere «tante creature che furono fin'ora neglette e che pur portano in loro germi di sì buona qualità d'ingegno e di cuore».[26] Conscia del carico a cui aveva sottoposto il professore, alla fine del 1904 l'Unione, pregandolo di mantenere la direzione della Scuola di disegno, decise di affiancargli nella conduzione del corso una Commissione composta dai pittori Emilio Longoni e Pietro Chiesa e dalle sue socie Ersilia Majno, Antonietta Rizzi Pisa ed Elisa Boschetti.[27] Il lusinghiero successo della Scuola di disegno professionale per piccole lavoratrici è testimoniata dal conseguimento del diploma d'onore e medaglia d'oro alla mostra didattica tenutasi nell'ambito della Esposizione Internazionale di Milano del 1906.[28]

2. *Il metodo Mentessi*

Certo è che, anche con l'aiuto di colleghi e collaboratrici, il motore, l'artefice principale della scuola fu senza dubbio Giuseppe Mentessi. Nei primi anni di attività del corso il pittore mise anzi a punto un metodo di insegnamento semplice e diretto, che incontrò presto il favore di altre istituzioni e fu applicato in diversi corsi professionali.

26. Ivi, Insegnamento, b. 3, fasc. 1, Comunicazione del Consiglio a Mentessi, 23 gennaio 1904.

27. Ivi, Insegnamento, b. 4, fasc. 2, Comunicazione dell'Unione femminile a Giuseppe Mentessi, 9 dicembre 1904.

28. *Ibidem*.

Già nell'agosto del 1904 il pittore progettava di scrivere un manualetto di disegno per bambini che intendeva pubblicare presto, sperando che il sistema fosse riconosciuto come buono. Scrive infatti a Ersilia il 15 agosto:

> anche per quello che abbiamo potuto ricavare quest'anno dalla scuola delle Piscinine malgrado le sfavorevoli condizioni d'ambiente. Certo è stato un risultato incoraggiante e noi faremo bene se lo faremo presto conoscere insieme al metodo che lo ha prodotto. Ho già ordinato una carta speciale che fra qualche giorno sarà pronta e che dovrà servire per la riproduzione dei disegni. [29]

Solo nel 1911 però, il volume *Insegnamento razionale dei primi elementi del disegno con esempi di applicazione professionale*, per le edizioni Dante Alighieri, a firma di Giuseppe Mentessi, con prefazione di Ersilia Bronzini Majno, fu dato alle stampe.[30] Nelle pagine del manuale l'artista racconta il metodo elaborato per far fronte alle esigenze delle piccole allieve: praticità, essenzialità, semplicità, adatte alle giovani che sacrificavano allo studio due ore del loro unico giorno di libertà. Il corso, spiega il professore, è articolato in due parti. Nella prima le allieve si esercitano nel disegno a mano libera di elementi geometrici: linee rette e curve, figure piane unite tra loro in modo ornamentale e combinate con foglie e rami fioriti sempre piani. La seconda parte comprende lo studio del disegno dal vero a mano libera della forma dei solidi e degli oggetti d'uso domestico, di fiori, farfalle, conchiglie con applicazioni decorative. Una particolare attenzione è rivolta ai motivi ornamentali, in considerazione dell'utilità pratica del corso e l'applicazione immediata alla professione delle apprendiste modiste.

Mentessi richiama l'importanza dell'osservazione attenta degli elementi naturali, soprattutto per i giovanissimi e per i bambini, la cui attenzione andrebbe stimolata con proiezioni luminose e ingrandimenti fotografici.[31] Altrettanto importante è per il pittore l'esercizio del disegno a mano

29. Lettera di Giuseppe Mentessi a Ersilia Majno, 15 agosto 1904, AUFN, Famiglia Majno, b. 25.

30. L'opera è dedicata alla memoria della madre del pittore, Teresa Bentini Mentessi, morta nel 1910.

31. L'esperienza diretta di insegnamento del pittore ai bambini risaliva a primi anni Novanta dell'Ottocento. Tra gli allievi i piccoli Visconti Venosta e Carlotta Majno. Si veda per esempio cosa scrive Carlotta Majno al suo insegnante: «22 luglio 1894 – Egregio signore, ho ricevuto l'assetta e i colori e lo ringrazio della sua premura. Mi ricorderò sempre con un sentimento di viva riconoscenza, che è stato lei a procurarmi il necessario per i primi elementi

libera, inizialmente guidato da una griglia, per consentire alla mano di acquisire sicurezza, partendo dalla figura fondamentale del quadrato a cui fare riferimento per tutte le successive costruzioni. Il rammarico dell'artista è di non aver potuto sviluppare nella Scuola delle Piscinine tutte le potenzialità del metodo, per la poca disponibilità del tempo delle giovani allieve. Il pittore è fermamente convinto che nei corsi di disegno dove gli studenti abbiano la possibilità di esercitarsi tutto il giorno i progressi sarebbero rapidi e si conseguirebbero splendidi risultati. L'osservazione diretta della natura vince il confronto con le copie di interminabili stampe, fotografie, riproduzioni di gesso che sono impartite in molte scuole d'arte. Il metodo è completato dalle istruzioni per la costruzione di un apparecchio ideato appositamente da Mentessi, costituito da una cartella a piani reticolati per aiutare l'osservazione dal vero e lo studio delle forme da parte dello studente, anche in spazi molto ridotti. Il volume include numerose illustrazioni del materiale didattico e delle realizzazioni delle allieve. L'opera fu oggetto di numerose recensioni da parte di colleghi artisti, come Pietro Chiesa, ma raccolse consensi anche su quotidiani nazionali, periodici letterari e di ambiente didattico.[32]

Quanto l'artista tenesse all'autonomia creativa dei giovani allievi, è testimoniato dalla ruvida risposta inviata a Lina Schwarz, che chiedeva l'adesione della "Fraterna" e quella personale del pittore a un'esposizione di lavori della Commissione per la diffusione dell'arte nelle scuole, di cui la poetessa faceva parte. Scrive Mentessi:

> Gentilissima signorina, ho ricevuto la sua lettera e francamente le devo dire che alla bontà in massima dell'idea, già altrove felicemente attuata, non corrisponde il mezzo ivi indicato per il suo svolgimento. Tra l'altro si propongono per i bambini sterili esercizi di riempimento a colori di contorni stampati. Nelle linee generali, invece di raccogliere il ricco materiale variamente artistico, che si può avere da cento parti, si propone di immobilizzare ogni azione

del disegno. Tanti affettuosi saluti a lei e alla sua mamma dalla sua piccola amica Carlotta Majno». AUFN, Giuseppe Mentessi, Corrispondenza Majno-Bronzini, b. 1, fasc. 1.

32. Citiamo, tra gli altri, Pietro Chiesa, *La scuola di disegno delle Piscinine*, in «La Lettura. Rivista mensile del Corriere della Sera», XII, 6 (1912), pp. 524-532; Pietro Chiesa, *Contro il convenzionalismo*, in «La Vita», 23 dicembre 1911; Mrs. El (Laura Orvieto), *Il maestro delle "piscinine" e il suo metodo*, in «Il marzocco», XVI, 52 (1911); Luigi Vicini, *Il libro di un pittore*, in «Cordelia. Giornale settimanale per signorine», XXXI, 50 (1912); C.L.V., *Insegnamento razionale dei primi elementi del disegno*, in «Vita Magistrale. Bollettino dell'Associazione Magistrale Milanese e della Federazione Provinciale», III, 2 (1912).

nell'opera necessariamente uniforme di un solo artista. Non posso dare perciò la chiestami adesione. La saluto distintamente.[33]

Il "metodo Mentessi" fu comunque alla base dell'impianto di diversi altri corsi di disegno professionale. Se già il pittore aveva collaborato nel 1903 alla preparazione del programma delle scuole di disegno dell'Umanitaria,[34] analoga esperienza fu affrontata dall'artista in Svizzera, come membro della Commissione consultiva e di vigilanza sulle scuole di disegno nel Canton Ticino.[35] Finalmente nel 1915 fu chiamato dal Consorzio istituito dalla Provincia e dalla Camera di commercio di Milano e dalla Società Umanitaria, insieme all'architetto Angelo Cattaneo e all'amico pittore Pietro Chiesa, a studiare le scuole di disegno professionale di tutto il distretto milanese. Il risultato di quella ricognizione fu la pubblicazione di una guida illustrata per l'insegnamento del disegno, adottata in tutti i corsi.[36] Con i necessari adattamenti ad allievi adulti il metodo fu applicato anche alla scuola di disegno per mutilati, aperta per iniziativa di Mentessi nel 1916, per la quale si rimanda al saggio di Valter Rosa in questo volume.

3. *Gli sviluppi della Scuola di disegno professionale per piccole lavoratrici*

Già per l'anno scolastico 1903-04, l'aumentato numero delle iscritte costrinse al trasferimento di Scuola e Ricreatorio nelle aule della scuola elementare femminile di via Palermo, offerte dal Comune; a dicembre 1904 si impose la necessità di una sede separata della scuola, che fu trovata in locali in affitto in via Monte di Pietà 9. Mentessi, forte della sua attività pluriennale di insegnante nei corsi di prospettiva, ottenne in uso gratuito dall'Accademia di Brera banchi e suppellettili e, con la generosa offerta di una benefattrice, si

33. Le lettere di richiesta di Lina Schwarz e la risposta di Mentessi sono conservati in AUFN, Famiglia Majno, b. 49, fasc. 1/b. Lettera di G. Mentessi, Milano, 7 giugno 1911.

34. Giuseppe Mentessi, *Programma per l'insegnamento del disegno elementare nelle scuole serali maschili e festive femminili: (Società Umanitaria)*, Milano 1903.

35. Giuseppe Mentessi e Edoardo Berta, *Relazione alla Commissione Cantonale delle scuole di disegno del Canton Ticino, 1905/1908*, Milano 1910.

36. Giuseppe Mentessi, Pietro Chiesa e Angelo Cattaneo, *Relazione e programmi per l'insegnamento del disegno nelle scuole professionali e operaie. Redatto per il Consorzio per le scuole professionali di disegno del forese fra la Provincia, la Camera di Commercio e Industria e la Società Umanitaria di Milano*, Milano, Tip. Allegretti, s.d. [1920].

acquistò una macchina per proiezioni necessaria alla completa applicazione del metodo di insegnamento.[37] Accanto al pittore quattro sue allieve, Ferrario, Vescovi, Josz, e Tosato, si occupavano delle lezioni. Nel 1906 si contarono un centinaio di iscritte alla "Fraterna", delle quali una settantina ai corsi di disegno. In una relazione sull'attività della scuola, presentata nel 1906, si riconoscevano l'impegno e l'opera fondamentale dell'artista:

> Al pittore Mentessi grande vero artista, ma ancor più pedagogista di intuito singolarissimo che sa trovare mezzi vari efficaci e originali per far penetrare nelle menti più incolte il senso del bello, si deve principalmente se la scuola è oggi tale da meritare l'appoggio e l'incoraggiamento di quanti amano le opere positive pratiche di educazione e di assistenza all'infanzia.[38]

A partire dal 1904 si realizzò annualmente una mostra espositiva dei lavori delle allieve, corredata dal 1906 anche da esempi di applicazione pratica per decorazioni di oggetti, stoffe, ceramiche, biancheria, finalizzata anche all'acquisizione di commissioni e allo sviluppo della scuola in senso ampiamente professionale e pratico. Accanto allo sviluppo didattico, la direzione della scuola, affidata in continuità a Giuseppe Mentessi, si preoccupò di renderla autonoma dal punto di vista finanziario, anche perché dal 1905 Scuola e "Fraterna" si trasferirono nella nuova sede dell'Unione femminile, alla quale pagavano regolare affitto.[39] Il 27 luglio 1904, Mentessi, Adele Riva[40] ed Elisa Boschetti,[41] in rappresentanza dell'Unione femminile, avevano infatti partecipato a un incontro presso la Società Umanitaria nel quale si era discusso del futuro dell'insegnamento professionale femminile:

> Il professor Saldini parlò molto bene intorno a tutto quello che si è potuto fare finora a Milano per l'insegnamento professionale femminile. Ebbe per l'Unione femminile e per l'opera sua parole sincere di ammirazione. Dimostrò la sua personale simpatia per queste istituzioni e come l'Umanitaria sia

37. *Scuola di disegno professionale per piccole lavoratrici*, Milano, 1906. Una copia in AUFN, Famiglia Majno, b. 49, fasc. 1/b.

38. Ivi, p. 14.

39. Rispettivamente 200 lire annue la "Fraterna" e 700 la Scuola. AUFN, Famiglia Majno, b. 49, fasc. 1/B, Estratto dal verbale del Consiglio dell'Unione femminile, 21 novembre 1905.

40. Adele Riva (1863-1932), insegnante elementare, fu tra le fondatrici dell'Unione. Cfr. Gaballo, *Il nostro dovere*, p. 48.

41. Per Elisa Boschetti (1869-1955) si veda la scheda a lei dedicata in *Dizionario biografico delle donne lombarde*, pp. 199-201.

favorevolmente disposta ad appoggiare e ad aiutare con sussidi la scuola che ha istituito nel suo seno per le piscinine.[42]

L'impianto e l'operato della scuola incontrarono il favore anche degli altri rappresentanti dell'Umanitaria, di Linda Malnati e Carlotta Clerici.[43] Tutti i presenti concordarono sulla opportunità di sussidiare sia la scuola dell'Unione che le scuole operaie femminili di Rebecca Calderini,[44] allargando l'insegnamento del disegno alle scuole elementari comunali, auspicando la costruzione di nuove strutture a padiglione più ampie e accoglienti per le scuole, utilizzandole, nelle ore serali, anche per le scuole operaie maschili, e ad altri corsi di istruzione gestiti dall'Umanitaria.[45] Il contributo dell'Umanitaria andò così ad aggiungersi a quelli già stanziati dalla Cassa di Risparmio e dal Comune, Enti sostenitori di un ambizioso corso articolato in tre fasi:

> I disegno geometrico a mano libera. Disposizione ornamentale delle principali figure geometriche semplici composizioni ornamentali applicabili alla decorazione di tessuti e abiti femminili; II Studio di foglie naturali di fiori combinazioni loro con figure geometriche ornamentali, applicazioni come sopra; III studio del rilievo foglie fiori farfalle coleotteri ecc., armonie di colori, applicazioni come sopra.[46]

Tra il 1904 e il 1909 l'afflusso delle iscritte fu costante, oscillando tra le 60 e le 70 allieve. Nel 1910 si contarono solo 25 iscritte e dall'anno seguente la scuola fu aperta anche alle adulte. L'uscita del volume di Mentessi, *Insegnamento razionale*, rinnovò l'interesse sulla scuola, anche se non è possibile dare conto della effettiva consistenza dei corsi, per la distruzione della documentazione durante gli eventi bellici del 1943.

42. AUFN, Famiglia Majno, b. 25, Lettera di Giuseppe Mentessi a Ersilia Majno, 27 luglio 1904. Cesare Saldini (1848-1922), ingegnere, fece parte del Consiglio direttivo dell'Umanitaria in rappresentanza del Consiglio Comunale.

43. Linda Malnati (1855-1921) e Carlotta Clerici (1851-1924), insegnanti elementari, furono entrambe assiduamente impegnate in campo educativo, politico e sociale, orientando la loro attività per la tutela di donne e bambini. Per notizie biografiche sulla Malnati si rimanda a *Dizionario biografico delle donne lombarde,* pp. 676-679; per Carlotta Clerici, ivi, pp. 314-315.

44. Rebecca Berettini Calderini (1847-1926), già legata alle scuole operaie di Laura Solera Mantegazza, fondò nel 1895 le Scuole preparatorie femminili, orientate alla formazione professionale delle giovani donne, soprattutto modiste, magliaie, sarte. Informazioni biografiche in *Dizionario biografico delle donne lombarde*, pp. 138-140.

45. Lettera di Mentessi a Ersilia Majno, 27 luglio 1904, AUFN, Famiglia Majno, b. 25.

46. Tabella informativa sulla Scuola professionale di disegno per piccole lavoratrici, s.d. ma post 1906, AUFN, Famiglia Majno, b. 49.

Lo scoppio della Prima guerra mondiale favorì sicuramente il progressivo diradamento dell'insegnamento, unito all'assenza da Milano per lunghi periodi del direttore Mentessi, che risiedette a lungo a Roma e aveva ormai lasciato a sue allieve il compito di seguire le classi. Pietro Chiesa, che nel 1914 faceva ancora parte del Consiglio della "Fraterna", scrive a Mentessi il 9 dicembre del 1914:

> Ci siamo anche riuniti all'Unione femminile e tutti fummo d'accordo di riaprire la scuola delle Piscinine. Pare che si possa contare su di un discreto numero di inscritte, più le bambine dell'Asilo.[47]

Tre relazioni dattiloscritte sull'attività della "Fraterna" per gli anni 1915-1916, 1917-1918 e 1918-1919, attestano un costante diradamento della presenza delle iscritte alle attività dell'associazione e un calo delle nuove iscritte.[48] Le cause individuate dalle autrici delle relazioni sono molteplici: la guerra, l'epidemia di spagnola, le difficoltà delle famiglie che preferiscono utilizzare l'aiuto domestico delle figlie, la concorrenza degli oratori; non ultima la progressiva scomparsa della figura della classica "piscinina", a metà tra la "servetta tuttofare" e l'apprendista, certo non rimpianta dalle unioniste. La concessione di alcuni locali della scuola di disegno e del ricreatorio alla Casa Materna per i figli dei richiamati – aperta nel 1915 – e il conseguente trasferimento nella sede della scuola femminile comunale dei Bastioni di Porta Nuova, provocò serie limitazioni ai corsi e ai momenti di intrattenimento. Anche il gruppo delle storiche educatrici e maestre della "Fraterna" decide di dedicare il proprio impegno ad altre attività.[49] L'ultima informazione sulla scuola di disegno viene da una annotazione dei verbali dell'Asilo Mariuccia, che il primo luglio 1920 riportano:

> La Scuola di disegno professionale delle piccole lavoratrici fondata dal pittore G. Mentessi, cessando di funzionare, dona tutto il suo materiale all'Asilo, dove la scuola continuerà per le bambine.[50]

47. Lettere di Pietro Chiesa a Giuseppe Mentessi, 9 dicembre 1914 AUFN, Giuseppe Mentessi, Corrispondenza, b. 2, fasc. 24. Il Consiglio della "Fraterna" nel 1914 è composto da Ersilia Majno, Enrica Donati, Gina Sacerdoti, Giuseppina Torri, Giuseppe Mentessi, Pietro Chiesa. AUFN, Unione femminile nazionale, Archivio storico, Verbali 1913-1917.

48. Le relazioni sono conservate in AUFN, Unione femminile nazionale, Archivio storico, b. 9 fasc. 61. La relazione del 1915-16 è firmata da Ines ed Ester Righetto; le altre due sono di Ersilia Majno.

49. *Ibidem*.

50. Archivio Asilo Mariuccia (AAM), Consiglio di Amministrazione, Libro deliberazioni, 1920-1931.

4. *Mentessi e l'asilo Mariuccia*

Se l'intervento di Mentessi per la Scuola delle "piscinine" rispondeva a precisi intenti didattici e progettuali, la sua presenza nelle vicende dell'Asilo Mariuccia ha caratteristiche soprattutto affettive e sentimentali, pur non trascurando il suo attento e attivo interesse per l'infanzia in difficoltà. Il pittore non ebbe infatti cariche direttive o amministrative nella conduzione dell'Asilo, se si esclude la sua presenza tra i cinquanta componenti del Comitato permanente che si riuniva due volte l'anno, a settembre per la discussione del preventivo e a maggio per la ratifica del consuntivo.[51]

Il legame è soprattutto quello con la famiglia Majno, in particolare con Ersilia e i figli Carlotta, Edoardo e Maria. Maria Majno, la vivacissima piccola di famiglia, morirà di difterite a 13 anni il 14 giugno 1901; rimarrà per la madre e Mentessi "la cara stellina", ricordata ogni volta nel loro fittissimo scambio epistolare. A Mariuccia verrà intitolato l'Asilo, il proverbiale ricovero ancora oggi citato, forse a sproposito, da molti milanesi.[52] Come ricorda Annarita Buttafuoco nel suo fondamentale libro sulla storia dell'istituzione,[53] attorno alla figura di questa bambina si creò una sorta di leggenda che la vedeva come precocissima santa laica, impegnata nel riscatto di tante sue coetanee sfortunate.[54] Maria fu sicuramente una bimba intelligente, vivace, volitiva, curiosa e aperta al mondo, come attestano alcune lettere da lei scritte ai fratelli[55] e come la descriveva la madre ben prima della sua scomparsa:

51. AAM, Consiglio di Amministrazione, Libro deliberazioni, Seduta del 22 giugno 1908. Il comitato permanente fu previsto nel nuovo Statuto dell'Asilo realizzato nel 1908. Composto dagli aderenti, cioè da coloro che avevano economicamente contribuito al sostegno dell'Opera, imponeva la presenza di almeno il 50% di donne tra i suoi membri.

52. Il modo di dire "Non siamo all'Asilo Mariuccia", viene attualmente usato in Lombardia e in special modo a Milano per sottolineare un discorso o un comportamento puerile tra adulti. La Fondazione Asilo Mariuccia si occupa ancora oggi di sostenere mamme con bambini e minori in difficoltà.

53. Annarita Buttafuoco, *Le Mariuccine. Storia di una istituzione laica l'Asilo Mariuccia*, Milano, FrancoAngeli, 1998, seconda edizione.

54. Ivi, p. 34, n. 18.

55. Si veda per esempio il vivace resoconto di una visita in campagna, in cui Maria, poco prima di compiere i dieci anni, accompagnava la madre per un comizio, inviato al fratello Edoardo: «26 luglio 1897 Milano. Caro Dino, se tu avessi visto com'era preparato bene! Il balcone era coperto da un tappeto verde la sala era tutta ghirlande e a fiori, c'era l'illuminazione. La mamma disse alle donne e alle ragazze di venire di sopra, domandò loro quante ore lavoravano nella filanda, esse risposero che lavoravano 12 ore al giorno con l'acqua fino

> Sono interrotta dai miei bimbi che chiamano mamma come se avessero il fuoco alle calcagne. La Mariuccia ne ha fatto una delle sue e il Dino protesta. Le assicuro Mentessi che la Mariuccia mi dà proprio da pensare sul serio. Con me ha un contegno corretto, ma fuori dai miei occhi è una vera birichina e di che specie. Oramai le vacanze sono finite e mi domando come si abituerà alla scuola, il mio uccel di bosco.[56]

L'intento di fondare un Asilo dedicato al recupero e al sostegno delle giovani ragazze, quasi bambine, già avviate alla prostituzione o in pericolo di entrare in quell'ambiente, nasce all'interno della sezione milanese del Comitato contro la tratta delle bianche, fondato ufficialmente il 16 dicembre 1901.[57] Molti dei componenti del Comitato gravitavano nell'ambito dell'Unione femminile: Ersilia Majno, Nina Rignano Sullam, presidentessa e vice dell'Unione su tutti, che seppero orientare in senso emancipazionista la linea di azione del Comitato, individuando nella prostituzione una conseguenza dell'oppressione sociale nei confronti delle donne.[58] Il progetto di un rifugio dove accogliere senza particolari formalità le ragazze vittime di sfruttamento sessuale fu attuato alla fine del 1902, quando il presidente del Comitato, il medico Camillo Broglio, mise a disposizione una villetta di sua proprietà in viale Monterosa a Milano, affittata a prezzo simbolico, mentre una generosa donazione di Nina Rignano Sullam consentì di avviarne l'attività. Fu la Sullam a chiedere espressamente, al momento della elargizione, che l'Asilo portasse il nome della piccola Mariuccia Majno.[59] L'intitolazione fu sicuramente un segno di affezione particolare

al collo guadagnando 50 centesimi al giorno. Le operaie le diedero dei bellissimi fiori. Appena ebbero finito andammo a Groppello a piedi poi prendemmo una carrozza e andammo a Cassano seguiti da migliaia e migliaia di contadini, a Cassano prendemmo una carrozza e andammo a Treviglio ove pranzammo e ove partimmo per Milano. La mamma ha promesso ai contadini di andare nel mese di settembre e loro gridarono Viva l'Ersilia! Viva la madre dei poveri! Viva l'unione! Viva la fratellanza! Viva Gallavresi! Hai già cominciato a fare i bagni? come sta la signora Ester? E la Maria? E tu? Noi stiamo bene. Saluta tutti e ricevi un bacio dalla tua affezionatissima Maria». AUFN, Famiglia Majno, Corrispondenza Edoardo Majno.

56. Lettera di Ersilia Majno a Mentessi, 29 settembre 1986, AUFN, Giuseppe Mentessi, Corrispondenza Majno-Bronzini, b. 1, fasc. 1.

57. Sulla storia del Comitato per la tratta delle bianche si rimanda a Laura Schettini, *Il Comitato italiano contro la tratta: impegno locale e reti internazionali*, in *Attraversando il tempo*, pp. 37-60.

58. Per l'elenco dei membri del Comitato e le vicende che portarono alla creazione dell'Asilo si rimanda a Buttafuoco, *Le Mariuccine*, pp. 28-33.

59. Ivi, p. 34.

dell'unionista verso l'adolescente; allo stesso tempo si riservò un gesto di attenzione e cura verso Ersilia. La Majno, sconvolta dal dolore della perdita, progettava infatti di abbandonare ogni attività politica e sociale. La piena realizzazione e lo sviluppo dell'Asilo, invece, la coinvolsero in seguito totalmente, tanto da assorbirne ogni energia e divenendo una delle sue principali ragioni di vita.

All'inaugurazione dell'Asilo, il 12 dicembre 1902, Ersilia non fu presente, ufficialmente trattenuta a Roma con i figli. Assistette invece "il buon Mentessi", che si era prodigato per lei e per tutta la famiglia nelle settimane immediatamente seguenti alla morte di Maria per ripulire e "rinfrescare" la casa di Milano dei Majno, sotto precise istruzioni di Ersilia, che voleva scacciare da quegli ambienti dolorosi ricordi,[60] pur conservando memoria della figlia scomparsa. È il pittore l'autore del ritratto e delle decorazioni del ricordo funebre di Mariuccia, così come è l'artefice di quella sorta di altare laico posto all'ingresso dell'Asilo, immortalato anche in diverse immagini commemorative: un ingrandimento del ritratto fotografico di Mariuccia (il ritratto pittorico è ancora oggi conservato nella sede dell'Asilo) contornato dai rami d'edera tanto cari a Mentessi. Nell'inverno 1902-1903 l'artista faceva la spola tra viale Monterosa e il cimitero, portando rami, fiori, un ricordo, sulla tomba della piccola Majno, spesso accompagnato dalle giovani ricoverate dell'Asilo e dal personale dell'istituto.[61] Di tutto scriveva minuziosamente a Ersilia, che si sarebbe trattenuta lungamente a Roma fino al termine dell'estate del 1903, non trascurando di inviare istruzioni all'amico: «Carissimo Mentessi, ti mando un ciondolino da appendere alla catena vicino al ritratto di Mariuccia…».[62]

Con dedizione il pittore si impegnò, per quanto era nei suoi mezzi, nell'avvio del ricovero di viale Monterosa; disegnò il timbro con le iniziali AM per marcare la biancheria dell'Asilo, pagò il giardiniere per la cura delle piante messe a dimora nelle sale interne e nel giardino, procurò le riproduzioni di alcune teste d'angelo dipinte dall'amico Longoni per una serie di cartoline benefiche per l'Asilo. Per il primo Natale dell'Asilo Mariuccia, pensò a organizzare un pranzo di festa; negli anni successivi

60. Si veda la corrispondenza tra Ersilia e il pittore nel periodo luglio-dicembre 1901. AUFN, Giuseppe Mentessi, Corrispondenza Majno-Bronzini, b. 1, fasc. 2.

61. In quegli anni Mentessi e la madre abitavano in via Correggio, a poca distanza dall'Asilo.

62. Lettera di Ersilia Majno a Giuseppe Mentessi, 23 dicembre 1902, AUFN, Giuseppe Mentessi, Corrispondenza Majno-Bronzini, b. 1, fasc. 2.

si ricordò sempre di provvedere alla tavola imbandita per il Natale delle ospiti con l'omaggio di un tacchino. La sua azione fu sempre mossa dal suo istintivo affetto per l'infanzia e dalla nostalgia per i felici momenti trascorsi con la famiglia Majno: «Non so dirti quali profonde emozioni io provi ogni volta che sono in questo asilo, che mi par santo, pensando alla cara stellina e alle povere bambine che vedo...».[63]

Un mese più tardi, dopo aver incontrato Luigi Majno e alcuni amici comuni a Milano, scriverà all'amica: «Quando tu eri a Milano ci tenevi tutti uniti ed era una gioia ora siamo sbandati e viviamo come gli orsi».[64] Ersilia, del resto, confidava nella solida comunione spirituale e d'intenti con l'artista, anche nei momenti di vero sconforto:

> Tu dici che io sono mutata e lo sono davvero. Io mi chiudo sempre più nella mia famiglia e nel mio lavoro. Il tempo precipita e il voto di Mariuccia non è ancora realizzato come lei intendeva e come io ho capito e letto nei suoi occhi. Ma tu fai parte della mia famiglia. Ricordati il segno della nostra amicizia. L'asilo per le bimbe abbandonate sorge, è lei che ha realizzato il sogno. Ma quanto ci rimane da fare, e lo dobbiamo fare. Tu nella tua arte che non si esplica solo nel quadro, che è amore ardente che si diffonde, che si eleva, che crea animo amante del bello e del bene, io col mio povero lavoro d'un corpo stanco, d'una mente dalla quale non sfugge mai il tormento dei ricordi, d'un cuore che non ha mai trovato pace.[65]

Negli anni seguenti, anche alle "Mariuccine" Mentessi offrì la possibilità di seguire lezioni di disegno secondo il metodo applicato per le "piscinine". I corsi di disegno non facevano parte del programma di istruzione di base stabilito ufficialmente per le ricoverate, ma il pittore impartì sicuramente delle lezioni alle ospiti dell'asilo. Non sono purtroppo stati ritrovati registri specifici per le allieve dei corsi, ma sappiamo che, almeno per i primi anni d'attività dell'Asilo, l'artista si impegnò in prima persona nell'insegnamento,[66] accogliendo le "Mariuccine" nella scuola festiva di disegno professionale della "Fraterna". Quando l'istituto ottenne il riconoscimento di Ente Morale,

63. Lettera di Giuseppe Mentessi a Ersilia Majno, 25 febbraio 1903, AUFN, Famiglia Majno, b. 25.

64. Ivi, lettera del 31 marzo 1903.

65. Lettera di Ersilia Majno a Giuseppe Mentessi, 21 luglio 1904, AUFN, Giuseppe Mentessi, Corrispondenza Majno-Bronzini, b. 1, fasc. 2.

66. In una lettera a Ersilia dell'agosto 1907, Mentessi racconta di essere stato all'Asilo a visitare alcune bambine malate; ricorda la morte della piccola Sala, una bimba che frequentava la sua scuola di disegno, AUFN, Famiglia Majno, b. 25, 22 agosto 1907.

il 6 dicembre 1908, Giuseppe Mentessi realizzò il disegno per la copertina del nuovo Statuto, declinando ancora una volta il tema della maternità.[67] Il legame tra il pittore e l'Asilo fu strettissimo e restò immutabile per tutto il corso della sua esistenza. Ovunque fosse, impegnato a Roma, Assisi, in Canton Ticino, ricordava sempre "le povere bambine" e offriva generosamente il suo impegno artistico ed economico. Non si contano le raccolte di fondi promosse assieme a Ersilia, al figlio Edoardo e sua moglie Elda, la vendita di cartoline con riproduzioni di disegni e stampe realizzate da lui o da altri artisti, quella di sue opere esposte nella sede di via Monterosa, tutto finalizzato a sostenere il buon andamento dell'Asilo. Durante la Prima guerra mondiale fu realizzata, per fare un esempio, una cartolina Pro Asilo Mariuccia-sezione orfane di guerra, che riproduceva il disegno a pastello *Tempo di guerra – Sulla soglia infranta*, presentato nel 1916 alla Esposizione d'Arte degli Alleati alla Permanente.[68] L'asta di alcuni suoi dipinti e disegni donati a beneficio del ricovero, unitamente a quelli di altri colleghi, che si era aperta nel 1921 e conclusa due anni dopo, fruttò oltre 50.000 lire.[69]

Non mancano neppure gli interventi di ristrutturazione e rifacimento dell'edificio. Nel 1916 si impegnò persino a riadattare la cucina dell'istituto, ordinando personalmente le piastrelle alla ditta Richard e conservando con cura progetti, misure e conti.[70] Nel 1930 l'Asilo si ampliò con l'apertura di una nuova ala e la riorganizzazione dei vecchi edifici; nel marzo di quell'anno il Consiglio decise di rivolgersi a Mentessi, autore del motivo pittorico nella parte preesistente, per coordinare la decorazione delle due facciate, la nuova e la vecchia, armonizzandole.[71] Il pittore accettò di buon grado l'incarico e scrisse a Ersilia:

> Alla spesa sarò ben contento poter contribuire un pochino io pure per la decorazione a graffito di questa nuova parte. Ho in animo di dare al caro Asilo sempre

67. Una copia dell'opuscolo con l'estratto dello Statuto del 1908, gentilmente donata dall'Asilo Mariuccia nel 2022, si trova in AUFN, Giuseppe Mentessi, Lavori, b. 3, fasc. 6, Asilo Mariuccia costituito in ente morale con Regio Decreto 6 dicembre 1908, Milano 1909.

68. Una copia della cartolina in AAM, b. Fotografie.

69. AAM, Consiglio di Amministrazione, Libro deliberazioni, 1920-1931; Buttafuoco, *Le Mariuccine*, p. 62.

70. Lettera di Giuseppe Mentessi a Ersilia Majno, Milano, 5 aprile 1916, AUFN, Famiglia Majno, b. 25.

71. AAM, Consiglio di Amministrazione, Libro deliberazioni, 1920-1931, deliberazione 8 marzo 1930.

in memoria della mia povera mamma una piccola somma che di tutto cuore verserò appena sarò a Milano e altri amici concorreranno a sostenere la spesa.[72]

Mentessi non si limitò a consigliare una decorazione, ma preparò personalmente i disegni offrendosi anche di rinnovare il refettorio.[73] Tra luglio e agosto del 1930, attraverso un fitto scambio epistolare con Ersilia, l'artista definisce tempi e modi del suo intervento all'interno e all'esterno dell'edificio. Misura, disegna, corregge, chiede all'amica di rimisurare e corregge di nuovo i dettagli:

> credi [...] che è necessario che io li faccia, non per risparmiare al Mattioni il fastidio di fare gli spolveri, come tu scrivi, ma perché il lavoro riesca a modo mio essendo io che me ne assumo, tanto volentieri e sempre col solito entusiasmo per il caro Asilo, tutta la responsabilità.[74]

Il citato Mattioni fu incaricato della preparazione della base pittorica e Mentessi riservò a sé i particolari decorativi. Per terminare velocemente i lavori all'interno e all'esterno ingaggiò due giovani allievi di Brera, Giuseppe Enrini e Giuseppe Valerio Egger, che collaborarono all'affresco del refettorio. Nell'ottobre 1930 Mentessi e i suoi allievi avevano terminato l'opera e l'artista poté scrivere a Ersilia:

> Stamattina ho ricevuto dall'Asilo una lettera scritta dalla Anna de Paoli a nome di tutte le bambine con la quale mi comunica la loro contentezza per essere entrate nel nuovo refettorio a vedere le pitture decorative eseguite gli scorsi giorni. Una così buona e gentile lettera mi hanno scritto le care figliole che mi ha profondamente commosso. Ti prego mammina carissima di ringraziarle tutte vivamente per me e che presto ritornando a Milano verrò a salutarle e a ringraziarle a voce.[75]

72. AUFN, Famiglia Majno, b. 26, Lettera di Giuseppe Mentessi a Ersilia Majno, Roma, 13 aprile 1930.

73. AUFN, Giuseppe Mentessi, Lavori, b. 3, fasc. 6, «19 giugno 1930 Al pittore Giuseppe Mentessi. La signora Majno ha comunicato al Consiglio l'offerta da Lei fatta, con tanta generosità e bontà, di decorare il nuovo refettorio dell'Asilo. Le Consigliere hanno accolto la proposta con entusiasmo grande ed unanime e desiderano esprimerLe tutta la loro gratitudine per quanto Ella anche in questa occasione vuol fare per l'Asilo. Non poteva davvero in modo più bello venir soddisfatto il desiderio espresso dal Consiglio, che il refettorio dell'Asilo avesse una decorazione novile e vada a Lei, caro amico dell'Opera, il ringraziamento più profondo di noi tutte e i nostri cordiali saluti cordiali. Clara Ferri Vittoria Gabriolo».

74. Lettera di Giuseppe Mentessi a Ersilia Maino, Torno, 29 luglio 1930, AUFN, Famiglia Majno, b. 26.

75. Ivi, lettera di Giuseppe Mentessi a Ersilia Majno, Torno, 12 novembre 1930.

Pochi giorni prima l'artista aveva rinnovato l'offerta di impartire lezioni di disegno alle bambine dell'istituto, proposta che il Consiglio accettava con viva gratitudine, stabilendo che le allieve avrebbero preparato un regalo natalizio per il maestro Mentessi, per ringraziarlo dell'affetto dimostrato e per tutte le sue precedenti attenzioni.[76] L'auspicata scuola di disegno aprì a tutti gli effetti solo dopo la morte del pittore.

All'Asilo Mariuccia egli dedicò, di fatto, uno dei suoi ultimi sforzi artistici. Nel giugno del 1931 il pittore scomparve dopo essere stato ricoverato per alcuni giorni all'Asilo Evangelico per ammalati.[77] La camera ardente fu allestita all'interno dell'Asilo Mariuccia e da lì si mosse il corteo funebre diretto al cimitero monumentale, così come sarebbe avvenuto due anni più tardi per le esequie di Ersilia Majno.

Il 6 febbraio 1932 il Consiglio di amministrazione dell'Asilo deliberò di far eseguire un ritratto del benefattore, incaricando dell'opera il pittore Valerio, il suo allievo che aveva partecipato alla realizzazione dei disegni del refettorio. Nel giugno 1932 si dispose la ripresa presso l'istituto della scuola di disegno, che fu dedicata a Giuseppe Mentessi proprio per onorare il suo impegno educativo di oltre quarant'anni. L'intenzione era di aprirla anche a ragazze non ospitate prima, appartenenti però alle classi più umili alle quali il pittore aveva sempre rivolto tutta la sua attenzione di insegnante. La direzione fu affidata a una commissione composta dai pittori Enrini e Valerio, Adriana Pozzi e Fabiola Piccoli, già allieva di Mentessi, così come Daisy Zaini, che ebbe l'incarico dell'insegnamento. Le lezioni ebbero inizio il 13 gennaio 1932; il corso, con 16 posti disponibili, aveva luogo una volta alla settimana.[78]

76. AAM, Consiglio di Amministrazione, Libro delle deliberazioni, 14 ottobre 1930.

77. L'ospedale venne fondato nel 1875 per iniziativa del pastore Giovanni Davide Turino e di alcune signore appartenenti alla comunità evangelica di Milano, che fu anche oblatrice e sostenitrice dell'Asilo. Nel 1892 l'ospedale fu trasferito in uno stabile appositamente costruito in viale Monte Rosa 12, a poca distanza dall'Asilo Mariuccia. La struttura era aperta a tutti, senza limitazioni confessionali. Il ricovero poteva avere carattere gratuito, semigratuito o a pagamento, in base alle condizioni economiche del malato. Era inoltre prevista la possibilità dell'assistenza a domicilio in casi particolari che rendessero impossibile il trasporto in ospedale.

78. AUFN, Giuseppe Mentessi, Lavori, b. 3, fasc. 6, Estratto dei verbali dell'Asilo Mariuccia 1931-1933.

5. *Solidarietà di amici*

Solidarietà di Amici in nome dell'arte ideò questa pubblicazione in risposta a un verdetto che colpiva in EMILIO LONGONI la coscienza artistica collettiva è il titolo di un volume pubblicato nel 1903, curato da Giuseppe Mentessi, con la prefazione di Ersilia Majno.[79]

L'opera, realizzata per compensare una clamorosa ingiustizia sofferta da Longoni, a detta di Mentessi e altri colleghi e amici, per l'esclusione della sua opera *Il suono del ruscello* dalla Esposizione internazionale di Venezia del 1903, è un esempio significativo del senso di giustizia, dell'impegno sociale, dell'empatia per coloro che si trovavano in difficoltà, dell'affetto per gli amici, che permeavano la vita di Giuseppe Mentessi.

La *querelle* era sorta, come si accennava, per l'esclusione di una opera di Emilio Longoni dalla esposizione veneziana. Il pittore, amico personale di Mentessi, faceva parte dell'entourage degli artisti che gravitavano attorno alla famiglia Majno;[80] già nel 1901 si era visto rifiutare una sua opera alla mostra veneziana e la mancata accettazione per il 1903 aveva acceso gli animi soprattutto degli amici e colleghi lombardi. I membri della Famiglia Artistica milanese avevano inviato una lettera al direttore della mostra, Antonio Fradeletto, con una proposta per ovviare alla palese ingiustizia:

> Onorevole Presidenza dell'Esposizione Internazionale d'arte Venezia. Gli artisti milanesi invitati da codesta Presidenza, quelli le di cui opere furono accettate dalla giuria, esprimono un loro vivissimo desiderio sicuri che se venisse accolto si toglierebbe la dolorosa impressione che fu suscitata dal recente giudizio. Essi ammettono il criterio di severità cui si impone il programma dell'Esposizione, ma non possono tacere come l'esclusione di talune opere di artisti eletti sia riuscita di penosa sorpresa. Pertanto, sapendo come la Presidenza accordi alle migliori opere respinte uno spazio nelle sale dell'esposizione, porrebbero la seguente proposta che queste opere cioè fossero scelte direttamente dai comitati regionali fra quelle degli artisti della loro regione esaminando direttamente tutto il complesso delle opere inviate allo scopo di possibilmente collocarle nelle sale della regione stessa. I sottoscritti propongono inoltre che queste opere siano contraddistinte con speciale dedi-

79. *Solidarietà di Amici in nome dell'arte ideò questa pubblicazione in risposta a un verdetto che colpiva in EMILIO LONGONI la coscienza artistica collettiva*, Milano dicembre 1903.

80. Per una breve biografia di Longoni si veda la voce *Longoni, Emilio* di Paola Pietrini, in *Dizionario Biografico degli Italiani*, volume 65, Roma, 2000.

cazione. Possiamo assicurare che il comitato regionale di qui aderirebbe di buon grado alla supposta proposta che rappresenterebbe un'equa soluzione all'attuale increscioso stato di cose.[81]

Seguivano una decina di firme di colleghi pittori, tra i quali Carcano, Mentessi, Conconi e Previati. A stretto giro di posta, l'11 aprile 1903, la direzione respinse la proposta degli artisti milanesi, adducendo diverse ragioni morali e pratiche.[82]

Ma la proposta non aveva incontrato nemmeno il favore di Ersilia Majno che, pochi giorni dopo, scriveva, infuocata:

> Caro Mentessi se gli artisti di Milano avessero avuto un'ombra di fegato avrebbero dovuto ritirare tutti le loro opere dall'esposizione, bisognava dare una lezione a quei pachidermi della commissione quanti hanno culto vero per l'arte avrebbero dovuto protestare così dimenticando qualsiasi altro interesse in omaggio di essa schiaffeggiata vilipesa nel rifiuto dato a Longoni. Dirai è follia ma nobile giusta follia come tante altre che hanno rimesso sul loro piedistallo verità e giustizia. Se fosse accaduto a Milano la cosa si poteva fare un'esposizione di tutte le opere di Longoni che tu lo sai meglio di me è un'artista tre volte grande per il valore, la coscienza, la dignità. Il suo culto per l'arte conquista proprio l'animo così ti dico la verità sono feroce. Conosco Longoni so ch'egli è una tempra di ferro, caro buon Longoni, so ch'egli reagirà facendo altri capolavori ma… s'egli è un carattere non è una ragione maggiore per mostrarsi solidali con lui, per mostrarsi artisti veri, dimenticando qualsiasi vostro interesse personale, per l'ideale che avete nell'animo? Longoni è un grande artista, un grande carattere. Ma Longoni e l'arte sono messi sotto i piedi e voi lascerete che l'opera vostra anima, del vostro pensiero, la parte migliore di voi stessi siano accolte pomposamente e ammirate nella casa che chiuse le porte all'opera grande del fratello vostro? E domandate che un'altra giuria, la regionale, faccia un altro giudizio? Ma via tutti, e tutti fatevi esporre nella sala dei rifiutati, col compagno vostro e non lasciate che l'arte, che è per voi la ragione quasi della vita, l'animatrice, l'ispiratrice del vostro pensiero, dell'opera vostra, possa ricevere un altro affronto. È la seconda volta che questo accade e basta. Cosa ci sta a fare a Milano la famiglia artistica? Mi pare la famiglia degli impotenti. Possibile che fra tutti abbiate saputo escogitare quel bel rimedio? In questi casi si deve respingere qualsiasi altro giudizio, non chiederne. Ti dico la verità sono feroce. Quel caro Longo-

81. La minuta della lettera, senza data e vergata sul retro della carta intestata della Famiglia Artistica milanese, è conservata in AUFN, Giuseppe Mentessi, Mostre personali e collettive, b. 1, fasc. 1.

82. Ivi, lettera di risposta della Direzione dell'Esposizione, 11 aprile 1903.

> ni non ha bisogno ch'io gli scriva (mi par di vederlo!); egli sa già i sentimenti della sua più fervida ammiratrice, ma vorrei pure che tu gli dicessi che gli vogliamo un gran bene e che queste cose non capitano che ai più grandi. Egli lo sa bene. E farà altre opere meravigliose e bisognerà trovar modo di riunirli tutti i poemi potenti del suo pennello, perché possano così dire a molti quello che dicono al nostro cuore...[83]

L'opera fu infine esposta alla mostra di Venezia, in una sala destinata ai dipinti rifiutati dalla giuria di ammissione; nel successivo mese di giugno Mentessi comunicò all'amica che il dipinto di Longoni era stato acquistato dall'imprenditore Ignazio Grun che aveva grande stima dell'autore.[84] L'unione degli artisti, auspicata e sollecitata da Ersilia, non era riuscita. Troppi egoismi e interessi personali, spiegava il pittore deluso; un gruppo limitato di amici fidati aveva deciso che alle future esposizioni avrebbero partecipato solo se le loro opere fossero state tutte accolte, altrimenti si sarebbero ritirati.[85] Nel frattempo andava elaborando l'idea di una pubblicazione indipendente per onorare l'opera artistica dell'amico Longoni, vittima di una ingiustizia «che si commise verso uno dei più forti ed originali sinceri e appassionati dei nostri pittori».[86] Su suggerimento di Ersilia si era rivolto alla rivista «Emporium», contattando Margherita Sarfatti, incaricata dal direttore del periodico, Vittorio Pica, di compilare studi critici sui pittori, per sondare la possibilità di pubblicare un articolo in favore di Longoni. L'incontro tra i due pittori e la Sarfatti nello studio di Longoni fu tempestoso; la critica mostrava grande apprezzamento per i quadri che l'autore amava di meno e lui, carattere ruvido, si era trattenuto a stento dal dirle «ma cara signora lei non capisce niente!».[87] Mentessi, più fiducioso, contava sul saggio della Sarfatti ma considerava, continuando la lettera alla Majno:

> Noi però dobbiamo fare la pubblicazione come abbiamo pensato cioè senza giudizi e apprezzamenti di tecnica: deve essere una splendida raccolta dei principali lavori di questo artista da presentare e sottoporre alle associazioni artistiche di tutta Italia perché giudichino e vedano come fu grande l'errore e l'ingiustizia.

83. Lettera di Ersilia Majno a Giuseppe Mentessi, 19 aprile 1903, AUFN, Giuseppe Mentessi, Corrispondenza Maino Bronzini, b. 1, fasc. 2.

84. Ivi, lettera, 15 giugno 1903.

85. Ivi, lettera 22 aprile 1903.

86. Lettera di Giuseppe Mentessi a Ersilia Majno del 15 giugno 1903, AUFN, Famiglia Majno, b. 25.

87. *Ibidem*.

Tra luglio e novembre del 1903 Mentessi si impegnò a dar forma alla sua idea di libro celebrativo in onore del collega. Raccolse decine di riproduzioni dei suoi quadri (nel fascicolo d'archivio riguardante la pubblicazione si contano 55 fotografie di diversi formati), scelse le immagini da pubblicare, contattò il fotoincisore Antonio Fusetti che si occupò della stampa. Si spese per trovare contributi, adesioni per il comitato appositamente organizzato, compilò liste di possibili finanziatori, pagò conti e fatture. Il volume finalmente uscì nel dicembre 1903: 16 riproduzioni in fogli sciolti di opere di Longoni e, in copertina, *Il ruscello*, uno studio per la controversa opera veneziana. L'introduzione è firmata da Ersilia Majno, che ripercorre, attraverso le opere raffigurate, la storia artistica del pittore. Le pagine si concludono con la rievocazione della "ingiustizia" patita e la riparazione all'offesa offerta dal nuovo volume; i toni sono certo più morbidi di quelli impetuosi contenuti nella lettera dell'aprile precedente. Il testo è ben più della semplice espressione di apprezzamento di una estimatrice ed è senza dubbio frutto di un intenso confronto e scambio tra Ersilia e il fidato Mentessi.

Il compito dell'artista non era ancora terminato: spettò a lui compilare gli elenchi dei destinatari del volume, raccogliere le lettere di ringraziamento, controllare le recensioni. Tra i contributori un buon numero di colleghi pittori – Belloni, Buffa, Conconi, Chiesa, Tallone, Zuccaro, Sottocornola – i Majno e il loro entourage, Giulio Pisa, la famiglia Rignano, Luigi della Torre, Felice Cameroni. Tra le congratulazioni anche quella del sindaco di Venezia, attento a distinguersi dalle posizioni della direzione e della giuria della Esposizione d'Arte.[88]

Qualche mese dopo, nell'estate del 1904, Ersilia e Mentessi avrebbero valutato l'ipotesi di ristampare il volume, che aveva ottenuto un buon riconoscimento. Sarà l'incisore Fusetti a dissuaderli: alcune copie giacevano infatti ancora invendute. Riferirà Mentessi, realisticamente, all'amica: «I librai incentivano le vendite solo se hanno un forte guadagno...».[89]

88. La documentazione relativa alla realizzazione del volume è conservata in AUFN, Giuseppe Mentessi, Lavori, b. 2, fasc. 2.

89. Lettera di Giuseppe Mentessi a Ersilia Majno del 14 agosto 1904, AUFN, Famiglia Majno, b. 25.

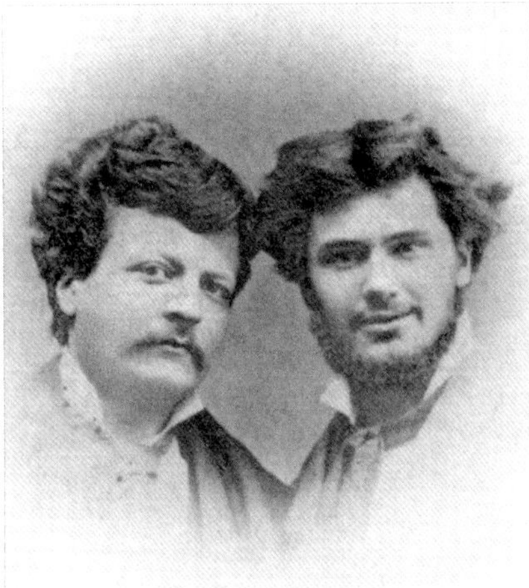

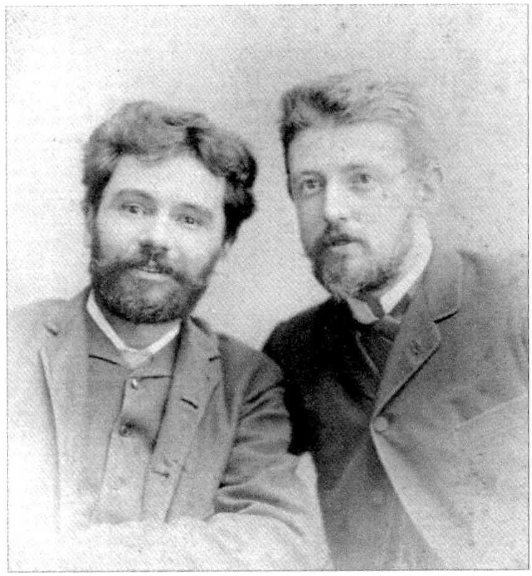

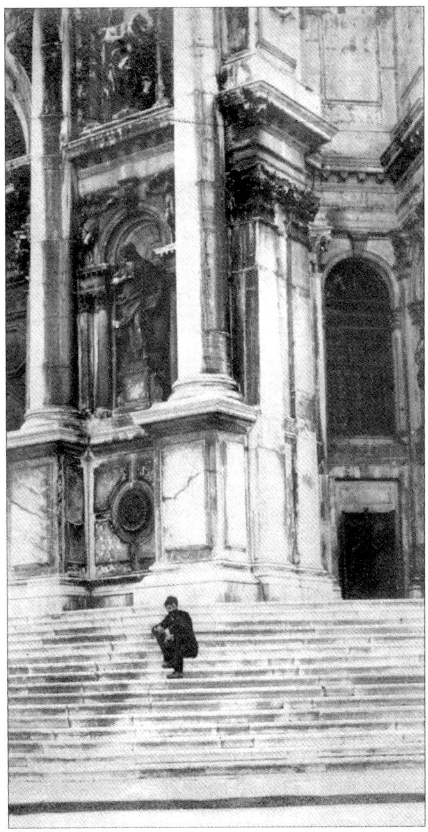

Fig. 1. Gaetano Previati e Giuseppe Mentessi (a destra) in un ritratto fotografico databile al 1877 circa.

Fig. 2. Giuseppe Mentessi (a sinistra) e Giorgio Belloni in un ritratto fotografico databile al 1882 circa.

Fig. 3. Mentessi sui gradini della chiesa di Santa Maria della Salute a Venezia, 1886-1887.

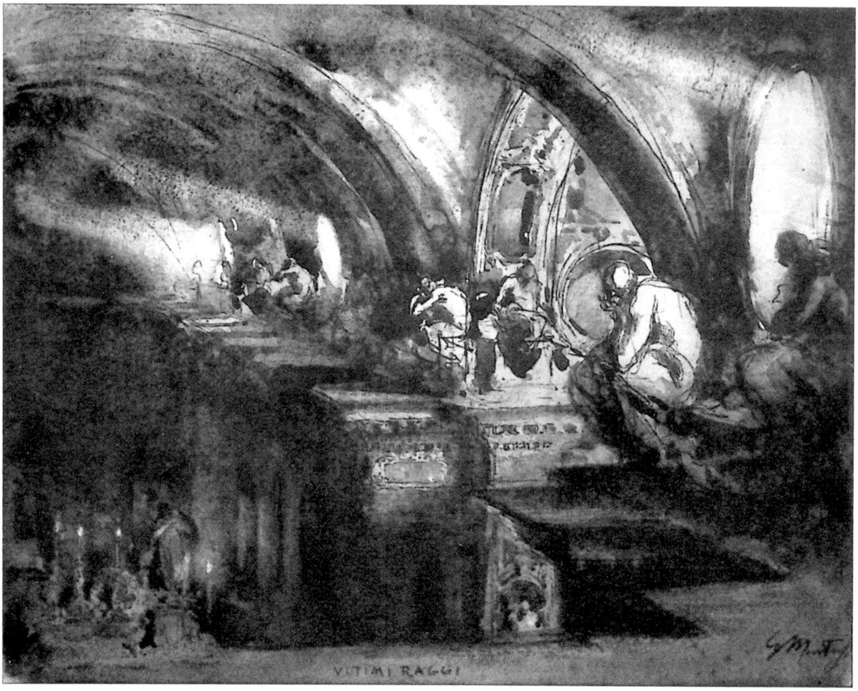

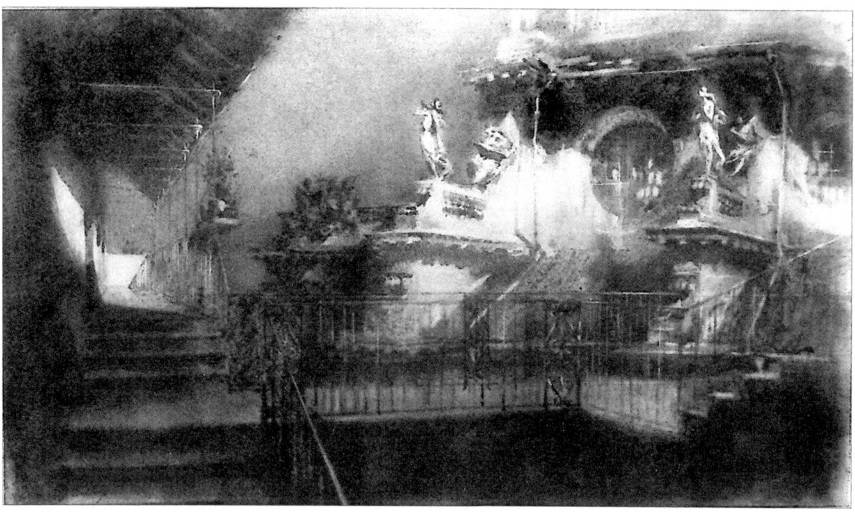

Fig. 4. Giuseppe Mentessi, *Ultimi raggi*, 1890, disegno acquerellato.
Fig. 5. Giuseppe Mentessi, *Nel silenzio della notte*, 1890, acquerello.

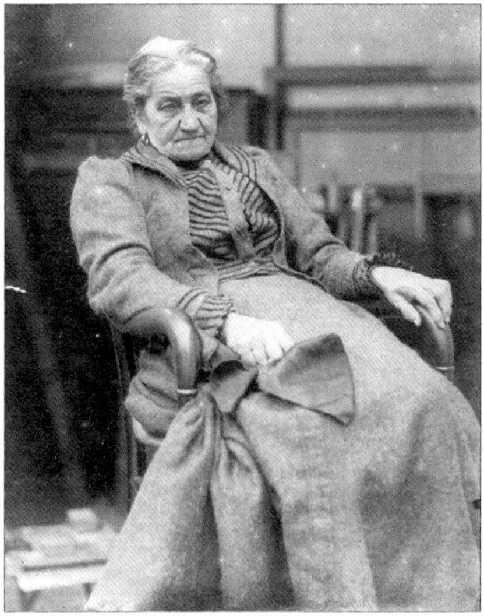

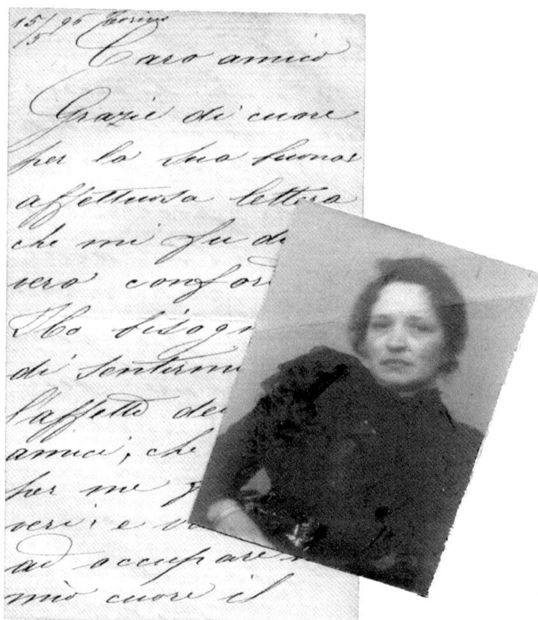

15/96 Torino
15
Caro amico
Grazie di cuore
per la tua buona
affettuosa lettera
che mi fu di
vero confor
Ho bisogn
di sentirm
l'affetto de
amici, che
per me
veri e
ad occupare
mio cuore il

Fig. 6. La madre del pittore, Teresa Bentini, in un ritratto fotografico eseguito probabilmente dallo stesso Mentessi, 1895-1900.

Fig. 7. Una lettera inviata da Ersilia Majno all'amico Mentessi accompagnata da un suo ritratto fotografico, Torino, 15 maggio 1896.

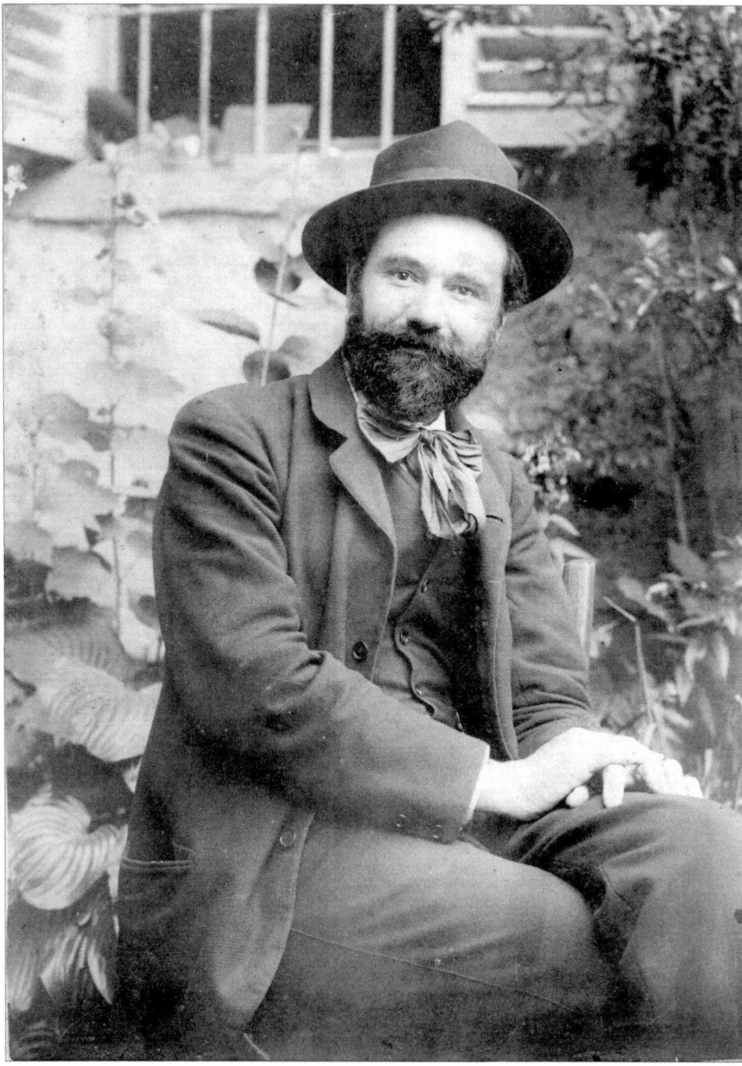

Fig. 8. Ritratto fotografico di Giuseppe Mentessi, 1900 circa.

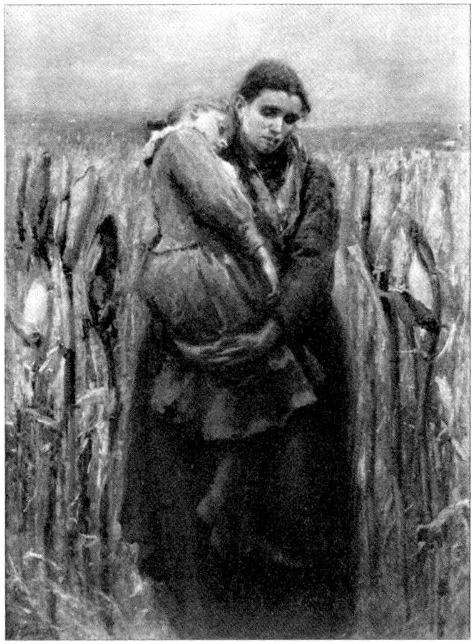

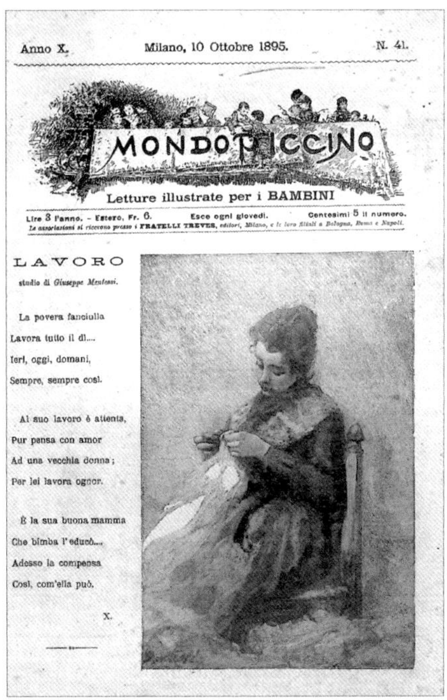

Anno X. Milano, 10 Ottobre 1895. N. 41.

MONDO PICCINO

Letture illustrate per i BAMBINI

Lire 3 l'anno. - Estero, Fr. 6. Esce ogni giovedì. Centesimi 5 il numero.

Le associazioni si ricevono presso i **FRATELLI TREVES**, *editori, Milano, e le loro filiali a Bologna, Roma e Napoli.*

LAVORO

studio di *Giuseppe Mentessi.*

La povera fanciulla
Lavora tutto il dì....
Ieri, oggi, domani,
Sempre, sempre così.

Al suo lavoro è attenta,
Pur pensa con amor
Ad una vecchia donna;
Per lei lavora ognor.

È la sua buona mamma
Che bimba l'educò....
Adesso la compensa
Così, com'ella può.

X.

Fig. 9. Giuseppe Mentessi, *Panem nostrum quotidianum*, 1894, olio su tela.

Fig. 10. *Lavoro*, studio di Giuseppe Mentessi riprodotto sulla prima pagina di «Mondo piccino. Letture illustrate per i bambini», Anno X, n. 4110, ottobre 1895.

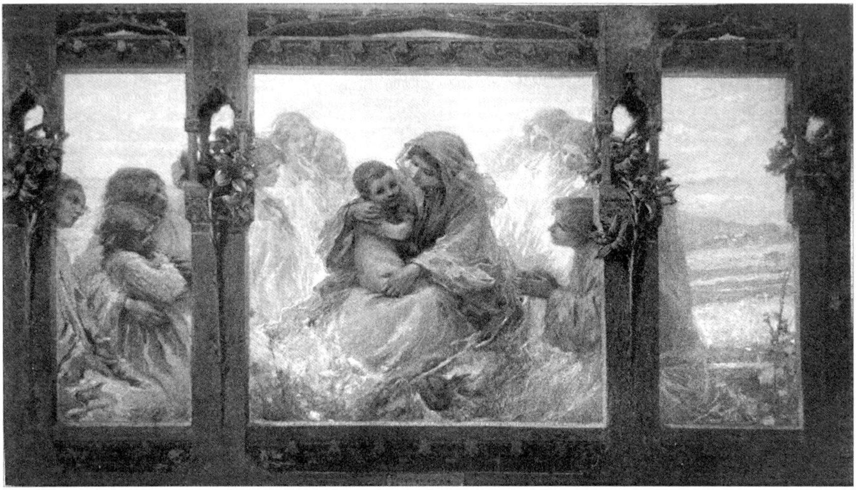

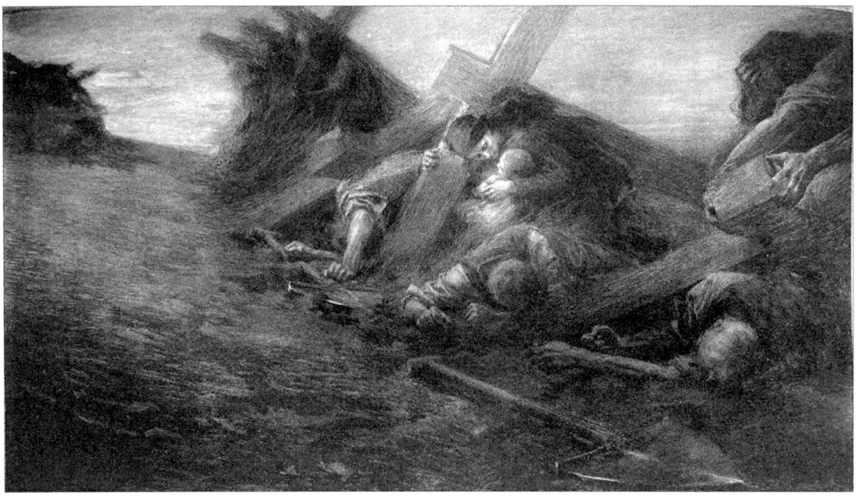

Fig. 11. Giuseppe Mentessi, *Visione Lieta*, 1897, tempera.
Fig. 12. Giuseppe Mentessi, *Visione triste*, 1899, tempera e pastello.

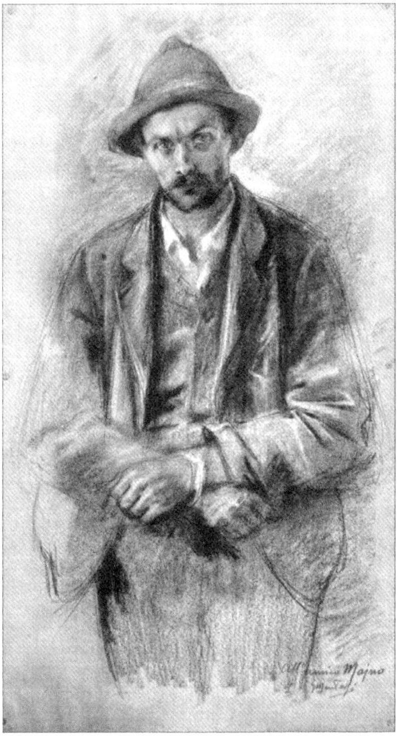

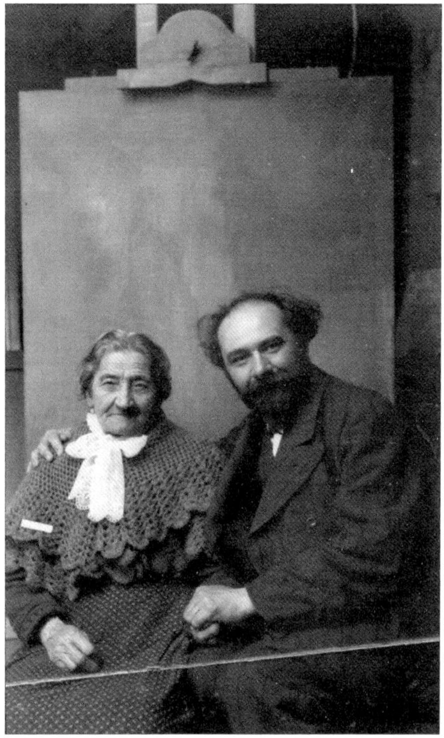

Fig. 13. Giuseppe Mentessi, *L'arrestato*, 1898, disegno.

Fig. 14. Giuseppe Mentessi e sua madre in un probabile autoritratto fotografico ambientato nello studio del pittore, 1895-1900.

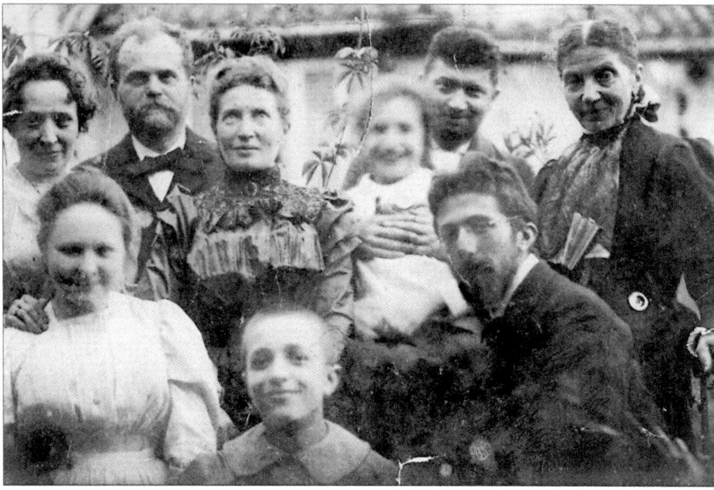

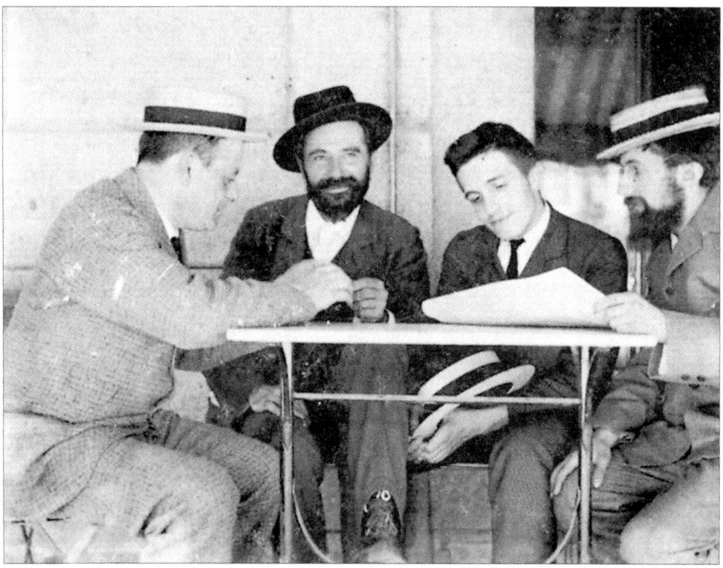

Fig. 15. Fotografia di gruppo: da sinistra in alto, Ersilia Bronzini, Luigi Majno, Anna Kuliscioff, Filippo Turati che abbraccia Mariuccia Majno e Adele De Giovanni, madre di Turati. In basso, da sinistra Carlotta Majno, Edoardo Majno, Pietro Chiesa, 1897 circa. Fondazione Pietro Chiesa, Museo d'Arte Mendrisio.

Fig. 16. Da sinistra: il musicista Ernesto Consolo, Giuseppe Mentessi, Edoardo Majno e Pietro Chiesa a Venezia, 1905. Fondazione Pietro Chiesa, Museo d'Arte Mendrisio.

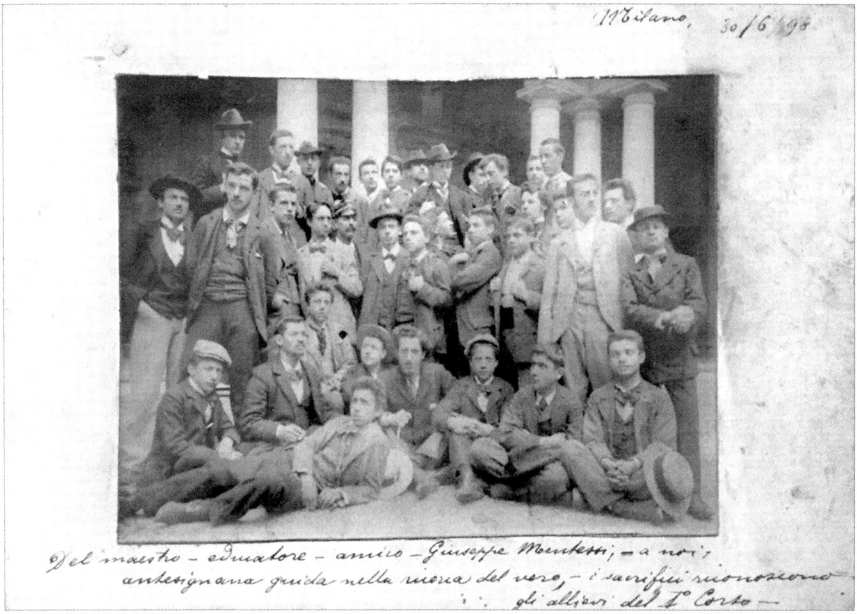

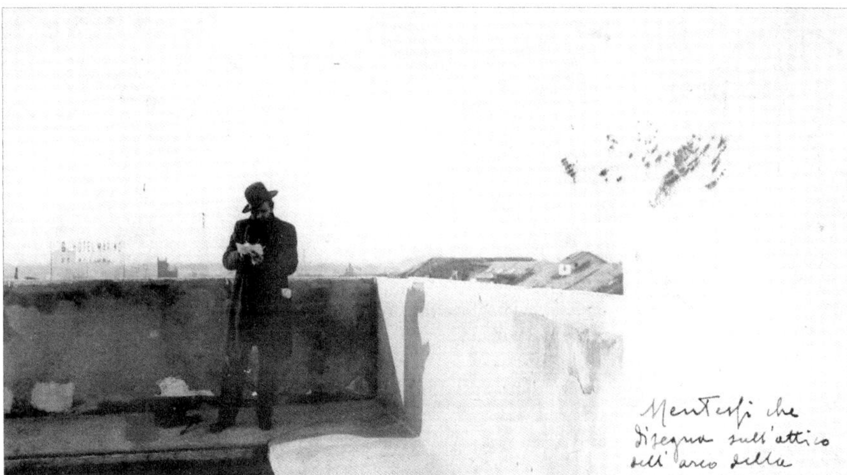

Fig. 17. Fotografia di gruppo degli allievi del primo corso della Scuola di prospettiva dell'Accademia di Brera con dedica a Mentessi, Milano, 30 giugno 1898.

Fig. 18. Mentessi fotografato mentre disegna sull'attico della Galleria Vittorio Emanuele a Milano, 1904 circa (iscrizione autografa del pittore).

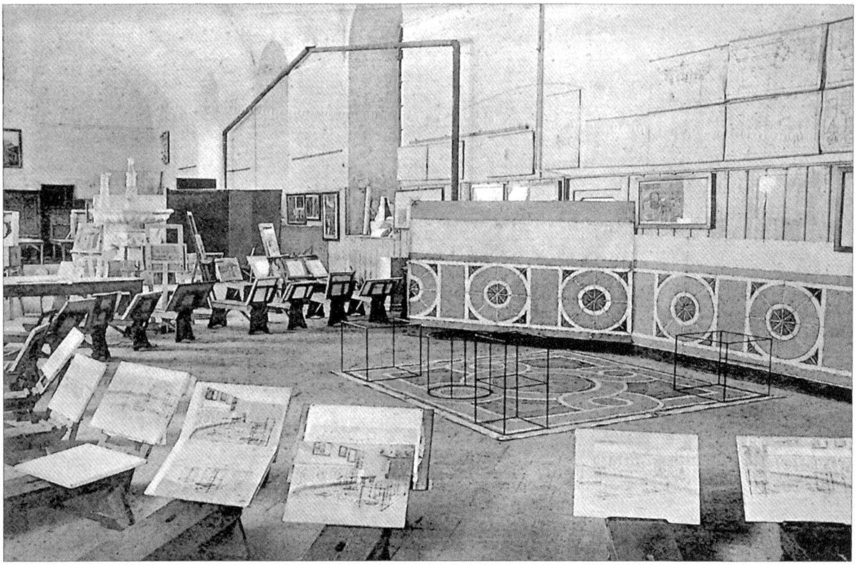

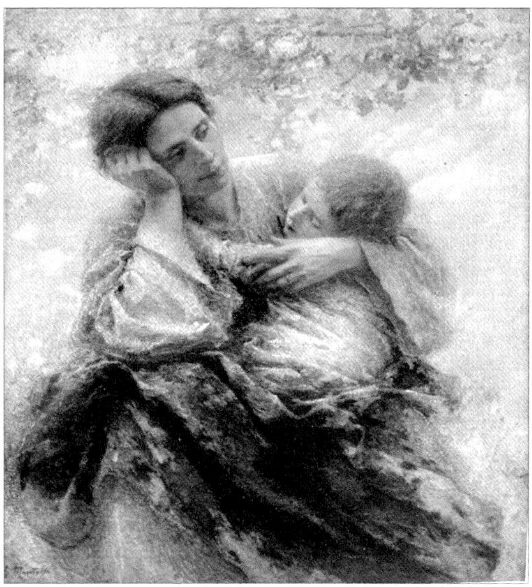

Fig. 19. Veduta dell'aula della Scuola di Prospettiva all'Accademia di Brera. L'immagine è tratta dall'articolo di Pietro Chiesa, *L'insegnamento della prospettiva*, in «Arte italiana decorativa e industriale», Anno XIX, 7 nuova serie, n. 8, agosto 1910, pp. 62-67.

Fig. 20. Giuseppe Mentessi, *Ombra*, 1903, olio.

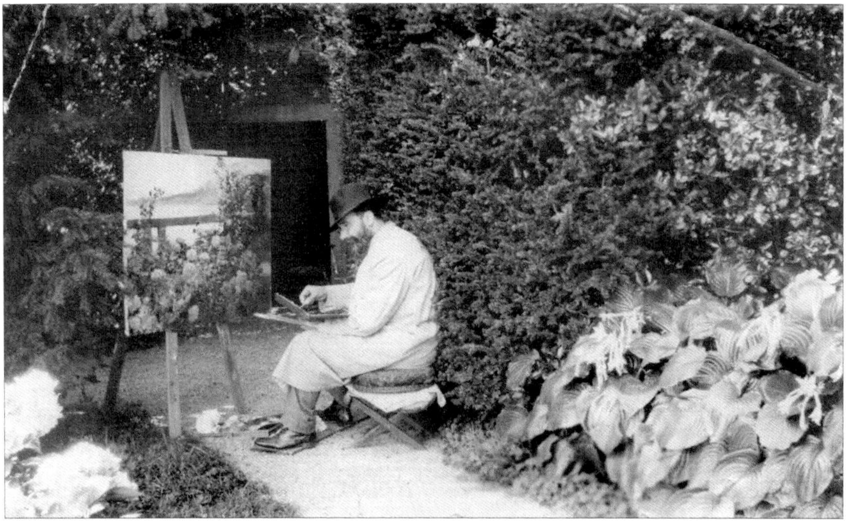

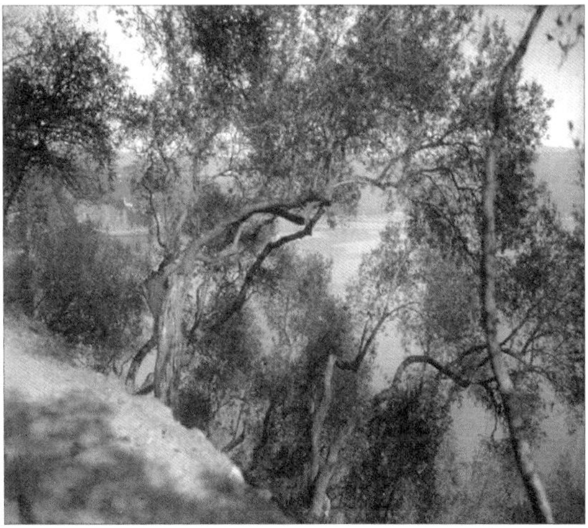

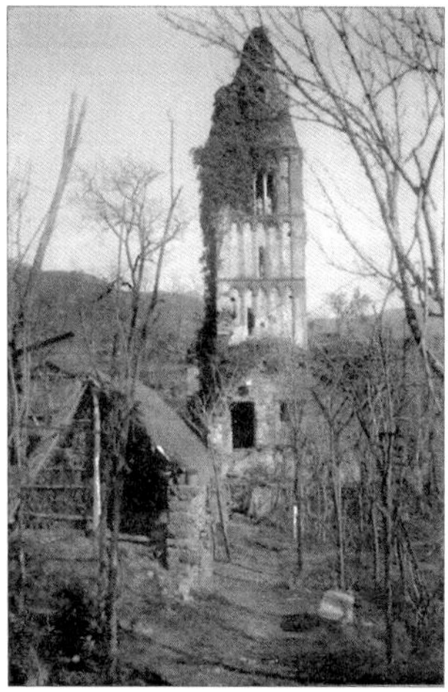

Fig. 21. Mentessi fotografato mentre dipinge in un giardino, probabilmente a Torno, sul lago di Como, 1909-1914.

Fig. 22. Santa Margherita Ligure, fotografia di Giuseppe Mentessi, 1914 circa.

Fig. 23. Santa Maria di Valle Christi presso Rapallo, fotografia di Giuseppe Mentessi, 1914 circa.

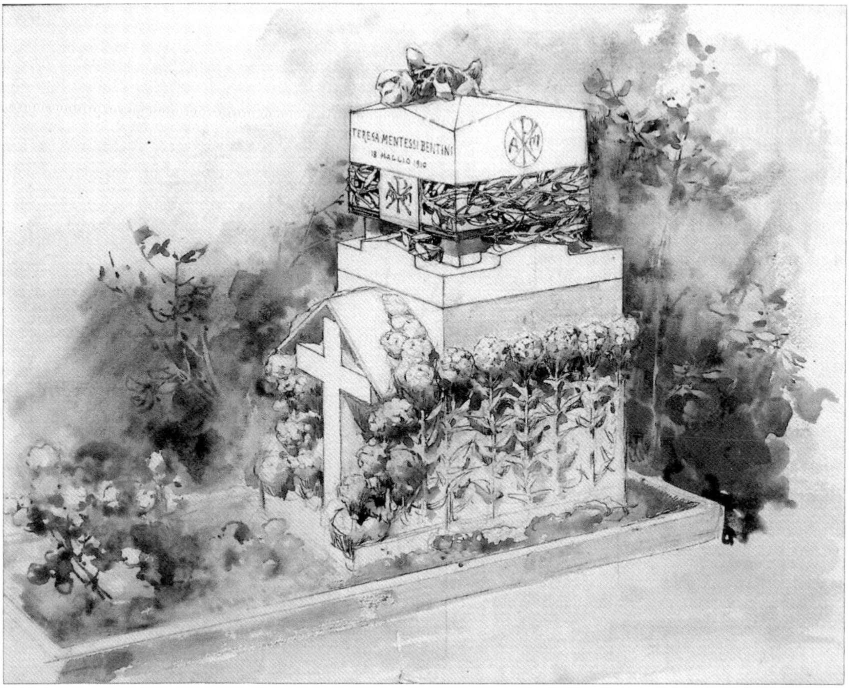

Fig. 24. Giuseppe Mentessi, progetto all'acquarello per il monumento funerario della madre, 1910 circa.

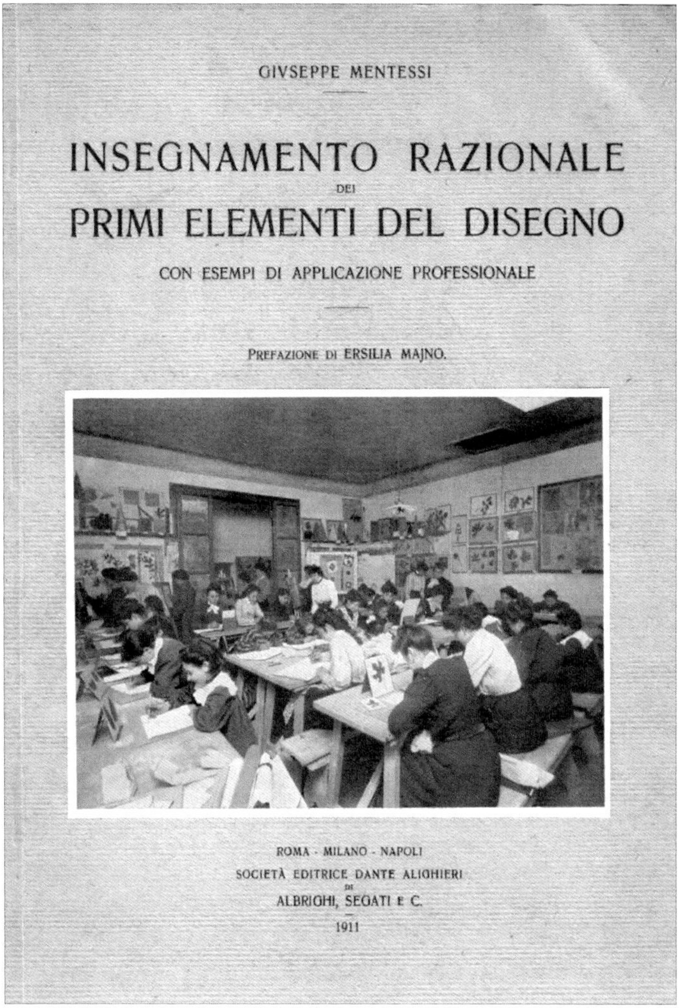

Fig. 25. Copertina del volume *Insegnamento razionale dei primi elementi del disegno*, Milano 1911. Il volume fu pubblicato per valorizzare l'esperienza di insegnamento di Giuseppe Mentessi nella Scuola delle Piscinine.

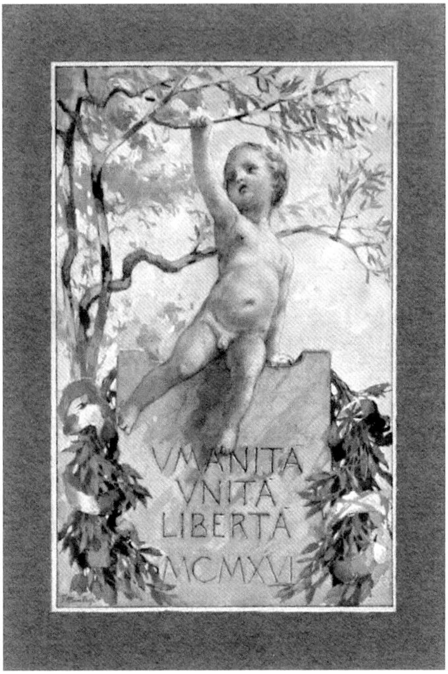

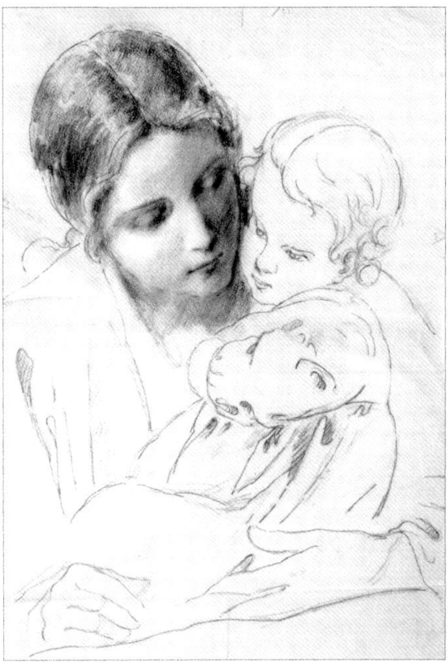

Fig. 26. Giuseppe Mentessi, illustrazione per la copertina del volumetto in memoria di Luigi Majno corredato da poesie di Giovanni Bertacchi, 1916.

Fig. 27. Studio per *Eterno altare* (1920), disegno inedito di Giuseppe Mentessi conservato presso l'Unione femminile nazionale.

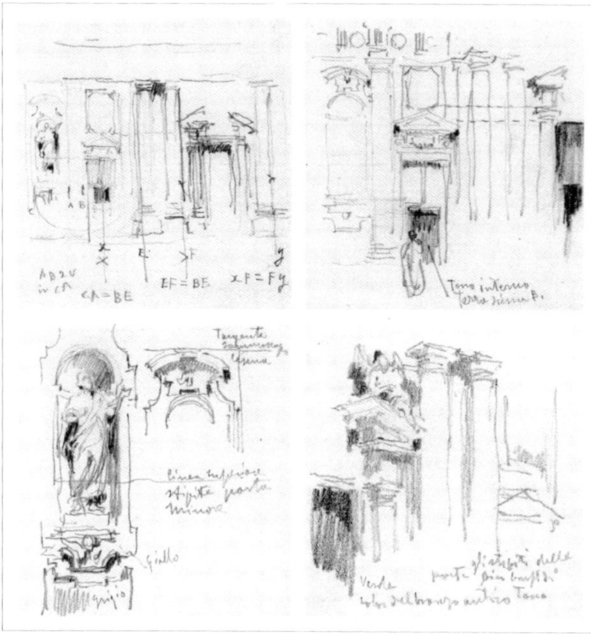

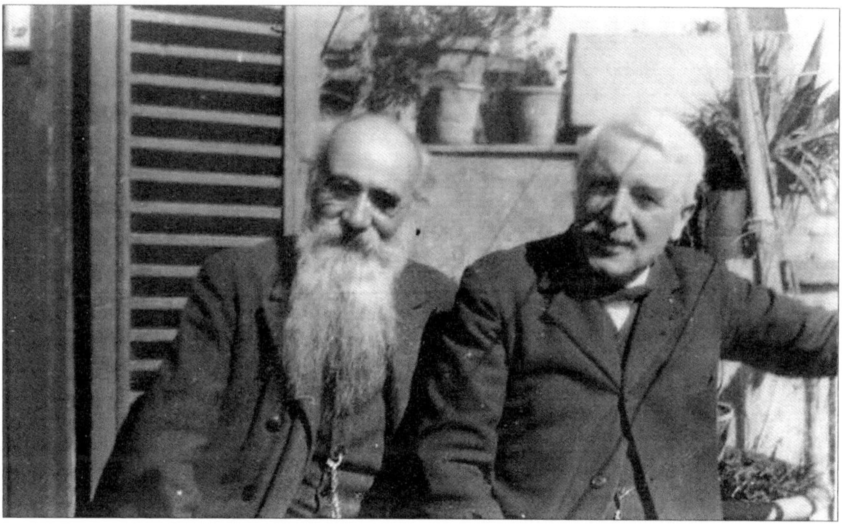

Fig. 28. Giuseppe Mentessi, schizzi a matita dal vero per il volume *Roma*, realizzato in collaborazione con l'amico Luca Beltrami nel 1925.

Fig. 29. Giuseppe Mentessi e Luca Beltrami al tempo della preparazione del volume *Roma*, 1923-1925.

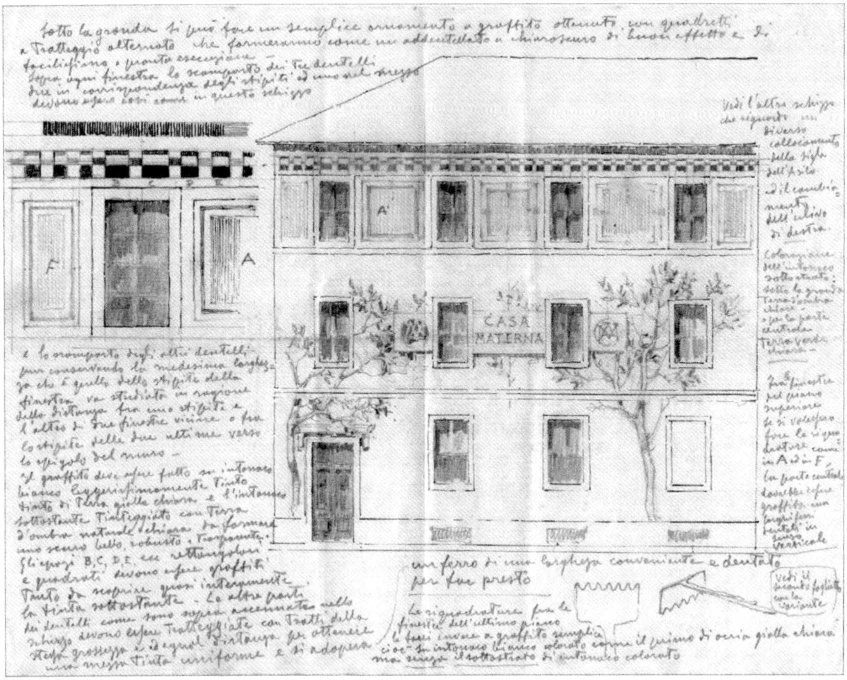

Fig. 30. Giuseppe Mentessi, Progetto per la decorazione della facciata dell'Asilo Mariuccia con indicazioni manoscritte autografe dell'artista, 1930.

Daniela Bellettati e Donata Diamanti

Il fondo Giuseppe Mentessi dell'Archivio Famiglia Majno

1. *La natura dell'Archivio*

Le carte del pittore Giuseppe Mentessi sono state donate all'Unione femminile nazionale da Luigi Majno junior, figlio di Edoardo ed Elda Bernstein e nipote del Luigi Majno giurista, politico e consorte di Ersilia Bronzini.

La donazione è avvenuta tramite atto notarile in data 13 marzo 1997 e non riguardava solo la documentazione prodotta dal pittore, ma l'intero corpo documentale che è oggi conservato negli archivi dell'Unione e che corrisponde alla denominazione di Archivio Famiglia Majno.

Subito prima della donazione il complesso di fondi era conservato presso i locali di deposito dell'Asilo Mariuccia, istituzione fondata nel 1902 da Ersilia Majno in memoria della figlia Maria, di cui Luigi Majno junior era presidente, e, come riportato nell'atto notarile, comprendeva otto nuclei principali:

- fondo Ersilia Majno Bronzini
- fondo Comitato contro la tratta delle bianche
- fondo Unione femminile nazionale
- fondo Giuseppe Mentessi
- fondo Luigi Majno
- fondo Edoardo ed Elda Majno Bernstein

Come appare subito evidente il fondo Mentessi è l'unico a non essere stato prodotto direttamente da un membro della famiglia Majno: i fondi Unione femminile e Comitato contro la tratta delle bianche (che riguardava in realtà la tutela non solo delle donne ma anche dei fanciulli vittime di tratta e soprusi) costituiscono infatti la documentazione che possiamo definire "politica" del lavoro di Ersilia. La sua abitudine, come ricorda Annarita Buttafuoco nell'introduzione al suo fondamentale volume sulla storia dell'Asilo Mariuccia,[1] di portare a casa i documenti dell'Unione per motivi di studio e lavoro, salvò questi documenti dalla distruzione a cui è andato incontro parte del patrimonio documentario originario a causa dello scioglimento dell'Unione voluto dal regime fascista nel 1939. Dobbiamo inoltre lamentare anche i gravi danni subiti dalle carte durante i bombardamenti dell'agosto del 1943 che distrussero parte della sede dell'Unione femminile in corso di Porta Nuova.

Prima delle operazioni di riordino definitive delle carte del pittore, portate da noi a termine nel 2022, e che hanno condotto alla stesura di questo volume, molti sono stati gli interventi susseguitisi nell'arco di quasi un secolo sull'intero complesso documentario in generale e sul Fondo Mentessi in particolare.

Il nucleo centrale della documentazione, quello prodotto direttamente da Ersilia Majno, ebbe una prima sistemazione nel 1901, dopo la morte della figlia Mariuccia, colpita da difterite. In questa occasione la necessità di procedere alla disinfestazione della casa offrì l'opportunità a Ersilia di mettere mano alle carte ed eliminarne moltissime. Successivamente, nel 1915, ovvero dopo la morte del marito, Ersilia effettuò una seconda scrematura e, nel 1931, dopo la scomparsa dell'amico Mentessi, Edoardo, forse aiutato da Ersilia, provvide a un primo riordino delle carte del pittore, che peraltro dimorava presso la loro abitazione di via Pietro Verri da ormai svariati anni.

Lo stretto rapporto che legava il pittore e la famiglia Majno – anche i tre figli di Edoardo erano affezionatissimi al loro "Mentessone" – aveva portato l'artista ferrarese a nominare Edoardo suo erede universale, ed è questo il motivo per cui tutta la documentazione prodotta dall'artista nel corso della sua vita entrò di diritto a far parte del nucleo documentale della famiglia Majno.

Alla morte di Edoardo, fu il figlio Luigi a occuparsene, decidendo in un primo momento di trasportare l'intero archivio di famiglia dalla sua abitazione ai locali dell'Asilo Mariuccia; in seguito, come accennato, grazie anche all'intervento della professoressa Annarita Buttafuoco, allora presi-

1. Annarita Buttafuoco, *Le Mariuccine. Storia di un'istituzione laica l'Asilo Mariuccia*, Milano, FrancoAngeli, 1998.

dente dell'Unione femminile nazionale, si convinse a donare tutta la documentazione proprio all'Unione. La studiosa, nel corso della sua attività di ricerca per la realizzazione del volume dedicato alla storia dell'Asilo Mariuccia, aveva operato nel frattempo una prima individuazione e divisione sommaria delle carte, definendo gli otto fondi che attualmente costituiscono e determinano la struttura dell'Archivio della famiglia Majno.

Quando nel 2019 si è deciso di completare gli ultimi lavori di riordino e inventariazione del fondo Mentessi, è stata determinata la scelta, quasi obbligata, di mantenere l'impianto complessivo dell'archivio e di uniformarsi a esso anche per tutelarne la formazione storica, i legami tra i fondi, l'intreccio profondo tra le carte e, da ultimo, dall'esigenza di salvaguardare i numerosi riferimenti e citazioni delle fonti d'archivio che altrimenti sarebbero andati perduti.

All'inizio del lavoro, dalle prime indagini conoscitive è emerso che con ogni probabilità il materiale era passato attraverso due tipi di riorganizzazione: la prima ad opera di Mentessi stesso, e la seconda, come detto in precedenza, subito dopo la sua scomparsa, ad opera di Edoardo Majno probabilmente durante le sue ricerche per la stesura del volume dedicato al pittore a un anno dalla sua morte.[2]

È stata poi individuata una terza riorganizzazione della documentazione, avvenuta per volontà di Luigi Majno junior intorno agli anni Novanta – epoca alla quale sono riconducibili i contenitori rossi in cui il materiale era sistemato al momento del suo arrivo in Unione femminile: nella lettera da lui scritta per la collocazione del fondo presso l'Asilo Mariuccia veniva infatti specificato che il materiale era stato «numerato e intitolato», che ogni busta era etichettata e che riportava breve indicazione sul contenuto.

Al momento dell'apertura delle buste si è potuto constatare che la maggior parte della documentazione era organizzata in fascicoli, legati da spago sottile, o raccolto in buste postali, con un tipo di ordinamento che era sì residuo di un'attività gestionale, ma che svelava una struttura coerente, la cui impronta era chiaramente riconducibile allo stesso Mentessi.

Ne è esempio la divisione della corrispondenza in due macro gruppi, uno che raccoglieva il carteggio con i membri della famiglia Majno e l'altro con il resto dei mittenti, come pure la documentazione ritrovata all'interno di una cartella in stoffa e cartone, unico contenitore originale a distinguersi dal resto dei faldoni rossi, intitolato *Mentessi Giuseppe con-*

2. Edoardo Majno, *Giuseppe Mentessi*, Milano, Rizzoli, 1932.

corso al posto di professore di prospettiva nella R. Accademia di Belle Arti in Milano, in cui il pittore aveva riposto il materiale necessario alla domanda per essere ammesso al concorso di Brera, o i pacchetti accuratamente separati contenenti gli esercizi di scrittura della madre dell'artista, o ancora l'insieme delle carte relative ai suoi lavori, o quello del materiale riconducibile all'attività di insegnamento.

All'intervento di Edoardo sono invece ascrivibili i raggruppamenti delle carte relative alla pensione oppure la documentazione della Banca Commerciale – tali affari erano stati delegati appunto a Edoardo, che si occupava delle questioni amministrative per conto del pittore.

Era poi presente, in minore percentuale, del materiale sciolto, probabilmente collocato nelle buste in seguito al riordino effettuato negli anni più recenti da Luigi Majno junior.

Essendo dunque ben chiara la presenza di alcuni nuclei documentali costituiti dal soggetto produttore, il lavoro di riordino è stato orientato a mettere in evidenza tali nuclei, evitando pericolosi smembramenti o ulteriori riorganizzazioni, così da lasciare intatto il prezioso vincolo archivistico tanto utile allo studio delle carte e alla ricostruzione della vita artistica e personale del pittore.

Anche per le carte legate alle questioni amministrative, come i ricorsi per la pensione o la documentazione della banca, si è posta attenzione a rispettare la dinamica di sedimentazione naturale, inserendo i fascicoli, sparsi in cartelle diverse, nella serie di competenza.

Si è dunque proceduto alla creazione di un albero virtuale che si adattasse alla "forma" della documentazione e che potesse dunque accoglierne la struttura descrivendola con uno schema logico concettuale, tramite l'utilizzo del software Archimista, applicazione per l'inventariazione di archivi storici.

Sono state create quindi otto serie:

- Corrispondenza mittenti diversi
- Corrispondenza Majno – Bronzini
- Documenti personali e di famiglia
- Insegnamento
- Lavori
- Mostre personali e collettive
- Rassegne stampa
- Appendice – Carte postume

Il materiale relativo alla corrispondenza è stato, come detto in precedenza, lasciato suddiviso nelle due serie create dallo stesso Mentessi, e si è unicamente provveduto a ordinare alfabeticamente la documentazione all'interno della serie Mittenti diversi, mentre sono stati lasciati intatti i pacchetti di lettere già ordinati cronologicamente al loro interno per la serie Majno – Bronzini che sono stati poi inseriti a loro volta in ordine cronologico come unità archivistiche.

La serie Documenti personali e di famiglia raccoglie il materiale più privato, come i ricordi della madre, le carte di famiglia, le fotografie o ancora suoi appunti e promemoria.

Nella serie Insegnamento è stata raccolta tutta la documentazione inerente agli anni di insegnamento presso l'Accademia di belle arti di Brera e presso altre strutture, ma anche la documentazione relativa alla sua domanda di pensione.

Nella serie Lavori sono stati inseriti tutti i fascicoli relativi a lavori eseguiti dal pittore durante la sua attività artistica vera e propria, con esclusione di quella di insegnamento; sono presenti anche schizzi e disegni inediti.

La serie Mostre personali e collettive raccoglie naturalmente il materiale relativo alle mostre, diviso per esposizione, mentre la serie Rassegne stampa tutti i periodici.

L'ultima, la serie Appendice – Carte postume, è stata creata per collocarvi la documentazione che lo stesso Edoardo Majno aveva raccolto e conservato insieme alle carte del pittore dopo la sua morte.

Spesso capita, riordinando archivi di persona, di riscontrare la presenza di documentazione non prodotta o non raccolta dal soggetto produttore, ma da altri famigliari o persone a lui vicine che si sono occupate delle sue carte: in questo caso si è deciso di isolare le carte appartenenti a un diverso soggetto produttore, ovvero Edoardo Majno, e di inserirle a conclusione del fondo.

Tutta la documentazione è conservata in 21 buste per un totale di 189 fascicoli.

2. *Le serie*

Corrispondenza

Oltre 100 fascicoli, quindi oltre la metà del totale complessivo, riguardano la corrispondenza del pittore con colleghi, allievi, amici che scrivono a Mentessi da tutta Italia e anche dall'estero. Certamente molta corrispondenza di questo tipo si trova anche in altre serie, legata strettamente alla documentazione dei lavori realizzati dal pittore. Si tratta quasi esclusivamente di posta in arrivo. Raramente minute di pugno di Mentessi sono conservate nei fascicoli riguardanti i suoi lavori artistici. La consistenza di questi fascicoli è naturalmente varia, ma è significativo il numero dei corrispondenti, a sottolineare gli stretti legami con il mondo culturale e artistico e l'empatia che il pittore suscitava. I fascicoli sono ordinati alfabeticamente, rispettando sostanzialmente la struttura originale. Tra i tanti mittenti interesserà sicuramente gli studiosi la corposa corrispondenza con il pittore Belloni (80 tra lettere e biglietti), quella con Luca Beltrami (40 tra lettere e biglietti, foto, opuscoli), l'amico Pietro Chiesa, compagno delle attività ticinesi e milanesi (39 pezzi), gli allievi Giuseppe Enrini (46) ed Eliseo Fumagalli (37), i fratelli ferraresi Previati, Gaetano – collega in gioventù e anche negli anni milanesi – e l'ingegnere Giuseppe che gestiva le questioni ferraresi di Mentessi e della madre (oltre 60 ciascuno).

Corrispondenza Majno-Bronzini

Separata da quella generale, per mano dello stesso artista e probabilmente anche del suo erede Edoardo Majno, la corrispondenza con la famiglia Majo copre un arco cronologico dal 1894 alla morte di Mentessi. Complessivamente si contano oltre 850 tra lettere, cartoline postali e biglietti inviati al pittore. Tutta la famiglia Majno intrattiene rapporti epistolari con l'artista, figura familiare per grandi e piccoli. Prima Luigi ed Ersilia, poi i figli Edoardo, Carlotta e Maria. Tra le carte si ritrovano piccoli disegni, ritagli, foglie d'edera che accompagnavano i biglietti dei giovani Majno. Le figlie scompariranno precocemente, nel 1901 e nel 1905; Luigi Majno morirà nel 1915, ma i rapporti epistolari continueranno con Ersilia Majno, Edoardo, sua moglie Elda Bernstein e i loro figli Carlo, Guido e Luigi, che portava il nome del nonno e a cui dobbiamo la donazione dell'archivio di famiglia. È compreso qui anche lo scambio epistolare, se pur di esigua entità con Edgardo Bronzini, fratello di Ersilia, e contitolare dello studio legale con Luigi Majno.

Le 850 lettere testimoniano la profondissima unione tra la famiglia e Giuseppe Mentessi, ma la corrispondenza è soprattutto di mano di Ersilia, che coinvolgerà il pittore in molte attività dell'Unione femminile, in particolar modo quelle legate all'istruzione delle giovani e delle lavoratrici come l'Asilo Mariuccia e la scuola delle "Piscinine". Queste lettere, finora quasi inesplorate, sono un nuovo spunto di indagine e ricerca sulla figura di Ersilia Bronzini Majno, che si confidava con l'amico in ogni momento della sua vita e su ogni argomento, anche i più personali. Nel 1897 per esempio, quando ancora la corrispondenza si affidava a un formale "lei", Ersilia scriveva: «se sapesse, caro Mentessi, che specie di tormento è amare un Majno...».[3]

Nell'epistolario si ripercorre una solida affinità affettiva e intellettuale che porterà i due corrispondenti a condividere gli avvenimenti più importanti delle rispettive esistenze, da quelli lieti a quelli più dolorosi, dai lutti alle affermazioni professionali, dall'impegno sociale alle vacanze, dallo sdegno e l'inquietudine per le vicende della Prima guerra mondiale alla gioia per la nascita dei nipoti di Ersilia, che divennero, di fatto, anche quelli del pittore.

Documenti personali e di famiglia

La serie comprende documenti personali del pittore e altri provenienti dalla sua famiglia di origine, da lui accuratamente conservati. In particolare, si trova qui una presunta lettera del padre, Michele Mentessi, consegnata al figlio *post mortem* da un *medium*, e tutta la corrispondenza della madre, Teresa Bentini, con l'artista, custodita religiosamente e accompagnata da amorevoli note filiali. Numerosi sono i ricordi della madre, tra i quali vanno notati gli esercizi di scrittura perché Teresa, analfabeta, cercava di imparare a scrivere per amore del figlio. Naturalmente le lettere inviate a Giuseppe erano compilate da altri. Alla madre vanno ricondotti anche alcuni documenti legali relativi a una causa debitoria per la bottega già gestita a Ferrara dai genitori.

Riguardano invece direttamente Mentessi le attestazioni scolastiche e quelle dei premi ricevuti, documenti e tessere di riconoscimento, permessi di accesso a musei e monumenti, l'amministrazione domestica e della sua attività professionale, la vendita della casa di famiglia a Ferrara, dopo la morte di Teresa Bentini. Un fascicolo è invece dedicato alla partecipazione del pittore alle vicende e alle manifestazioni della Famiglia Artistica milanese.

54 sono le fotografie che raffigurano Mentessi da solo, con colleghi pittori e allievi, con la madre che lo aveva raggiunto a Milano nel 1880. Due foto riproducono l'autoritratto dell'artista e un suo ritratto dipinto dal

3. AUFN, Giuseppe Mentessi, Corrispondenza Majno Bronzini, b. 1, fasc. 1, doc. 9 settembre 1897.

pittore Vincenzo Irolli. Molte immagini sono realizzate dal fotografo Sommariva, con il quale il pittore aveva stretto una personale amicizia.

Si conservano qui alcune note biografiche e autobiografiche del pittore compilate per alcune pubblicazioni e trasmissioni radiofoniche.

Insegnamento

All'insegnamento Mentessi dedicò buona parte della sua esistenza, sacrificando anche la sua produzione artistica. Dagli anni Ottanta dell'Ottocento, prima come incaricato a vario titolo e poi come titolare di cattedra all'Accademia di Brera fino al 1922, quando fu collocato a riposo, si impegnò appassionatamente alla formazione di tanti giovani artisti, con molti dei quali mantenne profonda amicizia e sentimenti di protezione nel corso degli anni, che sono testimoniati dalla corrispondenza. È significativa a questo proposito, tra le altre, una fotografia che rappresenta gli allievi del I corso del 1898. La dedica recita: «Del maestro, educatore, amico, Giuseppe Mentessi, a noi antesignana guida nella ricerca del vero, i sacrifici riconoscono, gli allievi del I corso».[4]

I fascicoli della serie, oltre alla sua attività di docente all'Accademia, raccontano come Mentessi fosse anche l'artefice di corsi per artigiani e operai promossi dal Comune di Milano, dall'Umanitaria e altri enti uniti in Consorzio. Simile attività svolse anche nel Canton Ticino, dove fece parte della Commissione per l'organizzazione delle scuole di disegno. In tutti questi corsi Mentessi applicava l'ideale, condiviso con Ersilia Bronzini, dell'educazione come elemento fondamentale del riscatto dei più umili. Una menzione particolare va fatta per la scuola delle "Piscinine" promossa dall'Unione femminile – di cui molte testimonianze si trovano nei fascicoli – e per l'insegnamento del disegno alle sfortunate ospiti dell'Asilo Mariuccia. Nella partizione è compresa la documentazione presentata per concorsi, richieste di aspettativa e collocamento a riposo.

Lavori

La serie conserva una ricca documentazione che testimonia i vari campi in cui il pittore si era impegnato durante la sua attività artistica. Vanno segnalati, tra gli altri, i dipinti, le decorazioni di facciate come quella dell'Asilo Mariuccia e di interni di ville, di cappelle private e cimiteri

4. AUFN, Giuseppe Mentessi, Documenti personali e di famiglia, b. 2, fasc. 2.

(come quello di Torno, sul lago di Como), il volume di disegni *Roma*, con sue illustrazioni e testi dell'amico Luca Beltrami, e quello – *Solidarietà di amici* – dedicato al pittore e amico Emilio Longoni. Particolare rilevanza assumono i disegni inediti ritrovati nel fondo e qui collocati: una madre con bambino conservato in un foglio di carta con la annotazione «mamma Teresa», e gli studi per la tomba della madre, pensata per il cimitero monumentale di Milano e poi trasferita nel cimitero della Certosa di Ferrara. Si trovano nella serie anche i documenti riguardanti le partecipazioni dell'artista a commissioni, come quelle per il Castello Sforzesco, per fiere nazionali, comitati per musei e scuole, onoranze a colleghi, iniziative benefiche.

Mostre

Mentessi prese parte a numerose mostre italiane ed estere, anche come membro delle commissioni selezionatrici. Particolarmente significativo è il fascicolo dedicato alla Esposizione d'arte di Venezia, a cui il pittore partecipò ogni anno dalla prima edizione fino al 1914, con l'eccezione del 1910. Qui la documentazione è raccolta in fascicoli annuali. Tra gli altri uno specifico fascicolo, con documenti dal 1901 al 1904, è dedicato alla controversia tra l'organizzazione della mostra e gli artisti lombardi sulle modalità di accettazione delle opere e le ripetute esclusioni delle opere di Emilio Longoni dall'Esposizione. Da questa *querelle* ebbe origine la pubblicazione del volume, curato da Giuseppe Mentessi, dedicato dai colleghi all'opera di Longoni.

Rassegna stampa

La rassegna fu raccolta e ordinata dal pittore stesso come memoria delle sue attività; comprende recensioni e commenti sulle opere, ma anche un fascicolo di ritagli da quotidiani e riviste riguardanti cronache d'arte, polemiche con critici, galleristi e altri artisti come panorama del mondo artistico italiano ed estero.

Carte postume

Le carte postume comprendono tutti i documenti raccolti da Edoardo Majno, erede universale di Giuseppe Mentessi ed esecutore testamentario, dopo la sua scomparsa: le carte successorie, la gestione dell'eredità, le condoglianze inviate a quella che era unanimemente considerata la famiglia dell'artista, cioè i Majno. Va segnalato un prezioso album fotografico delle esequie del pittore, svoltesi al cimitero monumentale di Milano. Nel 1933 le ceneri del pittore sarebbero state trasferite e unite alle spoglie della madre a Ferrara. Si trova qui anche il carteggio tra Edoardo Majno e la casa editrice Rizzoli per la pubblicazione del volume commemorativo Giuseppe Mentessi, uscito nel 1932, con testo di Majno e curato da Emilio Sommariva per la parte illustrativa. Con il volume si dava esecuzione alla volontà del pittore di dare alle stampe una rassegna delle sue opere, in onore della madre.

Altre commemorazioni sono testimoniate, come quelle presso l'Asilo Mariuccia che istituì una scuola di disegno intitolata a Mentessi e l'esposizione postuma a lui dedicata a Ferrara. Alcuni fascicoli riguardano la donazione di vari dipinti (disposta dall'erede) a musei e gallerie e l'organizzazione di mostre artistiche in memoria del pittore e per ragioni benefiche. Si conservano inoltre due opere inedite, due ritratti del pittore sul letto di morte, usanza frequente all'epoca e molto meno oggi, insieme ai ritratti fotografici *post mortem*, opera degli allievi Giuseppe Valerio e Cesare Fratino, quest'ultimo dedicato a Ersilia Majno.

Corrispondenza

Le lettere incluse nelle pagine che seguono rappresentano un saggio certamente limitato nella consistenza, ma sicuramente significativo, della corrispondenza conservata dell'archivio di Giuseppe Mentessi. In apertura si trovano 40 missive scelte tra quelle comprese in oltre cento fascicoli, intestati a mittenti diversi, inviate al pittore da artisti, letterati, personalità della cultura e della politica. Dalla varietà degli argomenti trattati si delinea un ricco panorama di rapporti interpersonali, non limitato al campo artistico, ma esteso al lato sociale e umano. Segue poi un breve esempio, poiché la corrispondenza inviata dalla famiglia Majno conta oltre 800 tra lettere e biglietti, del rapporto epistolare intercorso tra Ersilia Bronzini Majno e l'artista, protrattosi per quasi quarant'anni, in cui si rivela il profondo sentimento di amicizia e la comunanza di intenti tra i due. Sono trascritte qui sia lettere inviate da Ersilia che quelle a firma di Mentessi per un periodo compreso tra il 1894 e il 1915, anno in cui morì Luigi Majno. Le lettere di Ersilia sono conservate in AUFN, Giuseppe Mentessi, Corrispondenza Majno Bronzini; quelle del pittore in AUFN, Famiglia Majno, b. 25.

La trascrizione riporta fedelmente il testo e la punteggiatura degli originali, salvo sporadiche modifiche applicate per una migliore comprensione del testo.

Trascrizioni a cura di Daniela Bellettati.

Vittoria Aganoor[1] a Giuseppe Mentessi

Ponte dei Greci Venezia 16 novembre ’95

Al mio Abenézer (una creatura della mia anima e ch’io amo molto) devo due forti e squisite compiacenze. Una lettera del Fogazzaro di cui mi sento a ragione orgogliosa e questa sua. In tutt’e due è detto pressoché la stessa cosa: io ho saputo commovere, e schiettamente e profondamente, due anime di veri artisti. Possono dei piccoli, tenui versi, aspirare a un più alto e superbo premio? Io la ringrazio per quello che mi dice e dal profondo del cuore. Solo io vedo ch’ella traversa un periodo scuro della sua vita, e pur non meravigliandomene, (giacché tempre come la sua devono necessariamente soccombere spesso a indefinibili nostalgie, acute per quanto fuggevoli) vorrei con un soffio gagliardo disperdere le ombre che le stanno intorno. Come? Ella, giovane, forte di ispirazione e di arte, accarezzato dalla gloria, con dinanzi un largo avvenire, parla di crisantemi e di agonizzanti speranze?! Via! Pensi a tutti i diseredati dell’ingegno, dell’arte, della gloria; ai soli, ai disarmati, ai vinti, e si dica che la sorte non fu avara con lei. Anche a questa ultima esposizione veneziana il suo nome correva ammirato, discusso, invidiato da forti e veri artisti; io so che questo importa poco alle alte anime, ma pure quanti sono travolti dall’ingiusta onda dell’indifferenza, dell’oblio, della malignità che pur non meriterebbero di essere imbrancati tra il gregge mediocre dei dilettanti e degli accademici. Ha 38 anni e parla del “lontano aprile”?! Io vorrei sgridarla, vorrei dirle… Ma noi ci conosciamo troppo poco per questo. Solo oggi ricevo la sua gentilissima rimandatami da campagna e vi rispondo subito tanto è in me vivo il desiderio di ringraziarla. E sa? Io medito ch’Ella in qualche ora d’ozio faccia uno dei suoi squisiti schizzi del mio Abenézer preso per mano dalla bianca visitatrice. Lo farà? E allora io farò una nuova edizione del mio Abenézer, una edizione di tutta bellezza (come direbbe il D’Annunzio), e allora insieme a Lei me ne andrò pel mondo, assicurata all’immortalità dal suo nome. Le piace l’idea? Mi dica. Del nostro Beppino[2] non so più nulla da secoli e non oso scrivere perché purtroppo non spero buone nuove. Ma se lo vede lo saluti per me e gli tiri gli orecchi perché non scrive né a me né alla mamma da un’olimpiade. Le mandai tempo fa altri miei versi; li ha ricevuti? Forse no perché non conoscevo il suo indirizzo e ora La ringrazio di avermelo dato. Le stringo la mano.

Sua obbligatissima

Vittoria Aganoor

Le manderò presto altri miei versi.

1. Vittoria Aganoor (1855-1910), poetessa.
2. Non identificato.

Vittoria Aganoor a Giuseppe Mentessi

Venezia 14 giugno 1896

Gentilissimo amico
Ella non ha da chiedere nessuna scusa. Mi figuro le sue molte occupazioni ed è naturale che possa ben raramente darsi alla corrispondenza. Lasci a noi sfaccendati lo scrivere ai lontani amici spesso e a lungo, seccandoli magari e facendoci mandare al diavolo. Le fotografie, pur non tutte ben riuscite, fanno furori, e non v'è alcuno che venendo nel nostro salotto non le noti e chieda subito l'autore dei quadri chi è, e non ammiri e non esclami o "che bellezza!" o "quanta poesia!" o "Che forza e che originalità di composizione e di pensiero!" o simili cose. Io me la godo pensando che… ho ragione di chiamarla il "pittore-poeta", cioè l'artista completo. Godo che Beppino stia bene… ma temo che il suo desiderio affettuoso non le faccia vedere un po' più del vero. Ad ogni modo se ha ripreso a lavorare è già molto. Sono molto fiera che le siano piaciuti quei miei ultimi versi e li abbia letti con simpatia anche il suo bravo amico Belloni.[3] A Giacosa[4] non manderò nulla, perché in fondo sarebbe come procurare o un'approvazione o un ringraziamento, ed è farsi mandare a quel paese. Quanto sono superba ch'ella voglia farmi parte d'una sua idea sovra un quadro che intende creare! Solo io non potrò, purtroppo, darle sapienti consigli, ed ella poi non ne bisogna da alcuno. La nota giusta è nella sua anima, creda! L'interroghi sempre, e non sarà mai ingannato. Ma non per questo io rinuncerò alla lettera che mi promette, anzi la pretendo e con grande curiosità. L'anno venturo dunque ella verrà a Venezia, mi figuro, e allora m'auguro di conoscerla di persona e di stringere la sua forte mano valorosa di alto e fortissimo artista. Per ora una cordiale stretta di mano con la fantasia.
Sua obbligatissima

Vittoria Aganoor

Noi resteremo qui tutto il mese di luglio e forse parte dell'agosto
A titolo di cronaca le dirò che il mio <u>Silenzio</u> fu tradotto in armeno! Ride? Anch'io

3. Giorgio Belloni (1861-1944), pittore
4. Giuseppe Giacosa (1847-1906), drammaturgo, scrittore e librettista.

Vittoria Aganoor a Giuseppe Mentessi

Castellamare di Stabia
Villa Moliterno
8 agosto 1901

Carissimo amico
Finalmente sono giunte le due stupende incisioni destando esclamazioni di plauso in quanti le videro. Una parola sua, la sua firma almeno me le avrebbe rese anche più preziose, ma ad ogni modo io non ho parole per dirgliene la mia gratitudine. Opere squisite, emanazioni d'un'alta e buona anima di artista singolarissimo. Mi abbono subito all'Unione femminile periodico, ma non posso farmi socia dell'Istituzione avendo ormai rifiutato sempre per ragioni mie particolari di far parte di altre associazioni. Non veda malvolere in questo, ma già molte amarezze ebbi in passato, avendo accondisceso a sollecitazioni d'amiche etc. etc. Grazie ancora e ancora e pregandola di ricordarmi a sua madre Le stringo con molta riconoscenza la mano.
Affezionatissima

Vittoria Aganoor

Franco Bargiggia[5] a Giuseppe Mentessi

Carissimo Professore
Le annuncio una fortuna grande. Con la fonderia Battaglia sono venuto ad un accordo amichevole ed ho ceduto i diritti di proprietà di circa 30 miei modelli. In compenso mi danno 54 statuette in bronzo e 20 targhette. Per la vendita ho ricorso all'aiuto dell'Illustre Signora Majno e del caro amico pittore Aldo Carpi[6] che mi ha raccomandato con grande calore alla Galleria Micheli. Ho ottenuto la facilitazione di pagare il 25% invece di pagare l'affitto dei locali che sarebbe circa £ 7000. Inoltre Carpi mi ha promesso che farà un articolo sul giornale l'Italia e che proverà a stendere preghiera in mio favore al collega Carrà[7] per l'Ambrosiano e Bucci[8] per il Corriere.
Lei Professore che conosce le mie condizioni e mi ha guidato per parecchi anni la supplico di una buona e grande parola al pittore Carpi per spingerlo a pregare i suoi colleghi giornalisti di scrivere della mia scultura sul Corriere e su l'Ambrosiano. L'esposizione comincerà il giorno 30 o 31 maggio 1928 e dura 15 giorni.

5. Franco Bargiggia (1888-1966), scultore e pittore, allievo di Giuseppe Mentessi.
6. Aldo Carpi de' Resmini (1886-1973), pittore, scultore e docente.
7. Carlo Carrà (1881-1966), pittore e docente.
8. Vincenzo Bucci (1878-1958), giornalista e critico d'arte.

L'Illustre signora Majno mi ha promesso che comincia da oggi a farmi reclame a tutti gl'Illustri signori di sua conoscenza. Anche lei carissimo Professore che è tanto buono mi raccomandi a qualche signore.
Mi perdoni Professore se le chiedo troppo bisogna che lei abbia tanta bontà di scrivere subito al suo allievo pittore Aldo Carpi che abita in via Goito n. 5 altrimenti non arriviamo in tempo per far scrivere sui giornali.
Accolga i più sentiti e affezionati saluti dal suo devotissimo

Franco Bargiggia

20 maggio 1928
il mio indirizzo viale Lombardia 52

Franco Bargiggia a Giuseppe Mentessi

Carissimo professore
è terminata la mia esposizione, è stata visitata da molti artisti ho fatto pervenire l'invito all'architetto Professore Cattaneo (insegnante prospettiva a Brera); gli sono piaciute le mie statuette e mi ha fatto le congratulazioni più sentite per la mia attività ed è molto contento di vedermi in buone condizioni di salute. L'illustre signor avvocato Edoardo Majno ha visitato l'esposizione con la sua gentile signora e il commendatore Arturo Milla.[9] Il signor Edoardo Majno ha acquistato tanti bronzi e altri il commendatore Arturo Milla. Sono addolorato di non essere stato presente alla visita dell'illustre signora Ersilia Majno alla mia esposizione.
Accolga i più sentiti e affettuosi saluti dal suo allievo devotissimo

Franco Bargiggia

9 luglio 1928

Giorgio Belloni[10] a Giuseppe Mentessi

Mio caro Beppe

Codogno 5 novembre 1883

Mi fai una infinità di scuse e non c'era la necessità; io ero certo che le cuffie ti sarebbero arrivate e del resto non aspettavo certamente di esserne ringraziato. Diavolo! Ti pare? Il piacere è tutto mio se posso esserti utile in qualche cosa, e

9. Arturo Milla (?-1948), ragioniere, fu Sindaco dell'Unione femminile, costretto alle dimissioni dalle disposizioni razziali nel 1939.
10. Giorgio Belloni (1861-1944), pittore.

solo mi rincresce di potere fare poco per te, ti vorrei rendere felice una volta, ed è questo uno dei pensieri intorno al quale la mia mente lavora. Non credere che sia esagerazione la mia è la sincerità pura come l'affetto che a te mi lega. Alle volte colla mia mente ritorno al tempo passato. Penso al dì in cui ci siamo conosciuti. Io allora ero un povero scolaruccio di Brera pieno di illusioni, mi pareva facile la pittura e il mondo buono. Sentivo e parlavo di tanti bravi giovani pieni di ingegno che a poco a poco ebbi il piacere di conoscere e di stringere loro la mano. Fra questi c'eri anche tu. Allora ci salutavamo così con un po' di complimenti e non ci si dava del tu. In un giorno in cui io venni a trovarti nel tuo studio non ricordo più in quale occasione; in quel dì ci siamo detti ciao e fummo amici. (Qui mi sovviene della confessione che mi facesti un dì: mi credevi un ragazzo superbo. Ho sofferto sai quel giorno; ma lasciamo correre) Fummo amici, e benedetto sia quel giorno. Passò molto tempo, cambiarono le idee nella mia povera testa, a poco a poco le illusioni se ne andarono, capivo che il mondo era diverso da quello che mi ero formato nella mia mente bambina; cominciai a diventare più diffidente, e conobbi intrighi, camorre che prima non sospettavo – e se prima amavo tutto il mondo, cominciai allora ad odiarne una parte. Pensa se io fossi stato solo nelle mie disillusioni! Trovai te, con cui dividere i miei pensieri, te che forse già da tempo eri solo a soffrire i disinganni, e ti ho voluto bene e tu ne volesti a me. Se credessi in un Dio la mia preghiera sarebbe che mi conservasse sempre il tuo affetto – così puro. O i bei giorni trascorsi insieme e a Pavia e a Serina! Come eravamo felici nelle nostre disgraziate spedizioni! E le nostre passeggiate alla sera in mezzo alle montagne senza un orizzonte lontano da potersi spaziare con l'occhio e col pensiero! Vi furono dei momenti di tristezza e non li abbiamo mai palesati l'uno all'altro. Eppure la tristezza come è bella quando è divisa nello stesso momento da due che si vogliono bene! Tu dirai a cosa ne vuoi venire con quella filastrocca. A nulla, io rispondo. È un bisogno che sento di dire tutto ciò che passa per la mia mente; è l'effetto della pioggia che vien giù di fuori intanto che la mia buona sorella sta cucendo un corsettino di lana per un povero bambino. È l'inverno che se ne viene portandoci via il sole e con il sole la luce. Tu mi perdoni se non cerco di tenerti allegro. Lo farò quando ci troveremo in compagnia. Io mi fermo qui proprio per sentire il Faust. Il teatro si apre domenica prossima e a dirti il vero, ora che il tempo bello se ne va, non so come passare questa settimana. Fino ad ora ho scarabocchiato e non mi sono annoiato. Franzoni ti avrà fatto vedere qualcosa di bello. Ho desiderio di rivederlo e salutarlo; intanto fa tu le mie veci. Non verrò a Milano che verso la fine del mese. E tu intanto lavora nel tuo studio e sogna. È tanto bello sognare! Se qualche volta ti senti in terra, scrivimi, che mi fai sempre un grande piacere. Salutami tanto la tua mamma.

Sta bene e ricevi un bacio dal tuo Giorgio

Giorgio Belloni a Giuseppe Mentessi

Cartolina postale
All'Egregio Sig. Mentessi Giuseppe Pittore
Piazza S. Carpoforo 18
Milano

Carissimo Beppe
Codogno 24 febbraio 1884
Ti scrivo con la testa ancora tutta piena della Babilonia di ieri a sera.[11] Mi sono restati impressi nella mente la barba del Cova[12] e gli occhi di carta nell'azione di padre desolato. Che bellezza!
Ho la speranza di vederti qui martedì 26 alla festa di Carlo.
Non è il caso di fare complimenti: io ti offro un letto e un modestissimo pranzetto se puoi partire da Milano alle 1.50. Diversamente parti alle sei ed io sarò a riceverti alla stazione alle 8. Ho detto se puoi ma penso che puoi benissimo perché non hai la scuola. Dunque vieni invece la mattina che passeremo insieme tutta la giornata. Deciditi e scrivimi. Porta lo stifelius e procureremo di ridere. I miei di casa desiderano fare la tua conoscenza e saranno contentissimi di poterti avere con loro. Ciao. Ricordami a tua mamma.

Ti aspetto, il tuo Giorgio

Giorgio Belloni a Giuseppe Mentessi

Galgiana 5 settembre 1887

Finalmente mi decido a scriverti. L'avevo in mente da tanto tempo ma tu sai benissimo come vanno simili cose. Questa volta però l'avevo promesso a tua mamma quando fui a Milano per l'apertura di Brera. Fui a trovarla anche all'epoca della consegna dei quadri e saprai già che mi fermai a dormire un paio di ore di giorno sul tuo letto. La ho trovata sempre in buona salute ed occupata a lavorare. Le chiesi se non si annoiava a stare sempre sola; ma lei mi disse di no perché aveva da mettere in ordine diversa roba e ripulire la casa, approfittando della tua assenza. Era di buon umore e mi raccontò anche qualche episodio della tua infanzia, quando scappavi da scuola per andare in chiesa a cantare sull'organo e che avevi una voce d'angelo, mentre poi eri un demonio che volevi fare tutto quello che volevi. che bellezza! Dunque sei sempre a Venezia in compagnia del Franzonetto[13] e del

11. Si fa riferimento ad una serata presso la Famiglia Artistica milanese.
12. Forse da identificare con Achille Cova (?-1898), illustratore.
13. Filippo Franzoni (1857-1911), pittore.

Cressini.[14] So da tua mamma che lavori sempre e che sei sempre più innamorato di Venezia. Come al solito porterai a casa una miriade di assette e disegni e qualche bel quadro. Se ti fermi anche in ottobre è facile che ai primi di quel mese faccia una scappata a trovarti in uno cogli altri amici se vi saranno; ma non vengo per lavorare ma per passare un paio di giorni in allegria, di quella uso Serina e Pavia. Ho bisogno di rinnovare un poco di quelle ore allegre che abbiamo passato col Franzoni a Bergamo. Vedo che lentamente si va invecchiando nel carattere più che negli anni. Io mi trovo qui con la mia famiglia che è venuta a prendere una boccata d'aria in questi luoghi discreti, ma io m'annoio. Lavoro un poco tanto per passare meglio il tempo. Mi fermerò qui ancora fino al 20 circa, e poi ritornerò a Verona da dove, come ti dissi, verrò a trovarti. Dai giornali avrai saputo notizie di Brera. C'è della bella roba e un poco di Babilonia di idee. Fui in compagnia di Carcano[15] e mi convinco sempre di più che è un ingegno superiore. Vedrai che pittura robusta. Ma forse non la vedrai perché si chiuderà l'esposizione prima che tu ritorni. C'è dell'altra bella roba. Il Premio Fumagalli fu dato al Panerai[16] di Firenze che ha un bel quadro costì all'esposizione nazionale, migliore di quello premiato. Del Principe Umberto non si sa nulla; credo che sarà cosa difficile a darlo bene. Dirai al Franzoni che il suo quadro non ha bisogno di vernice e che è esposto nello stesso sito di prima. Forse l'altro quadretto avrà bisogno di essere inverniciato ancora di più. Domandagli e ti saprà dire perché ho sottolineato il forse. Fino da ora ti avverto di preparare qualche cosa per l'esposizione di Verona che sarà questa primavera, che certo venderai alla società di Belle Arti. Non vedo l'ora che termini questa mia vacanza per venirvi a salutare. Chissà se Franzoni vi sarà ancora. qui vicino c'è la villa di Cressini. Sarei andato a cercarlo ma ho la certezza che sia ancora con voi. Me lo saluterai tanto. Ho avuto tue notizie dallo Spreafico.[17] Conosco il sito dove stai di casa in mezzo ai bambini della tua maestra. Si entra da una porticina dipinta in verde e salita a scala si passa davanti ad un uscio dove si vedono tutti i bambini e le bambine. Il Franzoni dov'è coll'alloggio? Finisco perché la borsa comincia a diventare lunga da portarsi, come dice il Conconello,[18] sul braccio come il paletò di mezza stagione. Salutami tanto il Franzoni. Ricordami al Fragiacomo[19] che ringrazierai dell'indirizzo che mi diede molto tempo fa. State sani ed allegri lavora e scrivimi se vuoi
un bacio dell'amico Giorgio

Casatenovo per Galgiana Brianza

14. Carlo Cressini (1864-1938), pittore.
15. Filippo Carcano (1840-1914), pittore.
16. Ruggero Panerai (1862-1923), pittore.
17. Eugenio Spreafico (1856-1919), pittore.
18. Luigi Conconi (1852-1917), pittore e architetto.
19. Pietro Fragiacomo (1856-1922), pittore.

Luca Beltrami[20] a Giuseppe Mentessi

Architetto
Luca Beltrami
via Morone 8
7 settembre 1882

Caro Mentessi
Se non mi sbaglio è la prima volta che abbiamo occasione di metterci in corrispondenza epistolare e io approfitto per il primo cogliendo l'occasione per romperla una buona volta (come da lungo tempo desideravo) col lui e il lei e col darci del tu quale due giovani delle stesse idee come noi debbono fare; dunque caro Mentessi, ti scrivo per sapere qualche notizia sul tuo conto e precisamente sull'Esposizione di Brera la quale deve essere aperta già da vari giorni e penso che il giudizio del Fumagalli[21] deve essere avvenuto in questi dì. Ebbene come andò? Pensa se sono ansioso di sapere qualcosa e desideroso e fiducioso su un esito quale meriti veramente. È già quasi un mese che son partito da Milano e non solo il tempo vola ma sfugge. Ho ritrovato i vecchi amici che mi rividero con piacere, ho visto tante cose nuove insomma ho avuto un bel da fare. Peccato che il tempo non è troppo propizio sempre incerto e per lo più piovigginoso. Di novità e in pittura vidi poco di veramente straordinario e a dirti il vero, dopo aver assaporato i tentativi della nostra giovane scuola molte cose che già mi parvero belle suscitano in me minor entusiasmo. E a Brera che c'è di nuovo? Io non ho che pochissime notizie di costì cosicché quanto mi vuoi scrivere mi riuscirà interessante e gradito; mi trovo a fare un giro in Normandia, Caen, Bayeux, Lisieux, Evreux ecc., in questo momento ma il 12 corrente mi ritroverò a Parigi fino al 22 e spero di avere in quell'intervallo tue lettere e soprattutto buone notizie. Ricevetti dal Giovannino una lettera tempo fa: il suo papà sta, a quanto mi disse, molto male; speriamo che le notizie avvenire siano migliori. La mia salute è buona così spero di te. I miei saluti al professor Boito[22] se avrai occasione di vederlo; intanto credimi
tuo affezionato

Luca Beltrami

Architecte
36 Rue de Londres
Paris

20. Luca Beltrami (1854-1933) architetto, fu docente a Brera.
21. Il premio Fumagalli per i giovani artisti.
22. Camillo Boito (1836-1914) architetto, fu docente a Brera.

Luca Beltrami a Giuseppe Mentessi

16.1.1912

Come ti dissi, mi occupai della ricerca del blocco di marmo del Duomo occorrente per la sepoltura della tua buona mamma:[23] e da informazioni procuratemi direttamente mi risulta che appena sarà passato il rigore della stagione si potrà avere in Milano un blocco nelle dimensioni indicate da te, e di bella tinta. Poiché tu non vorrai negarmi la soddisfazione che posso dire meritata, dopo più di trent'anni di fraterna amicizia, di contribuire in qualche modo in quel lavoro che è destinato a ricongiungerti con la tua buona mamma, così tu non vorrai occuparti ulteriormente per la provvista del marmo, facendo fin d'ora assegnamento su quello che già mi sono assicurato, e sarà a tua disposizione nella prossima primavera.

Credimi sempre tuo affezionato Luca Beltrami

Luca Beltrami a Giuseppe Mentessi

Hotel d'Angleterre
Rome
[senza data ma presumibilmente 1925]

Caro Mentessi
Quei cretini di Bergamo non sanno nemmeno fare una spedizione[24] per espresso Bergamo-Roma. Hanno affidato il pacco ad un corriere che non figura nemmeno sulla Guida Monaci di Roma, e che fa il servizio ogni due giorni. Così io ho l'udienza dal Papa e non l'invio delle copie. Bel risultato, dopo un mese di noie di tutti i generi! Non volendo più avere rapporti con le arti grafiche, ti prego di voler dire all'avvocato Dino Majno che gli sarò grato se vorrà assumersi lui tutta la pratica relativa alla liquidazione dei nostri interessi* Io sarò a Milano a giorni, forse mercoledì rinunciando per ora ad andare a Mantova come stabilito. Cordiali saluti da noi tutti

affezionato Luca Beltrami
giovedì

*scrivo in tal senso a Bergamo oggi stesso.

23. La madre di Mentessi, Teresa Bentini, morì nel 1910. Il pittore realizzò personalmente la tomba della madre, posta dapprima al cimitero monumentale di Milano e poi trasferita alla Certosa di Ferrara.

24. Si tratta della spedizione delle copie del volume *Roma*, stampato dalle Arti Grafiche di Bergamo, con testo di Luca Beltrami e illustrazioni di Mentessi.

Leopoldo Bersani Bolognese[25] a Giuseppe Mentessi

All'Istituto di Belle Arti in Milano

Egregio professor Mentessi
Mi pregio presentarle il porgitore della presente signor Michele Benzo nativo di Montevideo figlio di italiano il quale si porta in Milano, onde poter aver agio di studiare l'arte decorativa avendo egli assai disposizione sono certo che le vorrà darle quei consigli che solo un artista della sua potenza può esser capace. Voglio credere che tuttavia si ricorderà di me e precisamente in Ferrara e poscia a Milano in diverse epoche. Ora da quasi 12 anni risiedo in America ed ora in questa capitale della Repubblica dell'Uruguay. In tale incontro ho il piacere di salutarla caramente, e ringraziandola di tutto cuore mi professo di lei devotissimo

Leopoldo Bersani Bolognese

Plaza Indipendencia numero 43 sur
Montevideo 01/06/1901

P.S. non sapendo se l'amico Previati[26] risieda ancora in Milano favorirà di darle al giovane porgitore il preciso indirizzo.

Vespasiano Bignami[27] a Giuseppe Mentessi

Caro Mentessi
Invan t'attendo ogni sera. Mi occorrono i cenni sull'amico Previati.[28] Tracciali con penna e manda. Ma presto. Al più tardi portali con te mercoledì 7 corrente alla gran seduta finale del Comitato.[29] Mi intendi? Averli scritti è meglio, resta <u>cosa fatta</u> quindi avrà il <u>capo</u>. Sennò le emozioni che ci attendono in quella sera chissà dove ci menano. Si tratta di dividere le spoglie, e di staccare un membro dall'altro per disperdere il Comitato. Sarà una scena sul genere della donna tagliata a pezzi. Mangini rappresenterà le località, il fondo: Crescenzago!... A tutto si è pensato

25. Leopoldo Bersani Bolognese (1848-1903), pittore e scultore emiliano emigrato a Montevideo.

26. Gaetano Previati (1852-1920), pittore ferrarese, amico fraterno di Mentessi in gioventù.

27. Vespasiano Bignami (1841-1829), pittore.

28. Gaetano Previati.

29. Si fa riferimento qui al Comitato ordinatore della Indisposizione di Belle Arti, l'evento organizzato dalla Famiglia Artistica milanese come risposta goliardica del gruppo degli scapigliati alla Esposizione Nazionale del 1881.

con la più cinica e feroce delle premeditazioni. Ti attendo sul luogo del delitto. Bada di non dimenticare a casa... la forza irresistibile!!

V. Bignami

15 via Fontana
4 dicembre 1881

Luigi Borgo Maineri[30] a Giuseppe Mentessi

New York 1 july 1903
412 West 28 street
United State

Caro Mentessi,
Notizie buone, fino ad ora proprio non te ne possiamo dare né da quanto abbiamo in vista pare la accenni ad andar meglio: la causa di questo andazzo è più attribuibile crediamo alle difficoltà proprie oppostecì dalla lingua, che a deficenze nostre, fortuna che all'atto della partenza non ci eravamo fatte illusioni, né ci eravamo nascoste le difficoltà; si credeva però, che qui si parlasse più facilmente il Francese. In linea d'arte il popolo da' ricchissimi alla media, è ostile alle innovazioni o almeno non ha tempo di forzare la mente in cose diverse che non sieno gli affari, ed allora accetta quanto è riconosciuto e quanto gli si dà come in uso a Parigi; l'arte applicata moderna fa dunque capolino ed è tollerata; è certo che appena la lingua ci servirà facilmente vi ci metteremo dentro con ardore per forzare la strada, intanto si tenta, epperò mimicamente e ancora non si fa niente, che sono diffidentissimi. Se avessimo appena immaginato di fermarci in New York si sarebbe preparato meglio il terreno e avessimo perduto meno tempo. Io, scrivente e segretario della ditta, ho girato parecchio per entrare in qualcuna delle case monopolizzatrici di decorazione, e con Colla[31] e Vannotti,[32] ma sempre fummo accolti con diffidenza. Ora sto tentando di entrare nella casa Tiffany la migliore del genere e non è detto che non si debba riuscire: ci sono già stato e ritornerò, e la cosa prenderebbe indubbiamente una piega sicura, quando tu avessi ad aiutarmi facendomi il favore di ottenermi da V. Pica[33] (al quale non posso scrivere che non trovo l'indirizzo e che perderei un tempo prezioso facendomelo mandare) una buona lettera di raccomandazione e presentazione al signor Tiffany stesso. Pica potrà farlo sicuro di

30. Luigi Borgo Maineri (1876-?), pittore emigrò negli Stati Uniti.

31. Armando Colla (1876-?), pittore.

32. Natale Vannotti (1876-?), pittore.

33. Vittorio Pica (1862-1930), scrittore e critico d'arte, direttore della rivista «Emporium».

essere creduto qui in causa delle recensioni che ebbe a scrivere nell'Emporium sopra il Tiffany.
Avrei bisogno inoltre che tu amicissimo credo di Giacosa,[34] o ove non fosse a mezzo di qualche suo intimo, mi avessi ad ottenere da questi (che io non ho il bene di conoscere personalmente) una lettera di presentazione e raccomandazione pel Generale conte di Cesnola[35] Direttore del Metropolitan Museum di qui e persona influentissima la quale potrebbe certo facilitarmi il modo di essere ammesso al Tiffany Studios, od altra casa importante.
Ti raccomandiamo che nelle lettere di presentazione abbia ad essere incluso un solo nome, il mio ché questa gente quando si accorgono di doverne appoggiare tre perdono la pazienza e non appoggiano nessuno. La qual cosa puoi immaginare è dannosa per tutti noi, specialmente in linea di affari. Abbiamo deciso di scrivere a te sicuri di essere corrisposti in modo preciso, ben sapendo quanto ti sia caro di essere utile agli amici. È venuto a trovarci il Pusterla[36] che a quanto pare se la passa divinamente. Egli è continuamente in viaggio per le città dell'Unione e mi è stato detto che ora guadagna circa 20,000 dollari all'anno, però io non te lo posso garantire. Non è così del povero Abate[37] il quale si è ritirato sdegnosamente in montagna in un *farm* a mungere vacche non volendo più saperne di scultura. È un vero peccato!
Saluta intanto gli amici tutti e abbiti affettuosi saluti da noi

Borgo Maineri e C.

Carlo Bozzi[38] a Giuseppe Mentessi

Solitudine (villa Cairati a Oggebbio) 16 agosto 1887

Carissimo Mentessi
Ti ho promesso di scriverti quando non ero ancora alla Solitudine e non potevo immaginare che la cosa riuscisse tanto difficile. Tu ne devi sapere qualcosa, la vita qui si passa in una strana eccitazione nervosa che dà una febbre senza attività, e fa gustare squisitamente la dolcezza dell'ozio. Ne sei stato vinto tu stesso e ne formi quindi la prova più convincente. Nella calma di questa famiglia esemplare, nel silenzio di questa villa, mi par di vivere come non ho mai vissuto e come amo

34. Giuseppe Giacosa (1847-1906) drammaturgo.

35. Luigi Palma di Cesnola (1832-1904), generale, diplomatico e archeologo, naturalizzato statunitense: fu direttore del Metropolitan Museum dal 1879 al 1904.

36. Attilio Pusterla (1862-1941) pittore; emigrò negli Stati Uniti a fine Ottocento, dedicandosi alla decorazione murale.

37. Carlo Abate (1859-1941), scultore emigrò negli Stati Uniti nel 1896.

38. Carlo Bozzi (1860-1943), critico d'arte e pittore.

tanto vivere, di idee, di sensazioni, affinando sempre più i sentimenti e i pensieri. È il purissimo fascino, è la finissima influenza dell'anima di qui, della signora Erminia,[39] e la vecchia frase del diventar migliori ha le sue vere applicazioni. C'è una festività della sua compagnia, un profumo di melanconia, una bontà, una grazia che si impone. Da 14 giorni sono qui, non abbiamo fatto che una sola passeggiata, abbiamo passate intere ore in casa o vicini ad essa quasi incapaci di staccarsene eppure non ho mai passato così bene per lo spirito la mia vacanza così preziosa per il mio corpo. Malgrado che l'aria del lago, l'ambiente, mi abbiano procurato accessi nervosi fortissimi, spero che la soddisfazione della mente e del cuore possano prepararmi a riprendere le mie pesantissime catene. Mi è tanto spiaciuto e mi spiace ancora adesso di non averti qui assieme, mi sarebbe sembrato il raddoppiare le finissime compiacenze di questo soggiorno, in apparenza monotono. Qui, la signora specialmente, ti ricorda sempre, ad ogni occasione, e ti assicuro che si prova non minore dispiacere di quello che tu hai provato partendo e mostri ancora di avere con l'ultimo tuo biglietto. Romino[40] ti ha scritto una lettera fermo in posta, io una cartolina a Milano per avere il tuo indirizzo, ora l'abbiamo io son contento di approfittarne per primo. son certo che costì, passata la prima impressione, forse tanto forte quanto quella dell'anno scorso, ti sarai messo al lavoro e ti auguro riesca ad accontentare la tua incontentabile modestia. Se non si riesce col tuo ingegno o col tuo cuore, con la tua passione per l'arte è segno che il riuscire è impossibile. Dieci giorni fa la signora Erminia è stata presa da un dolore a un piede che il medico dichiarò e curò come un dolore reumatico. Naturalmente abbiamo dovuto limitare del tutto le passeggiate per qualche giorno anzi non siamo usciti neppure nel prato alle spalle della villa. tutti si fermavano a farle compagnia e a nessuno passava in mente di muoversi. Ora sta meglio, ma la gonfiezza del piede le impedirà certo di uscire per tutta la settimana, io parto venerdì sera, ma non mi lagno del forzato riposo avendo così anche meglio gustata la preziosa intimità di questa buona famiglia. Ora un po' di cronaca degli ospiti. Moja[41] tornato qui con me ripartì subito perché chiamato improvvisamente per la morte della nonna, ritornò poi con Previati[42] e con Conconi[43] ed ora è in Svizzera. Conconi è ripartito il giorno dopo ed oggi l'aspettiamo ancora con Romino che è andato a Milano a prenderlo. Moretti[44] è a Milano da questa mattina ed ha lasciato qui la sua signora. Nelle due feste passate abbiamo avuto la visita di Tagliabue[45] e del suocero di Moretti. Nella prima settimana era con noi tutto il giorno Agnelli un vecchio

39. Erminia Cairati Vogt.
40. Gerolamo Cairati.
41. Non identificato.
42. Previati Gaetano (1852-1920), pittore.
43. Luigi Conconi (1852-1917) pittore.
44. Gaetano Moretti (1860-1938), architetto.
45. Non identificato.

e carissimo mio amico. Conconi per il giorno onomastico della signora Erminia ha portato qui una finissima miniatura, il di lei ritratto, un gioiello. Previati dopo due quadri un oleandro con macchiette e il mulino della Valletta con macchiette, ha lavorato a un ritratto della signora Erminia che promette di diventare una bellezza, come è già ora un pezzo di pittura magistrale. Non puoi pensare quanto il trovarmi in mezzo ad artisti mi piaccia soddisfando la mia impotente passione per l'arte. Il ritratto lo fa all'aperto a mezza figura, col cappello e l'abito bianco che la signora aveva quando le hai fatto quel tuo graziosissimo istantaneo. Il tempo è sempre incerto, oggi piove, sono solo a tener compagnia alle due signore lontane dai loro mariti, ma non sono più allegro di loro. Sento vicina la partenza. Addio. Una stretta di mano dall'affezionato

Carlo Bozzi

Sta allegro e scrivi a me e ai signori Cairati, desiderosi sempre e tutti di tue notizie.

Giovanni Buffa[46] a Giuseppe Mentessi

Milano 5-7-914

Carissimo Mentessi
L'amico Beltrami[47] mi ha riferito questa mattina il tuo discorso fervoroso ispirato dall'amicizia verso il Palanti[48] il quale ha sfogato con te il suo cordoglio perché la commissione eletta dal Consiglio Accademico[49] per giudicare dell'andamento delle scuole non ha avuto troppo da compiacersi con lui per il complesso della sua scuola. Conosco la tua impressionabilità generosa verso tutti i dolori e non mi meraviglio che tu abbia lamentato il nostro rigore indirettamente forse per provocare nel nostro avvertimento una maggior mitezza di giudizio verso il Palanti. Tu sei conosciuto per lo slancio col quale ti assumi la simpatica parte del difensore e questa mia supposizione non ti fa torto. Tutt'altro. Ahimè quanto ti invidio! Ma riconosci caro Mentessi che noi non siamo nelle tue favorevoli condizioni rispetto al Palanti e che siamo eletti proprio per dire secondo coscienza il nostro puro e semplice avviso sull'andamento della scuola in questione. Incarico onorifico, qualche volta piacevole, ma qualche altra ingratissimo. Perciò tu comprenderai caro Mentessi che, mentre apprezzo il sentimento, che ti fa perorare la causa del Palanti mi mortifica la tua implicita disapprovazione sul giudizio che noi siamo

46. Giovanni Buffa (1871-1954), pittore, scultore, incisore e illustratore.

47. Luca Beltrami.

48. Giuseppe Palanti (1884-1946), pittore. Fu per molti anni docente all'Accademia di Brera.

49. Si tratta del Consiglio dell'Accademia di Brera.

per esprimere nei riguardi della scuola di decorazione, al Consiglio Accademico. Permettimi dunque di dire anche da parte del Galli[50] di cui sono certo di interpretare il sentimento che tu non giovi con ciò al Palanti. Perché le buone cause hanno le ragioni della propria difesa in sé stessi mentre amareggia noi grandemente rendendoci il nostro compito già ingrato anche più amaro. Perdona anche il mio sfogo e credimi tuo affezionatissimo

Buffa Giovanni

Gerolamo Cairati[51] (Romino) a Giuseppe Mentessi

Monaco 11 novembre 1894

Carissimo
sono dunque qui e quasi non me ne posso persuadere. Ho finito di mangiare un boccone e in certi momenti, come se le idee mi andassero tutte insieme, mi pare di vedere sul tavolo il mio miscela poi, prendendo l'orologio ed essendo vicine le 9, mi par tempo di andare fuori di casa e venire alla Famiglia[52] e finisco, naturalmente, a dare dell'imbecille a me stesso e ad annerire, se possibile ancor più l'animo mio. A compiere l'opera, subito dopo il Brennero il cielo da azzurro e ridente ha cominciato ad annebbiarsi, e qui a Monaco ho trovato la pioggia, il vento, il freddo, un tempo fatto apposta per l'occasione. E ora a me a digerirsi da solo il mio magone… Questi ultimi giorni a Milano, dolorosi perché appunto gli ultimi, saranno però sempre tra quelli che ricorderò per sempre non tanto per il dolore quanto per la bontà, la fraternità colle quali gli amici hanno voluto e saputo confortarmi; e a te amico buono, carissimo, la memoria corre con insistenza maggiore e vi si ferma con un affetto che le parole non possono dire. Tu sai che le parole tue di conforto e di... speranza (ahimè se fosse almeno possibile) mi hanno fatto più di una volta venire le lacrime agli occhi (a me, che credevo di non saper piangere!). Mi hai fatto un gran bene, caro Mentessi e crederei, conoscendo la tua bontà, la gentilezza squisita dell'animo tuo, di profanarlo, solamente tentando di ringraziarti e di dirti la mia riconoscenza. Possa tu comprendere l'animo mio con un semplice abbraccio nel quale, con te, stringo pure quell'animo d'oro di Bozzi[53] ed il Conconella.[54] Vorrei mandare due parole

50. Riccardo Galli (1869-1944), pittore e illustratore.

51. Gerolamo Cairati (1860-1948). Architetto e pittore, si trasferì a Monaco dopo la fine del matrimonio con Erminia Vogt.

52. Famiglia Artistica milanese, associazione artistica nata nel 1873 di cui facevano parte sia Cairati che Mentessi.

53. Carlo Bozzi (1860-1943), critico d'arte e pittore, membro della Famiglia Artistica.

54. Luigi Conconi (1852-1917), architetto e pittore, compagno di studi di Cairati.

anche all'amico Moretti[55] e digli invece tu a voce come mi abbia commosso il suo saluto di ieri sera.
Ciao Mentessone caro: pensa a qualche volta a me e voglia sempre bene alla povera Erminia, che ne ha tanto bisogno.
Col cuore, tuo

Romino

Felice Cameroni[56] a Mentessi

Mercoledì 8 luglio 1896

Nostro bravo Mentessi ieri sera parlando con la signora Erminia[57] e con Bozzi[58] del vostro primato su tutti quanti i nostri artisti nel rendere fantastica, aerea, suggestiva l'architettura, fra noi tre si esprimeva il desiderio che completamente venga apprezzata questa innegabile specialità di temperamento e di tecnica.
Oggi rileggendo una raccolta di rivoluzionari studi critici del più ardito fra gli esteti della modernità – Certains dell'ultra raffinato Huysmans –,[59] ne riproduco un periodo che riassume con efficacia ciò che noi pensiamo dell'arte vostra "Une fantaisie babelique, una eau-forte de Piranese, avec ses voutes inachevees, ses arches perdues, ses galeries courant en l'air, s'interrompant sautant par dessus le vide, ses masses colossales d'arceaux s'entrecroisent, les uns dans les autres, se barrant la route, se degageant, se rejoignant encore par des baies taillees en pleins images, toute une architecture de *rêve*, tout un cauchemar de colonnes abruptes, tailles a coup de haches, dans la congestion d'un sommeil".
Domandatelo – troppo modesto amico – anche alla signora Ersilia, se le citate parole ammirative dell'Huysmans non sieno pienamente applicabili al vostro primato come pittore-poeta delle visioni architettoniche.
Con affetto
Vostro

F. Cameroni

55. Gaetano Moretti (1860-1938), architetto.
56. Felice Cameroni (1844-1913) critico letterario e giornalista italiano.
57. Erminia Cairati Vogt (1862-1897), animatrice di un salotto culturale.
58. Carlo Bozzi (1860-1943), critico d'arte e pittore.
59. Joris-Karl Huysmans (1848-1907), scrittore e critico d'arte. L'opera citata, *Certains*, fu pubblicata nel 1899.

Luigi Maria Caneva[60] a Giuseppe Mentessi

29 settembre 1918

Egregio signor Professore
Sono ritornato dalla mia licenza,[61] che in parte passai a Milano, da una ventina di giorni; avrei voluto scriverle prima ma le novità che trovai qui non mi hanno permesso che di inviare pochi e brevissimi scritti alla sola Mammina.
A Milano ho visto dopo tanto tempo Franco Bargiggia.[62]Andai a trovarlo a casa in via Commenda 21, era solo nel suo studio e stava lavorando in alcuni bassorilievi (un ritratto del povero avv. Majno e due testine della figliola della signora Majno) era, poverino, un po' abbattuto e triste per il male suo che teme non poter guarire. Ho tentato di incoraggiarlo ma egli sente tanto bisogno di godere un po' di salute ed è disposto di sopportare qualunque cosa pur di ottenere qualche modesto risultato. La signora Majno, che andai a salutare all'Asilo Mariuccia, mi disse che si sarebbe interessata del Franco – forse lei saprà già qualche cosa in esito all'affettuoso materno interessamento. Io aspetto da Bargiggia qualche notizia in merito.
Il signor Presidente di Brera mi colmò di cortesie! Ero proprio tutto confuso e tanto contento mi portò a visitare la Biennale nei saloni della Pinacoteca, due giorni prima dell'inaugurazione!
Le mando con affetto tanti bei saluti

Suo allievo Luigi Maria Caneva

Innocente Cantinotti[63] a Giuseppe Mentessi

Sondalo (alta Valtellina), senza data perché mutila nell'angolo superiore destro, [1902?]

Carissimo Mentessi
Fin dal principio dell'estate mi trovo in questa piccola casa di salute a curarmi dal male insidioso che da parecchi anni mi tormenta. Nulla è più antipatico e penoso il dover adattarsi a questa vita da parassita. Venuto qui con un vivo desiderio di godere lavorando ho dovuto invece (giacché ero febbricitante) tutti questi mesi passarli sopra una sedia a sdraio in un continuo riposo assoluto. Mercé questa cura ebbi notevolmente migliorato ai pol[moni] in modo che speravo di ritornare presto a Milano. Senonché, come se non ne avessi abbastanza, tempo fa ebbi dei forti disturbi nervosi che mi depresso l'organismo di modo che oggi sono pressappoco

60. Luigi Maria Caneva (1895-1985), architetto.
61. Il mittente si trova al fronte.
62. Franco Bargiggia, scultore, allievo di Mentessi.
63. Innocente Cantinotti (1877-1944), pittore.

ritornato alle grame condizioni primitive. I miei risparmi e più ancora un prestito gentilmente fattomi dal signor Pisa[64] furono del tutto esauriti. Immaginati in quale terribile abbattimento morale io mi trovi ora. Fra non molti giorni privo di mezzi dovrei ritornare a Milano. Incapace di lavorare ho la grama prospettiva di dover rinchiudermi in qualche ospedale. Questa ipotesi mi spaventa orribilmente, tanto più sapendomi in condizioni tali di potere (continuando in una cura razionale) sicuramente guarire in meno di un anno. Mi ricordo di un tale ammalato pure di tubercolosi, che raccomandato dalla signora Ravizza,[65] per mezzo di una sottoscrizione le fu possibile curarsi nel sanatorio di Davos. Quanto sarei fortunato se tu avessi la bontà immensa di volerti interessare! Non ti sarebbe possibile fra le numerose tue referenze trovare qualche anima tanto buona... promotrice di una simile sottoscrizione a mio favore? Io pure come quell'ammalato mi impegno di ritornare l'intera somma quando io sia guarito. Quanta forza morale e quanta speranza mi darebbe un simile aiuto in questo momento se la dura fatalità e non mi avesse ridotto in queste grame condizioni, quanto volentieri avrei risparmiato di queste noie, troppe volte ricorsi a te sapendoti immensamente buono. Mio caro Mentessi io spero tanto in questo tuo aiuto, te ne supplico, poiché è la vita che tu potresti ridarmi. Con me ti supplica pure la mia vecchia madre che attende dal mio lavoro qualche sollievo.
Ricevi una stretta di mano dal tuo affezionatissimo

I Cantinotti

Innocente Cantinotti a Giuseppe Mentessi

Lettera su carta intestata
G. BELTRAMI & C. VETRATE ARTISTICHE
COLLABORATORI ARTISTICI: G. BELTRAMI-G. BUFFA-I. CANTINOTTI-G. ZUCCARO

Milano 28 aprile 1909

Caro Mentessi
Ieri sera era tanto l'interesse mio per i discorsi riguardanti la formazione del nuovo gruppo che mi scordai di darti notizie del tuo quadro ora esposto a Venezia, ciò che suppongo ti interesserà moltissimo. È una vera fortuna che la tua bellissima opera sia fuori della sala lombarda dove il Tallone[66] ha spadroneggiato con tal egoismo da far schifo sacrificando qualche suo collega e il nostro amico carissimo, pur di mettere in evidenza la sua brutale abilità di pennellatore. Il risultato però è tale

64. Forse Giulio Pisa (1851-1905), ingegnere, esperto d'arte e collezionista.
65. Alessandrina Ravizza (1846-1915), filantropa ed emancipazionista.
66. Cesare Tallone (1853-1919), pittore.

come se lo meritava. Il tuo quadro si trova a mio parere esposto molto bene in altra sala ed in buona compagnia con l'opera di Chiesa[67] la quale in unione alla tua primeggiano sulle altre. Di questo io me ne compiaccio vivamente. Oggi abbiamo parlato con l'amico Zuccaro[68] del tuo progetto espostoci ieri sera. Ne è anch'esso entusiasta. Arrivederci domani sera.
Tuo affezionatissimo

Innocente Cantinotti

Pietro Chiesa a Giuseppe Mentessi

Sagno 24 giugno 1901

Carissimo
Ho piacere che gli amici nostri[69] si siano decisi a passare qualche giorno in campagna perché sono persuaso che farà loro bene. Forse potranno, dopo, riprendere la loro vita regolare di lavoro, coraggiosamente, nonostante il peso continuo che si sentiranno nell'anima. Perché sono dolori questi che lasciano una traccia palese e nascosta, ma certo profonda e durevole in quelli che ne sono colpiti.[70] Anche tu mio caro amico dovresti lasciare Milano per un po' di giorni. Combiniamo qualche cosa assieme. Vieni fuori a Sagno per qualche giorno o, se preferisci, facciamo delle passeggiate sui monti, ma non restare costì, ora che i Majno sono assenti, così solo a crucciarti, nevvero? Scrivimi subito qualche cosa in proposito.
Io sto bene e lavoro più che posso. Non c'è di meglio caro mio, che lavorare continuamente senza mai perdere un minuto, senza farci troppe domande, accettando rassegnati tutto il male e le miserie che madre natura ci manda in ricambio delle nostre speranze, dei nostri affetti più dolci. Non rinunciam a nessuna delle nostre speranze, teniamo più che mai viva la nostra facoltà di amare, nonostante tutto quello che vi è di inesorabile e di crudele nella vita; continuiamo la nostra strada con coraggio, mio caro Mentessi, tenendoci più vicini che possiamo, in quella comunione spirituale che ci fa forti anche nei momenti più difficili. Arrivederci presto, dunque. Saluta la tua mamma e abbi un abbraccio dal

tuo Pietro

67. Pietro Chiesa (1876-1959), pittore.
68. Guido Zuccaro (1876-1944), pittore.
69. La famiglia Majno.
70. Si fa riferimento qui alla scomparsa di Mariuccia Majno, figlia tredicenne di Ersilia e Luigi Majno, morta pochi giorni prima.

Pietro Chiesa a Giuseppe Mentessi

Sagno, 10 settembre 1917

Carissimo Mentessi
ricevo la tua del 9 corrente e tutto l'incarto col materiale per la pubblicazione.[71] Vedo e comprendo quanto lavoro e pazienza ti sia costata la preparazione di tanti disegni. Per mio conto sono disposto a dare io pure tutto quel tempo che occorrerà per accompagnare degnamente il lavoro tuo e di Cattaneo[72] e metterne in evidenza la ragione ed il valore, ma debbo però dirti che uno studio comparativo su quanto è stato fatto negli ultimi tempi, presso le nazioni più progredite, in materia di insegnamento artistico professionale, non è possibile in così breve tempo e con le difficoltà di procurarmi il materiale. Tu sai che un lavoro consimile era stato fatto dall'Umanitaria una quindicina di anni fa e che costò quasi due anni di ricerche, corrispondenza, traduzioni, ecc. Il volume pubblicato dall'Umanitaria aveva allora un certo interesse e sotto un certo aspetto può averne ancora: ma in 15 anni molte cose sono state mutate: programmi, metodi, indirizzi scolastici, in questo periodo inquieto sono stati così rapidamente abbandonati o trasformati, che tutto sarebbe da rifare.
So che tu mi faresti osservare che basterebbe un accenno rapido ai tentativi più importanti e agli indirizzi più conosciuti: ma anche per riassumere brevemente occorre conoscere profondamente e il tempo che mi assegni è troppo breve.
Vorrei sapere con certezza se la consegna del mio lavoro deve proprio avvenire il 15 ottobre. Veramente non mi rendo conto della necessità di aver pronto il libro per l'apertura delle scuole, se queste rimarranno (come è ormai certo) nelle condizioni anormali create dalla guerra: e cioè prive quasi completamente di insegnanti e di scolari e nel disagio che la situazione transitoria in cui ci troviamo ha creato. Si deve pensare se sarebbe opportuno pubblicare il libro in questo momento a rischio di non potersene servire e di lasciarlo giacere e polveroso negli armadi per tutto un anno, oppure di tenerlo pronto per il momento in cui serva direttamente l'insegnamento diventando un instrumento vivo della scuola.
Mi pare che lasciato un anno senza applicazione (oppure introdotto solo in qualche scuoletta) si arrischi di comprometterne il successo e di togliergli il valore della novità.
Pensaci anche tu e scrivimi subito in proposito (dopo di aver consultato ancora la Camera di Commercio). Nel caso che la pubblicazione fosse rimandata io potrei

71. Si fa riferimento alla pubblicazione di Giuseppe Mentessi, Pietro Chiesa e Achille Cattaneo, *Relazione e programmi per l'insegnamento del disegno nelle scuole professionali e operaie. Redatto per il Consorzio per le scuole professionali di disegno del forese fra la Provincia, la Camera di Commercio e Industria e la Società Umanitaria di Milano*, Milano, Tip. Allegretti, s.d. [1920].

72. Achille Cattaneo (1872-1931).

assumermi di scrivere quella memoria che tu desideri. Altrimenti dovrei rimanere nei limiti già prestabiliti.
Ad ogni modo mandami pure il più possibile di materiale grafico.
Ciao caro Mentessi: ora noi stiamo bene. Ti saluta tanto anche Germaine.[73]

Un abbraccio dall'affezionato

Pietro

Ettore Cozzani[74] a Giuseppe Mentessi

A Giuseppe Mentessi

Albergo d'Inghilterra
via della Bocca della verità
Roma
Milano 6.6.22

Caro e Nobile maestro!
mi perdoni se mi permetto di scriverle una lettera confidenziale che desidero ella tenga per sé. Ella sa quale tremenda battaglia si viene combattendo in Italia da due anni contro una delle più superbe opere d'arte che siano mai uscite dal cuore della nostra razza: contro "la via crucis del Fante" di Eugenio Baroni.[75]
Artisti di dubbio e ingegno, di dubbio sentimento, di dubbia fede – in combutta con ogni sorta di ipercritici e di mezzi critici avversano l'opera, che si è difesa da falangi di spiriti puri, di poeti, di eroi, di Madri sante. Noi crediamo di sapere che Ella fu uno degli artisti che più generosamente espressero fin dalla prima esposizione l'ammirazione per l'opera. L'allora segretario del Comitato per il Monumento scrisse anzi che Ella aveva pronunciato una frase che ci aveva tutti commossi: "Opere simili non onorano solamente l'arte, onorano la nazione tutta". La frase era degna dell'uomo che anche in tempi di oscura negazione della Patria aveva dipinto epicamente le madri dolorose e i figli glorificati. Ora noi vorremmo che ella si compiacesse di inviarci per iscritto o quella stessa frase o quello che altrimenti ella pensa dell'opera del Baroni. Io le scrivo anche per incoraggiamento dell'architetto Greppi[76] che fu già della giuria e che dette e ha ridato oggi una lettera piena di entusiasmo per l'opera; e le assicuro che le sue parole saranno in

73. Germaine, moglie di Pietro Chiesa.
74. Ettore Cozzani (1884-1971), scrittore ed editore.
75. Eugenio Baroni (1880-1935), scultore.
76. Giovanni Greppi (1884-1960), architetto.

buona compagnia insieme con quelle di Leonardo Bistolfi[77] e di molti altri nobilissimi artisti. La prego anche di dirmi se conosce qualche artista che sia commosso dall'opera del Baroni.
Con fede e rispetto

Suo Ettore Cozzani

Eugenio Baroni a Giuseppe Mentessi

Genova
corso Aurelio Saffi 8
22.7.1922

Caro Maestro,
Il bravo Cozzani mi comunica molto gentilmente il contenuto di una lettera che lei gli ha scritto al riguardo della mia opera. Le sue parole elogio mi hanno confortato come solo confortano le parole d'un Maestro. E così pure le obbiezioni.
A questo proposito forse io non ho ben chiarito il mio pensiero quando nella relazione affermo di aver risolto nei bozzetti i problemi dei volumi cioè dei "vuoti e pieni" dei "trafori" insomma che dovranno ripetersi negli ingrandimenti dei bozzetti. Ma non intendevo certo affermare che tali bozzetti siano l'opera definitiva nella loro fattura. La "madre" (che è la sola statua ingrandita) spiega meglio che le mie parole, e come lei avverte. Insomma voglio dire che questi bozzettini sono alti 10 centimetri e debbono diventare taluni 5 metri, altri ("la falciata") 7 e mezzo. In quei pochi centimetri di altezza io non potevo che solo accennare il movimento delle figure e la distribuzione dei volumi. Nulla più.
Io le scrissi – credo – fin dall'anno scorso quando seppi le sue generose parole sulla mia opera, e ricordo di averle detto che a Lei dovevo la più profonda commozione, quando ancora fanciullo vidi la sua "Gloria".
A lei, Maestro, il mio più affettuoso saluto di gratitudine

Eugenio Baroni

77. Lenardo Bistolfi (1859-1933), scultore.

Dunn Gardner Violetta[78] a Giuseppe Mentessi

Senza data [anni Ottanta dell'Ottocento?]
26, rue de Turin Paris
Domenica

Egregio Signor Mentessi
Finalmente le scrivo le mie notizie. Come vede, sono a Parigi; studio molto dalle 8 fin alle 4, e qualche volta dopo pranzo, ogni giorno mi sento più appassionata per l'arte, naturalmente fin adesso non posso seguire la strada che mi piace, perché non mi lasciano fare altro che le accademie del nudo, e non vogliono che faccia impressioni fin che posso disegnare proprio bene, forse hanno ragione, vedo che tutti i gran maestri hanno disegnato con molta precisione prima di fare qualche cosa. Ho avuto un gran dispiacere questa settimana la mia accademia era scelta per concorrere coi disegni fatti dei maschi, e come al solito il mio disegno era tutto scancellato, avendo dimenticato di fissarlo, e così ho perso un onore. Abbiamo una composizione da fare ogni settimana, il soggetto della settimana scorsa era "il giorno dei morti", e son contenta che la mia era terzo. Questa settimana abbiamo un concorso, una mezza figura da fare; vi sono 200 uomini e donne che concorrono. Mi trovo molto bene qui, e vi sono tanti avvantaggi per studiare per le donne, che non vi sono in Italia, qui le donne lavorano come gli uomini. Cosa fa Lei, qualche cosa di bello, sono certa, le acque forte che mi ha dato ho mostrato a Londra a qualche pittore e hanno piaciuti molto. Che peccato che non va a Londra. Le mando un giornale francese con qualche illustrazione dei quadri del nostro celebre pittore Burne Jones.[79] Sono certa se lei potesse vedere i suoi quadri sarebbe incantato, nel giornale non si può ben capire la bellezza dei suoi lavori. Vado spesso al Louvre ed al Luxembourg. C'è un bellissimo quadro di Watts[80] chiamato "L'amore e la vita". Quando vedo tutti i bei lavori che sono stati fatti, dico, cosa può fare un imbecille come me?
La prego di scrivermi le sue notizie, spero di andare un giorno ancora a Milano dove ero tanto felice nei miei... [mutilo]
Ho sentito che c'è un gran cambiamento nella Scuola di Brera, non vi sono più ragazze che studiano, o piuttosto <u>non</u> studiano, allora è una scuola per i maschi soltanto?
Adesso addio, con tanti saluti.
Sempre la sua sincera amica

Violetta Dunn Gardner

78. Violet Dunn Gardner (1862-1946), pittrice inglese.
79. Edward Burne-Jones (1833-1898), pittore inglese.
80. George Frederic Watts (1817-1904), pittore inglese.

Giuseppe Enrini[81] a Giuseppe Mentessi

15-2-26

Mio caro maestro,
Sono anzitutto a pregarlo di perdonare il mio silenzio così lungo. Ho ricevuto la sua lettera con le riproduzioni di quel lavoro e la ringrazio tanto anche a nome della Fifi.[82] Oggi poi posso con gioia dirle che siamo quasi certi che il suo augurio è avverato. Se tutto andrà come speriamo verso la fine d'anno Dio ci tornerà il nostro piccolino. Però non oso quasi sperarlo dopo quel che ci è accaduto per cui accontentiamoci per ora di aspettare con fiducia in Lui da cui tutto ha fine e principio tanto nelle gioie che nei dolori.
Io ho ripreso ormai il lavoro con attività che non mi lascia un minuto di libertà. Ho tre pomeriggi la Ghisolfa dove insegno e ho terminato due ritratti (del dottor Medea[83] e di una piccolina) oggi li ho gettati in gesso io stesso e mi sono riusciti bene. Anche la figurina per la fontana è completa e per Pasqua spero di terminare anche il lavoro in marmo dell'architettura. La signora che mi ha incaricato del lavoro è stata contenta del nudino della figura e l'ha trovata così nobile di espressione e di forma che benché cattolicissima ha riconosciuto che fa per lei. Per Natale ho lavorato per il teatrino dei signori Majno che sono stati contenti. Ho mostrato loro alcuni bozzetti in bronzo che all'avvocato Dino[84] sono tanto piaciuti che me li ha acquistati e m'ha promesso che mi farà conoscere ad altri. Io sono veramente grato all'avvocato che mi ha apprezzato aiutato e per l'interesse che ha avuto per me. È necessario conoscere anche un po' di ambiente dove apprezzino e acquistino eventualmente il lavoro perché a dire il vero, la vita ha tali esigenze che non si può vivere segregati per dedicarsi esclusivamente allo studio. E poi con i nuovi mezzi si possono creare nuovi lavori. La sera dalle 5 alle 8 vado alla scuola del marmo – Brera dal Wildt.[85] È un ottimo insegnante coscienzioso e attivissimo. Vado con entusiasmo e vi lavoro con ardore, così anche questa lacuna nel mio lavoro sarà colmata. Ed ora caro maestro aspetto sue nuove benché dai Majno sappia che son buone e riceva tanti affettuosi saluti dalla Fifi e dai miei.

Un abbraccio da G. Enrini

via Londonio 8 Milano

81. Giuseppe Enrini (1899-1962), scultore.
82. La moglie di Enrini.
83. Eugenio Medea (1863-1964), medico neurologo e psichiatra.
84. Edoardo Majno.
85. Adolfo Wildt (1868-1931), scultore.

Osvaldo Gnocchi Viani[86] a Giuseppe Mentessi

19 novembre 1900

Caro Mentessi
Ho in casa mia il giovane Remondina, che è un suo scolaro. Mi pregò di raccomandarlo a lei in vista di esami, che deve fare; e, pure per lo stesso oggetto, raccomandarlo al prof. Arcaini.[87] Il prof. Arcaini io non lo conosco affatto. Lo conosce lei?
Io non mi azzardo a fare raccomandazioni speciali, perché ho troppa stima di lei. A me basta la di lei coscienza d'artista. Del Remondina io so soltanto questo: che studia l'arte, non per bisogno di guadagno, ma per sua naturale propensione.

Cordiali saluti

Affezionato
Gnocchi Viani

Vittorio Gottardi[88] a Giuseppe Mentessi

Milano, 5 maggio 1908

Caro e illustre Maestro
In primis... spero che Zambelletti l'abbia guarito dal raffreddore molesto. Poi, son qua, a mani giunte, a pregarla di uno, due, tre favori. Anzi mille. Io ho scritto un libro, che sta per uscire per ragazzi, nel quale parlo con convinto entusiasmo dell'arte di Giuseppe Mentessi.
E ora son qua a pregare lei, caro riverito Maestro, a voler favorirmi la fotografia, o il cliché di qualcuna delle sue opere – Madre operaia – ad esempio o il Trittico della pace. La fotografia come il cliché ritornerei subito. Non ho retribuzione per il mio lavoro di sentimento e non posso offrirne a lei in cambio della concessione. Non avrei che della gratitudine... con la quale non vive nemmeno il fedele barbone scuro. Ma la offro...
Siccome il tempo stringe, così, caro Maestro, la prego di aiutarmi con sollecitudine fraterna, ispirandosi al suo bel cuore di artista, meglio: di poeta del colore.
Suo affezionatissimo e angolosissimo ammiratore

Vittorio Gottardi, anarchico

86. Osvaldo Gnocchi Viani (1837-1917), giornalista, politico, segretario della Società Umanitaria dal 1893 al 1908.
87. Ranieri Arcaini (?-1926), architetto.
88. Vittorio Gottardi (1860-1939), scrittore e politico socialista.

Enrico Mazzola[89] a Giuseppe Mentessi

Illustrissimo e Carissimo signor Professore
Ieri un telegramma dell'Illustre commendatore Boito,[90] mi annunciò che il mio studio, esposto all'Esposizione di Brera, era stato acquistato per incarico di sua maestà il Re. La buona fortuna mi ha arriso, certo non meritavo un risultato così lusinghiero, il risultato che io neppure potevo lontanamente aspettare. Ma io sento che il merito di tutto quanto lo devo completamente a Lei; a Lei che mi aperse gli occhi all'osservazione sincera e fedele del vero, che mi pose le basi salde delle scienze del disegno e del chiaroscuro, che mi diresse sulla strada diritta, vasta, e luminosa della vera arte. A Lei devo la forza d'animo che mi sostenne a continuare nella via intrapresa, e a superare i primi scoraggiamenti e le fatali incertezze. Serbo profondamente radicato nell'animo il debito non lieve di gratitudine e di devozione, ed a me si unisce la mia cara mamma, che sempre la ricorda e la benedice memore di tutto ciò che ha fatto per me. Mi auguro che s'abbia a conservare forte vigoroso spirito e di corpo, come sempre la conobbi, e che per molti e molti anni sia il fervente Apostolo di Brera, il Maestro grande e buono, che avvince ed entusiasma i giovani alla vera e grande arte. Nel piacere di presto rivederla, Le porgo i più distinti rispetti di mia madre, e salutandola con grande affetto, mi creda di Lei affezionatissimo allievo

Enrico Mazzola

Valduggia 26 ottobre 1912

Arrigo Minerbi[91] a Giuseppe Mentessi

Mio caro Mentessi
arrivo ora da Ferrara dopo l'inaugurazione della "Vittoria"[92] e voglio ringraziarti vivamente per il tuo telegramma di auguri e voglio darti subito le notizie che certo, da buon ferrarese, desideri. In primo luogo ti dico che la mostra continua ad andare avanti ammiratissima, e il re ebbe parole di vivo elogio e se ne mostrò sorpreso, forse non immaginava un simile numero di artisti ferraresi. Certo il Podestà ti avrà telegrafato, perché così era suo intendimento; comunque ti dico io che il re si è fermato con particolare ammirazione sui tuoi studi francescani. Studi che sono una meraviglia di freschezza e di purezza; li ho guardati uno per uno e non saprei in verità quali preferire. Anzi a questo proposito debbo domandare se questi quadretti son tuoi, o di proprietà, perché ho un amico che ne è innamoratissimo e ne

89. Enrico Mazzola (1891-1915), pittore.
90. Camillo Boito (1836-1914), architetto, docente a Brera.
91. Arrigo Minerbi (1881-1960) scultore.
92. La scultura "La Vittoria del Piave incatenata", opera di Minerbi.

desidererebbe qualcuno. Ma tu forse vorrai cederli in gruppo e hai ragione. Mio caro Mentessi, in quei quadretti tu hai trent'anni! L'inaugurazione della Vittoria è andata bene. Il Santo[93] bene. La mostra per quel che mi riguarda, bene. E questi tre bene, ne aggiungo un quarto, che è il bene che ti voglio io.

Tuo Arrigo.

3 novembre 1928

Ettore Janni[94] ha visto il Santo e ne è rimasto stupito e contento.

Leopoldo Montanari[95] a Giuseppe Mentessi

Bologna 11 febbraio 1931

Maestro Carissimo
Mi accingevo a scriverLe quando ho ricevuto la sua graditissima cartolina colma di quella affettuosità che Le ricambio col pensiero sempre e col cuore dovunque io possa parlare di Lei. Stavo per scriverLe e avevo già preparato la busta con l'indirizzo di Milano; ora, dopo i suoi cari scritti, posso spedire direttamente a Fasano dove mi fa piacere saperla al riposo dalla rigida stagione ed in buona salute.
Comincio col darLe notizie del nostro Irolli[96] che si è abbastanza rimesso e che dedica un po' della giornata alla sua bella arte, dalla quale, ora, traspare una maggior chiarezza di tavolozza che ai miei occhi lo rendono ancor più grande. Sono andato a riabbracciarlo il primo andante e son stato da lui due giorni, lieto che abbia accondisceso a vendere ad un amico mio di Reggio Emilia una sua bella opera che spesso nelle mie frequenti visite ai parenti di quella città potrò rivedere. Non so dirLe quante volte si sia parlato di Lei e come fra me ed Irolli si facesse a gara nell'esaltare l'arte e la bontà del caro Mentessi. Irolli – presenti comuni amici – ne descriveva anche il volto ed il primo incontro nelle sale di "Fiamma"[97] con tanta commossa affettuosità come parlasse di un fratello. Lo stesso Irolli ha mostrato a me e agli altri una magnifica pubblicazione su Assisi[98] – che non conoscevo ma che avrò presto – dove sono riprodotti in tricromia magnifici e suggestivi quadretti suoi pieni di poesia, di sole, di misticismo, di... arte che abbiamo gustato uno per uno. Son certo,

93. Forse si riferisce al volume di Ettore Janni, *Le vie del santo: spiriti e luoghi del poema francescano. Illustrazioni dal vero di Emilio Sommariva; tavole a colori di Giuseppe Mentessi*, Bergamo, Istituto italiano di arti grafiche, 1927.
94. Ettore Janni (1875-1956), giornalista, critico letterario e politico.
95. Leopoldo Montanari, collezionista e critico d'arte bolognese.
96. Vincenzo Irolli (1860-1949).
97. "La Fiamma", rivista mensile d'arte.
98. Janni, *Le vie del Santo.*

Maestro, che il nostro affetto Le farà piacere e tanto di questo affetto vorrei fossero circondati i veri e gloriosi artefici perché esse ossigeno che serve a prolungarne la preziosa vita. Vedesse la prima Quadriennale Romana![99] Quanto lusso di sale quanto sfarzo, ma in fatto d'arte quanto orrore e quanto... dolore. Carrà, Soffici, Funi, Casorati, Carena hanno i saloni migliori e se queste sale fossero in una mostra d'arte marinara si avrebbe anche la vera sensazione del mal di mare tanta è la nausea che si prova nel guardare simili sgorbi senza disegno, senza forma, senza colore. Il nostro Irolli non c'è, come non c'è il mio Mentessi, il vecchio Pratella, Tito, Silvio Bicchi, Dall'Oca Bianca, Romagnoli ed altri e mentre si gonfia l'arte di Spadini dedicandogli un'intera sala non si è pensato ad onorare almeno con un paio d'opere quella di Alciati. L'accademico Sartorio è in un salone con Mancini ma il primo non ha reso omaggio alla grandezza del secondo nemmeno dopo la sua scomparsa e si è preso la parte d'onore. E poi… basta.
Concludo però che non mi è dispiaciuto non vedere in questa mostra i miei cari amici; come dissi ad Irolli anche i puri brillanti sfigurano in una vetrina di pietre false. E gli acquisti? Gliene parlerò a voce e rideremo.
Se, come disse a Fasano, farà il quadretto col quale vorrebbe sostituire quello che ho presentemente, me ne informi per quanto non escluda di venire ugualmente ad abbracciarla costì portandoLe una ben riuscita a fotografia dello schizzo "La settimana di Passione" e una bella fotografia di Irolli a Lei dedicata. Come vede lo ho scritto una lunga lettera, ma a Lei non dispiacerà che questo devoto amico si sia un po' intrattenuto col caro Maestro. Irolli mi ha incaricato di salutarla tanto tanto e di baciarla per lui quando avessi avuto l'occasione di rivederla, cosa che spero fare prima che Ella lasci Fasano. Tante cose care, il mio buon Maestro; auguri affettuosissimi per la sua salute, per la sua arte e un devoto abbraccio dal suo

Leopoldo Montanari

via Broccaindosso 2

99. La prima Quadriennale Romana viene inaugurata al Palazzo delle Esposizioni il 5 gennaio 1931.

Ugo Ojetti[100] a Giuseppe Mentessi

Tortona
Villa del Torrione
25 settembre 1911

Caro Mentessi
ricevo adesso qui la sua lettera e il libro.[101] Lo leggerò subito. Certo ne scriverò sul Corriere, ma non subito. Da pochi giorni mia moglie ha perduto suo padre e sono occupato in affari gravi e urgenti. Ma appena tornato a Firenze verso il 10 di ottobre penserò a lei. Ha finito l'acquaforte della Pliniana?[102] Me ne domandava notizie il marchese Aldobrandino Malvezzi, nipote del proprietario. Non dimentico la promessa che le ho fatta, di scrivere aiutato da lei un libro sul Grandi[103] ma lei nemmeno deve dimenticare di prepararmi ricordi, indicazioni e documenti... Con memore e devota amicizia, suo

Ojetti.

Gaetano Previati[104] a Giuseppe Mentessi

Caro Beppino

Livorno 31 maggio 1873

Bravo Giusfin! Uso la prima parola che ho pronunciato appena letta la tua carissima. E davvero che lo meriti. Hai un cuore che vale tanto oro, buona volontà e tanta anche da venderne, cosa ti manca! Un poco di quella insolentissima fortuna che pare faccia a calci coi rispettivi nostri nomi. Ma verrà sta certo se coi buoni proponimenti che hai ora durerai sino alla fine. Ti assicuro però che lo trovo un poco difficile anch'io. Sei in certe acque da cui non potrai uscire che navigando molto destramente, navigazione che già tu ben capisci si limita a una sequela di privazioni, sotto ogni rapporto. Io mi speravo meglio da quel signor Cavaliere. Almeno per riguardo al titolo di cui è rivestito dovrebbe trattenersi, moderarsi, rispettare insomma quelli che ne sanno meno di lui. Ma questo sarebbe anche poco se in compenso presso di lui tu ne avessi un vero vantaggio nell'istruzione. Da

100. Ugo Ojetti (1871-1946) scrittore, giornalista e critico d'arte.

101. Si tratta del volume *Insegnamento razionale dei primi elementi del disegno*, Milano 1911.

102. La villa Pliniana, edificata nel XVI secolo, si trova a Torno sul lago di Como dove Mentessi soggiornò lungamente.

103. Giuseppe Grandi (1843-1894), scultore.

104. Gaetano Previati (1852-1920), sta svolgendo il servizio militare a Livorno, mentre Mentessi frequenta l'Accademia di belle arti di Parma.

quanto mi scrivi ne arguisco poco di buono e non posso fare a meno di ricorrere col pensiero a Ferrara presso Draghetti, Zuffarini eccetera che tenevano anche loro Zaninetti, con l'intenzione dicevano di insegnargli qualche cosa. Ma purtroppo l'egoismo prevale sempre qualunque sia il grado la cultura delle persone, e dell'individuo non vedono mai altro che un mezzo per soddisfare i loro comodi, mai una pianta da educare da cavarne frutto. Accetterei ad occhi chiusi l'idea di andare a Roma, che non teme nessun confronto, ma bisognerebbe prima fare qualche calcolo giusto, positivo, certo. Non ti pare? Slanciarsi così ad occhi chiusi in una capitale dove non si conosce nessuno, e poi questo è poco anche perché già lì in Parma ti sei trovato in caso simile, ma il busillis sta che siamo in una brutta epoca. Tra un mese o due l'Accademia si chiude per le vacanze e tu cosa fai? In Roma certo non mancano materiali, uno che si dilettasse solo a copiare il buono ne ha abbastanza per tutto il tempo di sua vita. Ma lo studio senza una direzione sai che torna poco utile e specialmente quello che si tratta di soggetto da preferirsi. Aggiungi a questo che uno quando non ha ora stabilita, che può al suo bell'agio andare a spasso, dilettare l'occhio niente affatto esercitando la mano, è molto prossimo al cosiddetto vagabondaggio, non so se mi spiego…
E questo per il lato diressimo morale. E da quello materiale? Deve essere un affare assai ben più scabroso in Roma dove dicono tutto sia caro. Bisognerà più che a Parma privarti si può dire del necessario. Sii pronto a far questo. Sei proprio certo che il pentimento non debba coglierti un bel giorno e preferisca ritornare a casa ove ben lo sai non potresti aspettare altro che i rimbrotti degli sciocchi (e sono pur tanti) che deridono i tentativi mal riusciti senza guardare, che nulla mai provarono loro, che in caso simile niente avrebbero mai tentato! Rifletti sopra bene bene. Scrivine anche a mio fratello Beppe o se vuoi meglio gliene parlerò io, e val sempre più il parere di due che quello d'uno. Poi, per mezzo di Barbantini,[105] od altri si può avere qualche lettera di raccomandazione. A Piatti[106] per esempio, o qualche altro pittore. Insomma fa tu, io trovandomi nei tuoi panni farei il fagotto e me ne andrei subito perché non troverei differenza fra l'essere lì o là una volta che tu sia distante sempre da casa. Per te però vi è un poco di differenza ed è appunto per quello che ho creduto bene darti quelle poche avvertenze. Se anderai il cielo ti benedica e ti dia quella fortuna che ti ha negata finora. Eccoti il mio passaporto. Vediamo ora per provvedere a quelle tue piccole occorrenze. Senti Beppino io direi che tu ricorressi alla mamma tua non ch'io non ritrovi giusti i tuoi scrupoli, anzi so che valore hanno, ma dico questo per il semplicissimo ragionamento che ti espongo. Quando tu ti sia ben sacrificato a privarti di qua, a privarti di là credo che non arriveresti mai a procurarteli quei pochi oggetti di vestiario che ti sono indispensabili o pure arrivandoci ti costerebbero sempre il doppio di quello che

105. Eugenio (Nino) Barbantini (1884-1952), ferrarese, critico d'arte e museografo.
106. Prospero Piatti (1840-1902), pittore ferrarese trasferitosi a Roma.

se li comprasse e spedisse tua madre, pratica dei siti ove si possono avere a buon mercato, dove si trovano le così dette bazze. Non ti pare? Accetta il mio consiglio senza scrupolo che penso io al mezzo giusto di tranquillizzare tua madre. Voglio credere che non avrai obbiezioni di sorta a fare in proposito – come non le deve avere il fratello minore verso il maggiore, anche quando avesse ragione!!!! E poi pensa che verrà un giorno in cui dovrò ricorrere a te, e sarà quando otterrò il mio congedo. Io ritorno a casa senza saper più disegnare un orecchio e tu invece sarai diventato bravo, perché è tuo dovere prima di tutto, poi perché tutto lo promette. Dunque verrò a te che sarai mi immagino in qualche gran città e per aiuto e per consiglio. Vedi che i conti si aggiustano sempre e ti garantisco che io di scrupoli con te ne avrò punti. Domani è il giorno dello Statuto, e avremmo la gran parata se il tempo lo permette, essendo oggi molto nuvoloso anzi piovoso. Mi toccherà infilare lo zaino impugnare la carabina e andare anch'io a mostrare ancora una volta come ad un uomo se ne fa una macchina che si gira in tutti i sensi con una sola parola. Quindi per farci guadagnare i tre soldi dei giorni straordinari ci faranno correre un poco sotto i benigni sguardi del colonnello. Che bel giorno non è lo Statuto? Basta basta lascio di parlare di me perché trascenderei subito dandoti così un cattivo esempio di rassegnazione. Nessuno dei miei amiconi mi ha ancora scritto, del resto me ne importa poco perché m'immagino cosa poteva sortire da quelle teste. Però fa dispiacere il vedere come di tanti che pareano si premurosi neppure uno ha trovato una parola. Sarà anche questa una delle tante lezioni che per l'avvenire mi guideranno alla più giusta conoscenza degli uomini e delle cose. Di disegnare non se ne parla ancora qui, però ho intenzione di comprare delle fotografie di statue, quadri etc, e di copiarli meglio che mi sarà possibile. Ve ne sono proprio delle stupende. Mi sarà di profitto? Credo varrà meglio poco che nulla. Col tempo poi voglio vedere se mi potessi procurare colori e pennelli, ma non credo di poter trovare tanto piacere. Oh se il Reggimento cambiasse di sede e andasse a Roma per esempio: che felicità…

Ma è inutile il pensarlo, tuttalpiù dicono che quest'altro anno vadi a Torino. Ma di qui ad allora c'è tempo. Termino raccomandandoti di rispondermi, non fa niente se sarà oggi o domani o dopodimani, rispondimi lungamente che mi fanno piacere le tue lettere. Scrivi dunque a tua madre, e spera, intanto persevera sempre con la buona volontà come hai fatto finora. Studia sempre cogli ogni occasione di imparare qualche cosa di nuovo ed ascolta i consigli di quel professore. Addio Beppino ricordati che penso sempre a te, ti amo sempre come se mi fossi vicino. Quando hai qualche cosa ricorri a me che sono lieto di potermi chiamare baciandoti

tuo fratello Bibi

Perché non ti sia di disturbo il rispondermi unisco diversi francobolli, è naturale, se vuoi economizzare. Me li restituirai quando vuoi. Sta allegro, un altro bacio e addio.

Gaetano Previati a Giuseppe Mentessi

Livorno 7 agosto 74

Beppino
Grazie di cuore della sollecitudine con cui hai risposto alla mia e mi pento di averti scritto in quel tono che in fondo in fondo nascondeva il rimprovero. Tu però generoso non ne hai fatto parola anzi ammalato come sei rispondesti subito. Che bel bacio ti darei se fossi presente. Mah, accontentati delle buone intenzioni per adesso e veniamo a noi. Con che soddisfazione ho letto quelle linee dove mi narri delle tue apprensioni per gli esami e dei tuoi sforzi per riuscire. Eccola la vera vita: santificata dal nobilissimo scopo di imparare, piena di promesse per l'avvenire che sono la dovuta ricompensa ai sacrifici, alle privazioni, alla buona volontà. Chiedi dei consigli? Cosa vuoi che ti dica? Persevera nella via intrapresa superando con tranquillità d'animo i mille ostacoli che la fortuna frappone sempre (e come se ne compiace!) a chi vuol formarsi una posizione rispettabile. Nel tempo che sei stato a Parma avrai avuto campo di misurare le tue forze e tirarne una conseguenza per l'avvenire. Tutto mi dice che riuscirai. Vorresti dubitarne tu solo?
Dovrò dirti come io godo sapendoti favorevole al mio progetto per Firenze? Se tu sapessi quanti sogni vi ho fabbricato sopra. Lì ho riposto la mia speranza ed è solo per attuarla che trovo forza e rassegnazione in questa maledettissima vita che conduco. Né credimi tratto dalla vana illusione che una rinomata città esercita sopra debole intelligenza. Al desiderio del mio cuore aggiungo un freddo raziocinio, ascoltami. Una educazione artistica, è indubito, si forma o per maestri o con le opere di buoni maestri e una savia direzione. Ora possediamo noi tali elementi? Tu certo mi risponderesti per la prima parte. Un no chiaro e tondo; per la seconda mi citeresti la nostra galleria di quadri. Ecco dove ti volevo. Mi griderebbero la croce addosso tutti gli entusiasti dell'arte cristiana se per caso fossero note queste mie parole ma non per questo mi tratterrò dall'esporle. Ti confesso adunque che se io dovessi studiare un anno o due sui quadri della nostra galleria prenderei in uggia l'arte!! Non ti spaventare Beppino mio te ne dò subito le ragioni. Nelle pitture in discorso che cosa ti alletta, ti attrae ti spinge ad ammirare? Sentiamo. La vaghezza del colorito la purezza del disegno la ben ordinata composizione le pieghe gli accessori eccetera eccetera. Scelti con gusto. Ecco tutto od almeno quello che provo io ed in generale ho sentito dagli altri. Nulla però che sollevandoti nelle regioni dell'infinito ti faccia dimenticare questa povera creta, nulla che impedisca al pesante soffitto della galleria di gravitarti sulla testa nulla insomma che ti costringa a pensare, meditare e riflettere. Colpa in gran parte del soggetto che trattano. Diffatti è una Madonna. Ebbene, avrà la testa piegata a destra o a sinistra uno sguardo modesto un sorrisetto a fior di labbra, stringendo un bambino che il più delle volte pare abbia in corpo l'argento vivo, tutto questo in mezzo a nuvole di cartone con un contorno di melegrane cioè di angeli e cherubini più o meno paffuti. Al di sotto un concerto di santi che messi realmente in-

sieme avrebbero fatto a pugni con pose che si possono riassumere in quattro parole – sguardo a 45 gradi – mano destra o sinistra al petto – le gambe disposte come quelle dell'Apollo – quando non sono inginocchiati che allora il corpo è volto a ponente e la testa a levante. Modifica leggermente questi dati e si attaglieranno a tutti i soggetti religiosi fatte beninteso le onorevoli eccezioni. Come digerire tutto ciò quando una barchetta un poco d'acqua quattro nubi che nascondono la luna convenientemente trattati hanno più potenza sul tuo animo che tutte le presentazioni e adorazioni e invenzioni dal 400 al 700. Prova adunque che il bello il sublime senza vagare fra le nubi lo troviamo in natura. Bisogna saperlo scegliere – per sceglierlo occorre una guida. A Ferrara tutti ne convengono queste guide non le abbiamo dunque andiamo a Firenze che racchiude tutto quanto di vero di bello di buono crearono le arti dal loro nascere al giorno d'oggi. Se il mio ragionamento ti persuade non ci resterà che pensare al tempo ed ai mezzi migliori per effettuare questo disegno. Disgraziatamente del tempo per riflettere io ne ho ancora a sufficienza. Tu approfitta meglio che puoi della libertà che godi per informazioni in proposito.
Figurati se non accetterai volentieri le fotografie. Portale a Beppe[107] che me le manderà. Disegno poco che davvero sono molto svogliato ora. Te ne dirò poi le ragioni, se possono chiamarsi ragioni. Ringrazia Callegari d'avermi avuto in memoria. Saluta appena li vedi i professori Domenichini,[108] Pagliarini, Conti, il sig. Destefani e famiglia, tutti gli altri amici. Dì a Barlam[109] che l'aspetto presto, ma prima di tutto guarisci bene e poi scrivimi a lungo riparando il tempo perduto e consolandomi un poco dell'abbandono in cui fui lasciato. Ho mille altre cose da dirti ma non essendo sicuro del tuo indirizzo sono costretto a dare questa mia alla famiglia. Saluta tua mamma.

Scrivi presto, abbiti cento baci da tuo fratello Bibi.

Gaetano Previati a Giuseppe Mentessi

Caro Beppino

Ferrara 29 dicembre 1879

Ho ricevuto la raccomandata e ti ringrazio e ringrazio Filippini[110] per l'opportunità della restituzione. Mi trovavo in imbroglio per certo debito contratto senza far parola a mio fratello e grazie a voi altri oggi me ne trovo sollevato. Bisogna però che tu mi faccia un piacere facendo come cioè se tu non mi avessi scritto né del denaro

107. Il fratello Giuseppe Previati.
108. Girolamo Domenichini, pittore ferrarese, maestro di Previati.
109. Amilcare Barlaam, docente all'Ateneo ferrarese.
110. Francesco Filippini (1853-1895), pittore.

né della sala all'Ateneo e scrivendomi prontamente lettera nella quale scusi come si suol dire un silenzio un po' lungo, m'incarichi di procurarti la concessione della scuola di pittura all'Ateneo ecc. ecc. Mi hai capito? Desidererei che la raccomandata fosse come non esistita.
Mi faresti un bel piacere portando teco quel corpetto di velluto nero che facemmo per Filippo Strozzi (se lo trovi) e t'informasti se abbiamo restituito a Sanquirico[111] quello giallo che prestò per campione.
Non vedo l'ora di abbracciarti e trovare nella tua compagnia un sollievo alla monotonia della presente mia vita e avere un tuo consiglio sull'intrapresa che immaginerai già mi si è cambiata in incubo.
Sono demoralizzato completamente Beppino mio. Mi trattiene qui solo il dovere che ho con mio fratello. Del resto sarei fuggito già da un pezzo.
Oh l'arte! Che burla!
Dai signori Villani[112] discorriamo sempre di te, speravamo tanto di trovarci a pranzo insieme la seconda festa di Natale! Vi fui solo ed ero secondo il mio solito di pessimo umore, poi dopo pranzo mi sentii male come mi accade da qualche tempo!
Ti aspettiamo.
Tua madre sta bene e poi figurarti se non ha desiderio di averti con lei, sbroglia presto il monumentino del signor Guidini[113] e vola fra noi.
Saluta tanto Filippini, Bozzi,[114] Cagnoni[115] Bazzaro[116] Mapelli[117] ecc. e credimi sempre il tuo

Gaetano

Gaetano Previati a Giuseppe Mentessi

Caro Beppino

Torino 16 luglio 1880

Oggi vedo entrare nello studio l'amico Pogliaghi![118] Provo un gran piacere e mi pare d'essere ancora a Milano. Peccato che si è trattenuto solo il tempo per dirgli di salutarti. Ho un gran desiderio d'abbracciarti e stare un poco insieme, poi una voglia

111. Pio Sanquirico (1847-1900), pittore.
112. Famiglia non identificata.
113. Probabilmente si tratta di un lavoro per l'architetto ticinese Augusto Guidini (1853-1928), membro della Commissione conservatrice dei monumenti di Milano.
114. Carlo Bozzi (1860-1943), critico d'arte e pittore.
115. Amero Cagnoni (1853-1923), pittore.
116. Leonardo Bazzaro (1853-1937), pittore
117. Luigi Mapelli (1855-1913), musicista
118. Lodovico Pogliaghi (1857-1950), scultore pittore e scenografo.

matta di sentire il tuo parere sull'incubo che ho per le mani. Maledetto questo antipatico studio tutto rosso, non ci capisco più niente e ho la certezza di fare una cosa poco armonica, a questo proposito anzi accarezzo molto l'idea di venire a Milano quattro o cinque giorni prima di consegnare il quadro e in qualche sito col tuo consiglio o da altri dare un'aggiustatina armonizzando ecc. Cosa ti pare? Sapresti tu dove mettermi che vi fosse una luce conveniente e pressappoco l'ambiente delle sale di Brera? Sentirai a giorni della vendita del mio quadro Cesare Borgia al signor conte Sauli Visconti di Forlì,[119] per il prezzo di lire… Sul libro delle pappole si conteranno a migliaia ma… Cos'importa ciò, la gente si accontenta dell'apparenza. Mettiti fra la gente tu pure e dì che certo devono essere state molte migliaia!!!!
Il concorso Fumagalli è la speranza ultima. Ti avevo pregato di informarmi sui concorrenti ecc ma non mi hai più scritto. Ho ricevuto il programma dell'esposizione di Brera. Chi l'ha mandato? Tu o Legnani?[120] Certo nel ritorno da Torino vengo a Milano, ma se è attuabile il progetto suddetto ai 15 del prossimo agosto sarò lì. Faccio eseguire la cornice a Ferrara dal buon Oddes l'uomo gesso e colla. Non so come poi farò perché non passa per le scale di qui ma basta a tempo vi penserò. Dimmi se vieni con Mapelli. Parliamo spesso di te e lui coi signori Giardino[121] che vado spesso a trovare, unico svago nella solitudine assoluta che conduco. Mi consolo nel pensiero del tempo che passa. Ho mille progetti, cento idee un mondo di cose da fare per l'avvenire, mi manca solo da attuarle!!! E a te caro Beppe come corrono le cose? Non mi dici più nulla! Saluta tanto Filippini Bozzi Cagnoni Bazzaro Colombo[122] Mapelli Legnani ecc. ecc. e credimi sempre tuo

Gaetano

Gaetano Previati a Giuseppe Mentessi

Ferrara 21 settembre 1881

Caro Beppino
Mille cose ho da dirti e vorrei averti già dette in tanto tempo. Ma la noia sale tanto quanto l'occupazione continua e io sono in uno stato deplorevolmente noioso… Per cominciare, non ho più la barba!!!! Accomodandola ieri con le forbici me ne venne tagliata troppa da una parte poi un po' troppo dall'altra sicché fui costretto a reciderla tutta con le mie stesse mani!!! Ora ricevo le felicitazioni delle signore!!!!

119. Il conte Antonio Sauli Visconti (1848-1903). Il dipinto fu in effetti acquistato e collocato nel castello di Bertinoro.

120. Luigi Legnani (1851-1910), scultore ferrarese.

121. Forse la famiglia di Olimpia Garrone e Carlo Giardino, magistrato, genitori del futuro generale Gaetano.

122. Non identificato.

Mi farai l'immenso favore di chiedere alla signora Angiolina se si è ricordata del mio anello, ritirandolo cioè da sacro impegno, o rinnovando la polizza. Sono in una grande inquietudine perché lo tenevo carissimo quell'anello donatomi da Augusto. Poi bisognerebbe con bel garbo porre fra le braccia al dottor Riva il mio cappotto d'inverno per quando ritorno a Ferrara. Sarà un colpo ardito se ti riesce perché come volume deve essere un bell'incomodo e poi a me sarà necessario per il ritorno. A proposito saprei volentieri se tu vieni a Ferrara o no perché ciò potrebbe modificare l'epoca della mia venuta a Milano. Io avevo stabilito il ritorno ai primi di ottobre consigliandomi solo al prepotente bisogno di ritornare alle predilette occupazioni e anche utilizzare meglio il tempo perché a denaro sono orribilmente asciutto.
Spero riescire a raggranellare le 250 lire d'affitto per lo studio di via della Cerva, fammi il piacere di sentire da Bouvier[123] se tu puoi quando ti avrò spedito la somma fare per me il contrattino col padrone di casa, io poi scriverò un bigliettino al padrone di casa di corso Porta Vittoria perché lasci fare il trasporto dall'Etrusco... Sono molto incerto riguardo alla camera da dormire; debbo restare dove sono o cercarne una prossima nella stessa casa dello studio? Questione seria perché avrò bisogno di molta cura e molta quiete e perché anche lì in via Sala ho una bella cifra di debito che inceppa come puoi credere la mia indipendenza. Dimmi qualche cosa in proposito. Poi dammi notizie del concorso Fumagalli[124] e della Indisposizione.[125] Perbacco, dovette essere a buon porto colla finanza, come va che non me ne hai mai detto nulla!
Qui a Ferrara le solite cose. Tutti mi dicono che fai male a rifiutare il posto di direttore all'Ateneo, io cerco persuadere che invece hai ragione, il parroco di San Giorgio sperpera una ingente somma a rinnovare tutta la chiesa, ne son pittori Marini e Divisi!!! È dispiacente che tu non abbia potuto lavorarvi. A giorni anderò a trovarlo per certi San Giorgio e Maurelio che mi dicono voglia dipingere nel soffitto. Ma io non ho forza abbastanza per tale lavoro a meno che non si faccia su tela da adattarsi poi sul posto; non ho altro pensiero che ritornare a Milano. Spero tu sarai stato sempre bene di salute e anche la tua buona mamma; io ingrasso a vista d'occhio e quando mi vedrai corro il pericolo di non essere subito riconosciuto! Peccato che non vogliono lasciarmi fumare! I signori Villani mi dimandano sempre di te e sperano vederti presto. Legnani[126] sta scalpellando dei ritrattini in un medaglione, vestito da marocchino. Ha <u>un'amante celebre</u> e fa parlare di sé tutta

123. Pietro Bouvier (1839-1927), pittore.

124. Si tratta di un premio di incoraggiamento per i giovani artisti, pittori o scultori, riservato a concorrenti di età inferiore ai 34 anni.

125. L'Indisposizione di Belle Arti fu un evento artistico organizzato dalla Famiglia Artistica milanese come risposta goliardica del gruppo degli scapigliati alla Esposizione Nazionale del 1881.

126. Luigi Legnani (1852-1910), scultore.

la cittadinanza!!! Maldarelli è ritornato da Milano più oca di prima, lasciando per giunta quella piccola chiave della cassetta dei miei disegni alla signora Angiolina mentre avevo tanto desiderio di conservarla io, basta. Passarella è occupato nella farmacia sull'angolo di via Giovecca a Santo Spirito! Zeni ingrassa e parla sempre d'arte!
Tanti saluti agli amici e a tua mamma e mille abbracci a te dal tuo affezionato

Gaetano.

Corrado Ricci[127] a Giuseppe Mentessi

Senato del Regno
Roma – Piazza Venezia 11
28.VI.27

Caro Professore,
il mio volume sulla scenografia italiana è fatto come altri già da me pubblicati sull'architettura romanica, del Cinquecento e barocca consiste, cioè, di una prefazione di una trentina di pagine e di circa trecento illustrazioni molte a pagina intera e molte a mezza pagina.
Il mio presente volume si inizia con Baldassarre Peruzzi e con Raffaello, ossia col principio del secolo XVI, e si chiude col principio del secolo ventesimo attraversa cioè quattro secoli dando i diversi tipi dei maggiori scenografi e prospettici nostri.
Delle fotografie mandatemi da Lei riprodurrò intanto i suoi tre schizzi, ma io ricordo di aver visto non so più in quale esposizione una sua mirabile fantastica scena notturna di edifici e sfingi sporgenti sopra un fossato come sarebbe quello che cinge il Castello di Ferrara. Se non sbaglio era una tempra. Non potrei dirle di più e forse non sono preciso. Ma Ella può comprendere e mandarmi la fotografia desiderata.
Fra le altre fotografie di scene di invenzione dei suoi allievi, alcune mi piacciono, ma mi occorre sapere se qualcuno di essi è divenuto scenografo, per così dire, attivo. Le scene che riproducono luoghi reali ed esistenti non posso riprodurle, perché tesi principale del mio libro è la dimostrazione della felice fantasia inventiva dei nostri scenografi. Intanto della sua preziosa collaborazione io la ringrazio quanto so e posso, mentre mi ripeto affezionato suo

Corrado Ricci

127. Corrado Ricci (1858-1934) archeologo, storico dell'arte e scrittore.

Alberto Salietti[128] a Giuseppe Mentessi

Fondo Toce 20-7-17

Gentilissimo signor Professore
Ho atteso alcuni giorni per poterle scrivere direttamente a Lenno poiché penso che ora sia già costì. Domenica come Ella sa, arrivai da Gibelli[129] e lunedì stesso mi misi subito al lavoro. Ho già fatto cinque o sei studietti ma non potendo recarmi fuori a dipingere mi arrangio come posso dentro la proprietà del mio amico copiando piante e fiori che a me piacciono tanto. Certo è un po' seccante dover limitarsi a questo, quando s'è in un luogo in cui la natura è così varia e pittoresca. Ma pazienza! Dato che si può studiare ugualmente.
Avrò ancora 8 giorni di permanenza costì e conto di fare ancora parecchie cosette. Gibelli la ringrazia caldamente dei saluti che a mezzo mio le ha inviati. In questi giorni si lavora assieme, e dice che non mancherà anche in seguito di lavorare, ed in tal modo poterle mostrare al ritorno i lavori fatti. Ieri ho visto il pittore Muzii[130] il quale parlandogli del mio progetto di recarmi a Chiavari, mi disse che colà non si può dipingere. Sarebbe un bastone nelle ruote ed in tal caso vedrò di scegliere un altro luogo però voglio assicurarmi per bene, e cercherò anche di avere il permesso dal comando militare, se ciò che mi dice è vero. Io credo poi che non si vorrà impedire ad un individuo, di esercitare onestamente la sua professione. Lei ha dovuto chiedere pure il permesso per recarsi ad Assisi? Io spesso la ricordo, mio buon professore e ricordo i suoi insegnamenti recenti, nonché tutti quelli da lei avuti, quando ero al principio della scabrosa via dell'arte. Ma la ricordo spesso, anche perché io vedo in lei, oltre che il maestro anche il padre, e vorrei, in certi momenti di dubbio, e di scoraggiamento esserle vicino; poiché non le nascondo che molte volte , dopo essere stato con lei mi sento più fiducioso in me stesso e più saldo ad affrontare la battaglia che tutti i giorni si combatte nella vita e nell'arte. Spero di rivederla presto, ma intanto mi ricordi spesso, e si abbia intanto i miei più affettuosi saluti ed un abbraccio dal suo

Alberto Salietti

P.S: se mi vuol scrivere la prego di indirizzare a Milano in via A. Sacchini 14, poiché qui occorrono 4 o 5 giorni a giungere le lettere causa la censura militare. Il 28 sarò a Milano così la riceverei.

128. Alberto Salietti (1892-1961), pittore.
129. Francesco Gibelli (1890-1968), pittore.
130. Alfonso Muzii (1856-1946), pittore.

Aristide Sartorio[131] a Giuseppe Mentessi

Caro Mentessi

Ho ricevuto la tua graditissima lettera. Noi della presidenza, o per meglio dire, del consiglio, avevamo mandato in giro Gaudenzi[132] e il Rava[133] per esser sicuri di quello che sarebbe visto alla nostra esposizione.[134] Però, per una personalità d'arte come la tua, simile visita è assolutamente superflua e se tu ci manderai, le ortensie, i cipressi e le vecchie pietre che figurarono a Venezia ne saremo lietissimi. Nel nostro regolamento non è detto che i quadri che abbiano figurato nelle altre esposizioni d'Italia non possano figurare in questa nostra, ed io stesso ho più volte esposto quei quadri che avevano figurato o nelle mostre di Venezia, o di Milano o di Torino. Perciò se ci manderai il quadro che figurò a Venezia, nulla osta. Di più quest'anno noi abbiamo necessità d'opere di polso. La Germania per merito di Otto Greiner,[135] manderà opere egregie per concorrere al premio Muller, e noi vorremmo dal canto nostro presentarci in modo ugualmente nobile e serio. Dico serio, perché purtroppo vicino a noi in un'esposizione parallela, ci sarà un'invasione di futurismo. Noi caro Mentessi non vogliamo ostacolare nessuno, ma questa "Secessione"[136] per tante e tante ragioni ci inspira una profonda diffidenza, e faremo di tutto per fare una piattaforma a quella nobiltà di intendimenti, che mai sono venute meno nella classe lavoratrice degli Artisti. Ecco perché ti sono grato della tua partecipazione, e nello stesso modo che ho promesso a tutti gli artisti che ci hanno onorato con le loro adesioni, ti prometto di curare la buona esposizione delle opere, ed il loro successo morale. Del loro successo materiale non posso rispondere, ma te lo auguro di tutto cuore tuo

Aristide Sartorio

Roma 2 dicembre 1912 via Maria Cristina 5

131. Giulio Aristide Sartorio (1860-1932), pittore, scultore e scrittore.

132. Pietro Gaudenzi (1880-1955), pittore.

133. Giovanni Battista Rava (1884-1944), pittore.

134. Si tratta della LXXXII Esposizione internazionale di Belle Arti – Società Amatori e cultori di Belle Arti, 24 febbraio 1913, Palazzo delle Esposizioni Roma.

135. Otto Greiner (1869-1916), pittore, incisore e litografo. Soggiornò a lungo a Roma.

136. Si fa riferimento alla I Esposizione Internazionale d'Arte della Secessione, che ebbe luogo a Roma nel 1913.

Ersilia Majno a Giuseppe Mentessi

Ersilia Majno fu oggi molto scortese con lei e con l'amico suo e presenta col cuore contrito le sue scuse, che la prega di passare al signor pittore Gola.[137] La mia Lottina[138] mi aspettava a scuola, ed io ero molto in ritardo. A Lotta par sempre d'essere abbandonata in mezzo ad un'orda di piccoli barbari. Non ha ancora fatto la pace coi maschiacci come dice lei che sono i suoi forzati condiscepoli.
Mi perdoni e dica al suo compagno che l'amor materno fa commettere anche degli strappi al galateo. Devo venire ugualmente all'Esposizione malgrado la luce fosca? Aspetto una sua risposta. Tanti cordiali saluti Ersilia Majno

20 ottobre 1894
Da casa

Giuseppe Mentessi a Ersilia Majno

Stimatissima Signora Ersilia[139]
Voglia Signora Ersilia essere ancora tanto buona verso di me di perdonarmi se questa mia lettera le arriva in ritardo, molto in ritardo.
Se sapesse quante volte mi sono messo per scriverle una parola di conforto dopo che ebbi la notizia della sventura toccatale[140] e come io non sia mai riuscito a trovarla come avrei voluto Ella perdonerebbe il mio silenzio. A tanta disgrazia rimasi dolorosamente colpito e lo può ben credere per l'affezione così piena di profondo rispetto per lei, pel suo Majno e per tutta la cara sua famiglia.
M'immagino lo strazio della sua povera anima colpita in così breve tempo da sì grandi sventure[141] e mi duole assai di non poter recarle conforto come vorrei.
Sento che il vivo dispiacere che provo cresce sempre più l'affetto fraterno che a lei, al caro amico Majno ed a tutta la sua famiglia mi lega. Sento di doverle fare con tutto il mio cuore l'augurio di mantenersi sempre sana e forte pel bene grande che Ella può portare a tanti infelici. Oh le cure amorose che Ella avrà di quei poveri bambini rimasti senza mamma e le carezze affettuose che ne avrà in ricambio e il grande amore che le vorranno. Quanta consolazione Ella può portare agli infelici per la pietà profonda che le sventure altrui Le destano – pietà che le darà la forza

137. Emilio Gola (1851-1923), pittore e ingegnere.
138. Carlotta Majno, la primogenita dei Majno.
139. Questa è la prima lettera di Giuseppe Mentessi conservata nella corrispondenza di Ersilia.
140. Si tratta della scomparsa della sorella di Ersilia, Virginia Bronzini Minoli.
141. Nel febbraio dello stesso anno era mancato il padre, Michele Bronzini.

di sopportare quelle che crudelmente la colpirono. Voglia, buona Signora Ersilia, tenermi sempre per suo devotissimo amico.

G. Mentessi

P.S: Umano[142] mi ha incaricato di salutarla tanto. Ora si trova a Genova chiamatovi dalla sorella. Vi si fermerà alcuni giorni. Ieri sera sono stato con Majno dai signori Vonwiller[143] che desiderano di rivederla presto come tutti i suoi amici. I suoi bambini e la signora Angioletta stanno bene. Preme a tutti che Lei non si affatichi e che ritorni presto. Saluti a nome mio il povero signor Minoli[144] e voglia tenermi sempre per suo devoto

G. Mentessi
Milano 14 maggio 96

Ersilia Majno a Giuseppe Mentessi

15.5.96 Torino[145]

Caro amico
Grazie di cuore per la sua buona e affettuosa lettera che mi fu di vero conforto. Ho bisogno di sentirmi intorno l'affetto dei buoni amici che sono per me fratelli veri e vanno ad occupare nel mio cuore il posto di tanti cari perduti.
Le mie lagrime più inconsolabili e più amare sono pei tre poveri orfanelli ch'io amo come se fossero miei, e pei quali potrò fare ben poco, perché non si vuole che si faccia.
Povera la mia Virginietta, che angosciosa fine fu la sua e che triste esistenza ebbe specialmente in questi ultimi anni. Ha finito di portare una croce che è rimasta a' suoi poveri bambini. Ritornerò presto caro e buon amico ma non trovo il solito pensiero contento all'idea di rivedere il mio Majno, i miei bambini, gli amici devoti e buoni. Avrò sempre in cuore le tre creaturine lasciate sole senza le cure della mamma, senza avere intorno di quegli affetti saldi e ben intesi che sono indispensabili ai bambini tanto pel morale che pel fisico. Non credevo, dopo la morte del mio diletto papà di dover versare lagrime così amare e non solo sui morti. Poveri i miei nipotini. Mi vogliono e voglio loro un gran bene, ma a che serve?
Come è triste in certi momenti la vita. Specialmente quando si ha l'ardente deside-

142. Umano, pseudonimo di Gaetano Meale, giurista e filosofo, tra i promotori dell'Unione femminile.

143. Alberto, banchiere e collezionista d'arte, ed Edwige Vonwiller, amica e collaboratrice di Ersilia, coppia molto legata ai Majno e all'Unione femminile.

144. Eugenio Minoli, marito di Virginia.

145. Ersilia si trova a Torino, per la morte della sorella Virginia.

rio di compiere un dovere sacro, che può essere un conforto pur efficace, che può riparare in qualche modo una sventura e non se ne può far nulla.
La saluto con affetto caro Mentessi. Mi ricordi alla sua mamma buona e agli amici tutti. Domenica sarò di ritorno e spero di vederla alla sera. Grazie della buona compagnia tenuta al mio Majno e una cordiale stretta di mano.

Ersilia

Ersilia Majno a Giuseppe Mentessi

Rivera 22/9/96

Buon amico, dovrei meglio dire cattivo, perché non ci date vostre notizie. Ma siete perdonato senz'altro perché vi sappiamo tutto occupato nell'arte vostra e immaginiamo che dopo aver dipinto tutto il giorno colla passione e l'entusiasmo che vi conosciamo, non vi rimarrà molto tempo né energia da dedicare ad altra occupazione. Avete già la vostra mammetta da ragguagliare e penserete che noi sapremo immaginare la vostra vita e comprendere i vostri sentimenti. Sì buon Mentessi, vi comprendiamo e vi seguiamo nel vostro lavoro, quasi come ci foste vicino. Speriamo che non avrete troppe incertezze, che non dubiterete troppo del vostro ingegno, della vostra abilità pittorica, così grande e così vera. Non dubitiamo che coll'entusiasmo che vi anima, coll'amore intenso che portate all'arte vostra, creerete un capolavoro che ci darà quei godimenti alti e vivissimi che già altre vostre opere ci hanno procurato. Se sapeste come sono già ansiosa di vedere il vostro quadro, come sovente pensiamo a voi e diciamo con Majno: cosa farà ora il nostro Mentessone? da quanto tempo non lo vediamo? Eppoi pensiamo che non è molto che ci siete lontano, solo che siamo così avvezzi a vedervi, a sentire la vostra buona e schietta parola che proprio ci mancate [...]
Caro Mentessi sarebbe pure bello passare le vacanze assieme; Majno lavora sempre intorno a quest'idea, ed io sto meditando di diventare una donnina assolutamente giudiziosa per poterla realizzare presto e come intendo io. Ehi mi pare che il mio buon Majno che fa tanto per gli altri abbia diritto di avere qualche cosa per lui e se sapeste che progetti sto facendo! Intanto in linea primissima non voglio più lasciarmi tirare da nessuna parte, né sviare nemmeno dall'idea altruistica (come voi dite). Sento che il mio organismo è proprio slisato e non potrei fare nemmeno passabilmente varie cose. Dunque tutta per la mia famiglia che ha anche molto bisogno dell'opera mia. Le vostre prediche sono state come la buona semente, che ora sta crescendo nell'animo mio e speriamo, (sebbene dubiti sempre di me stessa) con radici così salde, da resistere a tutte le pressioni e le tentazioni. Ho parlato a lungo con Majno di questo, perché egli mi deve prestare aiuto. Convenne che ho ragione e questo è molto, è il punto di partenza sicuro per raccogliere le nostre vele

e pensare un po' di più seriamente ai nostri doveri vicini, invece di trascurarli per quelli lontani. Che bella cosa sarebbe, caro amico, se si potesse vivere a distanza di un certo prossimo, sempre disposto a chiedere aiuto, a sfruttare l'eccessiva bontà di esseri privilegiati dei quali riconosce le doti, solo in quanto possono essere a lui utili. Il mio Majno qui sembra un altro, lontano da un ambiente dove cova sempre un sordo attrito, lontano dai clienti tormenti, e da compagni idealisti per gli altri, positivissimi per loro! Se si potesse stare sempre qui, formare una piccola colonia di amici veri… insomma quasi formare il famoso Asilo dei ribelli ve ne ricordate? Chi sarà del povero Umano? E chiacchiera e chiacchiera, ancora non vi ho detto l'impressione avuta dal Bigorio.[146] […]
Insomma, caro Mentessi, per un momento l'eterna malcontenta, che sono io, ha provato un senso di vera estasi, ha dimenticato le miserie della vita per ammirare, subendo completamente il fascino le meraviglie della natura, che penetrano l'animo nostro d'una pace così forte e così vera. Majno è partito ieri per Milano incaricandomi di scrivervi, come ho fatto troppo a lungo, di salutarvi con affetto fraterno. I bimbi vi abbracciano e io vi stringo la mano.

Ersilia

Giuseppe Mentessi a Ersilia Majno

1896 settembre 27 Venezia

Stimatissima signora Ersilia
ho letto e riletto parecchie volte la bellissima lettera che mi ha scritto per il grande piacere che mi procurarono le buone nuove della sua cara famiglia, per il vivo interesse che mi destarono i suoi pensieri profondi ed elevati e per la descrizione della passeggiata al convento del Bigorio dove io pure sono stato con la mia buona mammetta. Per rispondere a lei signora Ersilia per risponderle degnamente come si dovrebbe ci vorrebbe un raccoglimento un'attenzione e una quiete che ora non ho. Dovrò tenermi le impressioni mie che vorrei comunicarle e diverse cose che penso e che vorrei dirle fino a quando ci troveremo a Milano, dove a voce e mi sarà più facile dirò tutto a lei e a Majno. Passeremo qualche bella sera quest'inverno parlando delle nostre impressioni. Non mi rimproveri signora Ersilia se non le scrivo. Lavoro come meglio posso tutto il giorno mangiandomi spesso qualche pezzo di fegato perché non riesco a fare quello che vorrei e non voglio dedicarle la sera nella quale passo momenti di stanchezza e di sonno con grande meraviglia del mio amico Riva[147] presso il quale sono che invece è molto allegro e che mi tiene

146. Ersilia racconta di una gita al convento del Bigorio, suggerita da Mentessi.
147. Forse il pittore Egidio Riva (1866-1946).

affettuosa compagnia. Eh! dalle belle e giuste idee della sua lettera comprendo tutto il bene che ha potuto farle la vita sana tranquilla e serena che vive da qualche tempo col suo Majno e i suoi bambini fra quegli splendidi monti. Come son contento ora di averla importunata qualche volta per deciderla a recarvisi, come sono contento che ella vi si trovi con tutta la sua famiglia. Il ragionamento giusto a proposito del progetto che sta studiando con Majno pel famoso asilo, mi fa pensare al mio sogno con amarezza perché comincio a perdere la speranza di poterlo realizzare. Oh signora Ersilia se io potessi vivere come un pastore in un bel sito quieto dove potessi lavorare senza angustie abbandonandomi con la passione che sento alla mia idea prediletta dando in compenso tutto tutto quel poco che io potessi fare di buono. È l'idea di Umano. Fare quello che si sente, quello che è frutto di continue riflessioni quello che nasce da emozioni profonde e vere. Ma non pensiamo a questo. Dopo un assorbimento di idee che per un'artista è veramente delizioso in questo meraviglioso ambiente dove in San Marco tutto splendente d'oro in Palazzo Ducale in San Rocco all'Accademia e in quasi tutte le chiese si sente tanto da commuovere, creda signora Ersilia, la grande anima di Tintoretto di Gian Bellini, di Tiziano, di Paolo Veronese, di Tiepolo e di tanti altri grandi maestri del passato, dopo tante visioni incantevoli di colori visioni sereni forti smaglianti, dopo aver visto questa città nella quale pare che i suoi antichi artisti si siano fatti i loro sepolcri in questi edifici di un'architettura gentile così ridente al sole, dopo che lo spirito ha tanto goduto, ritornerei contento a fare il mio lavoro di aggiunto aggradito come dice Fontana.[148] Ritornerò con la memoria viva di tutto quello che ho veduto e ammirato fra i cari amici che amo come fratelli. Il mio Majno non si spaventi per quello che scrivo, non mi consegnerò ad Ellero.[149] Auguro a lei signora Ersilia, al suo Majno e ai suoi cari bambini che bacerà per me con molto affetto, tutto il bene che può augurare loro l'amico devoto e affezionatissimo

GMentessi

Tanti saluti ai cari amici Porro[150] e Malfitano[151] se gli scrive.

148. Ferdinando Fontana (1850-1919), librettista, letterato e frequentatore della Famiglia Artistica.

149. Lorenzo Ellero (1856-1923), psichiatra e politico.

150. La famiglia di Eliseo Antonio Porro, avvocato.

151. Giovanni Malfitano (1872-1941) chimico e igienista, frequentò la scuola di microbiologia di Camillo Golgi a Pavia.

Giuseppe Mentessi a Ersilia Majno

Stimatissima signora Ersilia
È morta la povera signora Erminia Cairati.[152] L'ho saputo ora da Belloni[153] che lesse la triste notizia nel giornale e che mi scrisse da Quarto al mare dove si trova colla sua famiglia.
Alcuni giorni fa dopo che lei mi disse che era gravemente malata scrissi a Prina,[154] a Bozzi[155] ed a Conconi[156] per avere notizie della sua salute desiderandole buone, si figuri con quale cuore – per l'amicizia sincera e profonda e sincera che ho sempre provato per la povera signora Erminia e per Romino.[157]
Mi pare impossibile che sia morta. L'ho veduta con Cameroni[158] e con Bozzi l'ultima volta alla Permanente[159] poco tempo prima che si chiudesse. Aveva floridissimo aspetto.
Che dolorosa impressione mi fa notizia della morte della povera signora Erminia. Lei sa signora Ersilia che la conobbi in un momento felice della sua vita. Quante belle memorie del passato. Allora era molto amata da Romino. Che giorni lieti. Che belle sere. Quanto discorrere, quanto fantasticare con gli amici. Come divenne triste poi la sua vita. Come fu tormentata quella povera anima. Quante lagrime versarono quegli occhi. E Romino avrà potuto vederla prima che morisse? Si saranno perdonati? Oh, signora Ersilia ma di tutto quello che un cervello ha potuto pensare, di tutto quello che un cuore ha potuto sentire non resta proprio nulla dopo la morte?
Ma se un pezzo di legno che arde manda tanto calore quanto ne ha assorbito dal sole vivendo, perché l'anima nostra che è così sensibile a tutto ciò che gli occhi le fanno vedere e gli orecchi le fanno sentire, che s'impressiona di innumerevoli sensazioni felici e dolorose, che si emoziona fin teneramente per tutta la bellezza misteriosamente armonica dell'universo a cui il sole dà la vita, perché questo calore della nostra anima non deve essere rimandato quando quello ultimo della nostra vita si trasforma? E questa nuova vita della nostra anima proprio niuno deve sentirla? Oh! lo deve sentire chi ci ha amati.

152. Erminia Cairati Vogt (1867-1897).
153. Giorgio Belloni, pittore.
154. Democrito Prina (1860-1939), funzionario della Cassa di Risparmio delle Provincie Lombarde, collezionista e frequentatore della Famiglia Artistica.
155. Carlo Bozzi, pittore e critico d'arte.
156. Luigi Conconi, architetto e pittore.
157. Gerolamo Cairati, marito di Erminia.
158. Felice Cameroni, critico letterario.
159. La Società per le Belle Arti ed Esposizione permanente di Milano viene fondata nel 1883.

Dico degli spropositi signora Ersilia. Mi perdoni. L'ignoranza e la smania di filosofare me li fanno dire. Ma quello che non è uno sproposito è che amo tanto i miei amici e che sento un grande dolore quando li perdo.
Amici stringiamoci. Stiamo uniti. Noi vediamo i nostri cari a cadere. Noi siamo al mondo come a una battaglia. Il nostro invincibile nemico è la morte – bisogna morire – così vuole la natura. Stiamo uniti e vogliamoci bene con tutta l'anima. Lo spirito di ognuno di noi che muore lo sentiremo in noi finché vivremo. Noi lo vedremo in ogni cosa, in ogni cosa amata da chi abbiamo perduto. Signora Ersilia perdoni a questo sfogo. Ella ha saputo della morte della signora Erminia? Conconi risponde ora alla mia lettera. Povero amico, un'altra triste notizia mi dà. È morto il povero Pizzini.[160] Sa che gli era tanto amico. E che gli ha voluto bene come ad un fratello. Basta, basta per l'amor di Dio. Non voglio più rattristarla.
Sa signora Ersilia che domenica scorsa io e mia mamma l'aspettavamo con Majno e tutta la famiglia? Era una splendida giornata e la cartolina che ci scrisse ci lasciava sperare la loro venuta.
E Majno? E Dino ed Edgardo?[161]
Mi scriva signora Ersilia, mi scriva che lei, Majno, tutti i suoi bambini, tutti della sua famiglia, la signora Ada,[162] la signora Marchesi,[163] tutti stanno bene.
La saluto signora Ersilia anche a nome di mia mamma. Ci voglia sempre bene come noi sentiamo di volere a lei ed a tutta la sua famiglia dalla quale io specialmente ho ricevuto sempre tanto bene che non dimenticherò mai.
Saluti affettuosissimi a tutti dall'amico devotissimo

G. Mentessi

Sonvico 23 agosto 97

Ersilia Majno a Giuseppe Mentessi

24/8/1897

Caro Mentessi
Ricevo in questo momento la sua lettera. Già da parecchi giorni sapevo della morte della signora Cairati ma proprio non ebbi il coraggio di darle la brutta notizia. Ho pensato che troppo presto lo avrebbe saputo. Ho scritto invece al Cameroni che poveretto deve aver sofferto molto per la morte dell'amica, che egli aveva

160. Vispo Pizzini (1862-1897), commerciante d'oggetti d'arte per la casa e collezionista.

161. Edgardo Bronzini, fratello di Ersilia.

162. Ada Negri, poetessa.

163. Non identificata.

amato sempre nei giorni lieti e tristi con tanta devozione. Al signor Romino non ho proprio pensato. Piuttosto pensai all'amico della signora Cairati, che la confortò e l'amò nei giorni del dolore. Non lo conosco abbastanza per mandargli una parola di conforto, ma poveretto mi fa proprio pietà. Sebbene sappia che la natura umana specialmente la maschile facilmente si accende e facilmente si spegne. Creda, caro Mentessi che certi fatti della vita straziano più della morte, che certe offese, certe brutalità, uccidono ogni sentimento d'affetto, che non c'è più nulla da perdonare tra due esseri che hanno separato le loro esistenze. Per arrivare a quel punto, bisogna che tutto sia morto in noi, affetti, pietà, memorie. Solo la grande ingiustizia degli uomini può insistere sulla indissolubilità di certi legami contro i quali si ribella tutto l'essere nostro, tutta la nostra fibra. Vogliono la menzogna sempre gli uomini, per i quali tutto è lecito, oltre che hanno sancito una morale speciale per loro e un'altra, fatta per loro comodo e piacere, per le donne. Morale crudele, ipocrita, ingiusta alla quale sacrificano anche i migliori fra gli uomini. Mi ha fatto dispetto che lei pensi al signor Romino e non a quei due esseri che hanno amato quella povera creatura quando il povero signor Romino non si ricordava forse nemmeno più che esistesse. Basta non bisogna entrare in certe discussioni con lei perché tanto non si può mai intendere. Solo è una gran tristezza sentire che tante creature che con noi camminavano ci lasciano per sempre. Immagino Il dispiacere di Conconi per la morte di Pazzini e temo che il povero nostro amico debba avere qualche cosa da questa morte in più del dolore della perdita. Non c'è proprio che volersi sempre più bene fra noi che restiamo e farci reciprocamente quei conforti e quell'aiuto pietoso e fraterno e solo nell'amicizia si trova. Adina[164] è sempre qui, inquieta e agitata. Suo marito scrisse a me poi oggi telegrafò perché la sua mamma è ammalata e voleva che Adina partisse subito per curarla. Si immagina se Adina vuole partire. Abbiamo telegrafato poi scritto che la sua salute non le permette di muoversi. Che il destino ce la mandi buona. Alla fine della settimana verrà Majno con Dino.[165] Domenica arrivò Edgardo ma a mezzogiorno. Noi alle quattro del mattino ci eravamo messi in cammino per la nostra gita all'Alpe della Foppa che fu bellissima. Abbiamo visto i suoi monti e tanti tanti altri ancora, monti verdeggianti, catene azzurre come nuvole, una meraviglia.
Tanti affettuosi saluti da tutti a lei e dalla mamma. Edgardo partì ieri con la signora Marchesi.

Ersilia

Mi scriva quando parte per Milano.

164. Ada Negri.
165. Edoardo Majno.

Ersilia Majno a Giuseppe Mentessi

9 settembre 1897 Rivera

Caro Mentessi
La sua lettera fu scritta mentre il mio Majno era in viaggio per venire quassù. Arrivò domenica sera, affamato, assonnato ma sempre con la testa piena della sua causa, e assalito dal desiderio di far chiudere in gabbia certi pesci grossi, che trovano sempre modo di sottrarsi alla cosiddetta giustizia. Basta, egli dormì, mangiò e passeggiò fino a ieri alle sei, poi ripartì, richiamato a Como da un telegramma. Doveva ritornare oggi, ma telegrafò che non gli è possibile, speriamo domani. Se sapesse, caro Mentessi, che specie di tormento è amare un Majno, sentirselo sempre come lontano, avvolto in un ambiente così refrattario a qualsiasi possibilità di intrusione. Scusi la stramberia della frase, ma veramente è così stranita anche la situazione che vorrei descriverle! Ragiono, sa caro Mentessi, e guai se non ragionassi, e trovo che la fonte del mio malcontento sta forse in me stessa più che in altri, nel mio temperamento, nella vita triste, povera di affetti che ebbi nell'infanzia, nella giovinezza. Poi vi sono ragioni meno egoistiche, più alte. Se potessi acquistare su Majno una vera influenza, potrei forse indurlo a sciupar meno il suo tempo per tutto e per tutti, a sbriciolare meno il suo ingegno, per infonderlo tutto in un lavoro che potrebbe fare un bene più vasto e più duraturo. Majno così colto, con uno spirito critico così acuto e profondo potrebbe essere il Beccaria del nostro secolo. Ne sono convinta. Nella sua mente sta tutta nascosta e condensata una grande opera rivelatrice di nuovi veri. Bisogna cavargliela fuori, da solo non si accingerà mai a questo lavoro. Ed io ho l'idea fissa di tentare questa estrazione.
È proprio una idea fissa che è nata nel mio cervello in un modo strano. Quest'inverno non avevo chiuso occhio parte della notte aspettando Majno che non rientrava mai. Sa cosa accade di notte; si sogna a occhi aperti. Talvolta si pensa così intensamente che si vivono o si rivivono non giorni ma anni, lunghe serie di anni. Si raggruppano fatti, si ricordano circostanze lontane, non mai rievocate e a poco a poco si ragiona con una lucidezza, così sinteticamente, come non accade mai lungo il giorno. Succede talvolta di addormentarsi durante questo lavorio poderoso del nostro cervello. Che accade nel sonno? Non so, almeno non so quello che accade a me, so che mi risveglio pochi momenti dopo essermi addormentata con un'idea lucidissima nella testa. Majno doveva scrivere un libro e il libro doveva essere così e così, l'avevo tutto in mente e in modo così chiaro e meraviglioso per me stessa che svegliai Majno che russava beatamente e gli dissi quanto in quel momento non avrei assolutamente potuto tacergli. Majno dichiarò con profonda convinzione che ero pazza da legare, lo disse anche sul principio con aria un po' spaventata, poi i suoi occhietti si son velati, Morfeo si impadronì ancora di lui lasciandogli appena il tempo di suggerirmi pietosamente "bevi un po' di elisir di camomilla". Seguii il saggio consiglio e mi addormentai per davvero. Quando mi

svegliai al mattino, credetti che fosse tutto un sogno ma Majno chiedendomi che diamine mi fossi sognata, che l'avevo svegliato con un'aria da mezza Sibilla, mi persuase che era il mio un sogno ad occhi aperti. Majno non ricorda più nulla. Io ebbi un'impressione troppo forte per dimenticarla. in quel momento si formò forse in me la convinzione che da anni e anni molti fatti stavano preparandomi nella coscienza. E non nella mia testa soltanto sta questa convinzione. Molti che conoscono Majno bene pensano pressappoco quello che io penso.
Non ho grande speranza, caro Mentessi, di riuscire a far sì che l'ingegno di Majno possa dare nel modo e nella misura che dovrebbe e potrebbe. Ma è per me un vero intenso dolore che mi tormenta continuamente il sapere quanto Majno potrebbe e non gli riesce di fare, forse anche perché gli mancano i grandi moventi umani, vanità, desiderio di gloria, amore, passione per qualche cosa. Majno è l'uomo di un'epoca che noi non conosciamo. Epoca passata o avvenire? Chi lo sa. Certo egli è il più stoico degli stoici; cammina nella vita accettando tutti gli eventi come naturali, intorno ai quali non val la pena di disperarsi meravigliarsi o soffermarsi. Io temo assai che in altri tempi egli avrebbe finito come Diogene nella botte. Nel nostro ambiente saturo di falsità di ogni specie è una forza perduta. Se almeno avesse potuto conservare la cattedra![166] Là era il suo posto e avrebbe potuto fare ancora meglio che scrivendo un libro. Avrebbe formato dei criteri giusti, liberi – dei caratteri. Ed anche questa via gli è chiusa! Non vorrei pensare a tutti quanti lo vado dicendo, buon amico. Sarebbe forse meglio. Invece gira e rigira l'anima mia è sempre in contemplazione del tesoro che è sola a conoscere, ad apprezzare nel suo vero valore, desolandosi così al pensiero che esso se ne sta inoperoso mentre potrebbe dare sì larga messe.
Inoperoso... Lei dirà che Majno lavora. Sì che lavora. Lavora anche troppo, glielo dico sempre, ma è un lavoro fatto senza la coscienza di quello che potrebbe fare, se usasse delle sue facoltà con una parsimonia giusta dando loro uno scopo che fermamente deve raggiungere. Majno non sa dire di no e molte volte col suo sì sempre pronto, assume compiti che gli pesano che non può condurre tutti a compimento come dovrebbe e in tempo utile compiti che non sono nemmeno adatti al suo temperamento e quanti disgusti quante amarezze, che sciupio inutile talvolta dannoso di tempo di energia. Io vedo tutto e proprio mi rodo. Talvolta mi perdo anche d'animo. Poi mi faccio ancora forte e così la vita scorre. Si vive in continue alternative di speranza e di delusione fino all'ultimo momento, non è vero caro Mentessi? E si sogna sempre di raggiungere un'ideale che è come un miraggio. Quando lo avviciniamo si allontana. Ma diversamente non si potrebbe vivere. Le ho scritto troppo a lungo caro Mentessi, pastore ideale. Soltanto, quando conosciamo bene noi stessi le nostre attitudini talvolta è troppo tardi per metterci sulla

166. Luigi Majno insegnò diritto e procedura penale all'Università di Pavia dal 1889 al 1894.

nostra via. Ma la via che percorriamo è sempre buona se l'animo nostro è pietoso se vogliamo sinceramente essere veri giusti, ricordarci con amore di chi con noi cammina soffrendo e lottando. Era incominciata la mia chiacchierata ieri sera mentre la valle era illuminata dalla luce tranquilla della luna. Oggi piove a dirotto e Majno non è ancora venuto. Mi viene una gran smania di tornarmene a Milano nella mia casetta così piena di care memorie, d'attestazioni d'affetto che mi confortano e mi danno coraggio. Da egoista le ho parlato di me soltanto. E lei? Si fermerà a lungo a Venezia? Mi scriva caro amico è una gran consolazione leggere le buone parole di un'anima leale e sinceramente affezionata come la sua. Quando scrive alla mammetta cara la saluti per me. I bimbi stanno benissimo. Ada[167] mi scrive che è felice molto. Dopo la tempesta il sole, è una legge di natura alla quale noi creature così dette ragionevoli vorremmo sfuggire, ma che invece dobbiamo subire come tutto quanto cresce e si trasforma sotto l'azzurra volta. Addio una stretta affettuosa di mano dalla sua
Affezionata amica

Ersilia

Ersilia Majno a Giuseppe Mentessi

14 settembre 1897 Rivera

Caro Mentessi
Non voglio che il nostro buon amico vada alla posta inutilmente. Le scriverei anche tutti i giorni buon Mentessi se non temessi di diventare troppo noiosa. Grazie per la sua cartolina che mi ha fatto tanto piacere. Lei mi dice coraggio. Faccio il possibile per averne sempre ma se sapesse contro quali difficoltà devo lottare. Difficoltà che trovo in me stessa e in altri. Passo dei giorni così tristi, così sconsolati. Specialmente in questi ultimi tempi m'è parso che le mie forze non siano pari al mio compito. Ad ogni modo continuerò finché mi sarà possibile e spero tanto nel conforto che mi verrà da chi vuole bene a Majno e un pochino a me pure.
Majno ritornò qui sabato sera e domenica sera venne pure Edgardo. Sono partiti ora con la corsa delle 6.52 Majno richiamato a Como da un telegramma e Edgardo per Milano. Noi, malgrado un tempo perfido, da una quindicina non fa che piovere, ci fermeremo qui fino al 25, nella speranza di avere qui ancora per qualche giorno Majno e Edgardo. Oggi ho potuto parlare con Majno per dieci minuti di seguito. Gli ho chiesto quando finirà il Commento.[168] Mi disse che mancheranno ancora non più di tre fascicoli e che lo finirà certamente quest'anno. Sono quattro anni che mi sento

167. Ada Negri.

168. Si tratta del Commento al Codice penale italiano che fu pubblicato a dispense. La seconda edizione aggiornata fu pubblicata nel 1902.

ripetere così e guai se oso insistere e insinuare che bisognerebbe mettersi intorno e vedere di finirlo davvero quel maledetto lavoro. Majno se sapesse dir di no e liberarsi della molta e dannosa zavorra che si trascina dietro continuamente potrebbe finirlo davvero, non quest'anno ma per la metà dell'anno venturo. E allora sarebbe per me un nemico meno. Mi pare d'essere riuscita a persuadere mio fratello e mio marito che io potrei esser loro d'aiuto in studio. Potrei aprire la corrispondenza e rispondere io a quelle lettere (e sono un terzo buono), che chiedono favori, raccomandazioni ecc. Entrambi sono del parere che questo posso farlo. Mi hanno detto che sono anche contenti del modo mio di scrivere che ora può passare. Prima mi dicevano che avevo una calligrafia troppo perfida. Mi sono esercitata per migliorarla. Non è una meraviglia ora ma può andare. Vedremo se davvero potrò far questo. Finché non sarà cosa avviata non la credo possibile veramente.
Caro Mentessi egoisticamente, per avere la pace, si può desiderarsi la morte, ma vorrei vivere ancora, anche sapendo di soffrire giorno per giorno il doppio di quanto ho sofferto finora per riuscire nel mio intento. Pensi a quanto ne verrebbe del bene! Per conto mio il bene non posso che sognarlo ed amarlo. Farlo non mi è dato, come vorrei e come si dovrebbe. Non ne ho né la possibilità né le attitudini. Ma se soltanto potessi un poco aiutare gli altri, sarei già tanto contenta. Se potessi educar bene i bambini e vederli un giorno creature utili e buone, sarai compensata di tutto. I bambini stanno bene. Lotta[169] mi ha fatto prendere una gran paura. Ebbe mal di gola con certe placche bianche! Ho passato due giorni inquieti assai, anche per non avere qui un medico consultabile. Oggi invece tutto è sparito e Lottina[170] è quasi guarita. Gli altri bambini bene tutti, anche la mia nipotina. Sono contenta di sapere che lei ha trovato ancora la sua cameretta e sono persuasa che farà un altro capolavoro. Cameroni mi ha scritto dallo Stelvio. Mi dice che Vittorio Pica[171] ha scritto un volume *L'arte mondiale a Venezia*[172] ove ha reso giustizia (così dice Cameroni) "ai comuni nostri amici Troubetzkoy,[173] Segantini,[174] Mentessi e Grubicy".[175] Ecco, di amici comuni fra i quattro non c'è che lei Mentessi e a Segantini mi pare che giustizia e larga giustizia sia già stata resa da tempo, a Troubetzkoy pure. Di Grubicy non conosco che lui e per esempio non è una promessa... Basta, leggerò il volume che Cameroni mi vuol dare e mi rallegrerà che il vero merito sia finalmente riconosciuto. Cameroni ricorda con intensità d'affetto l'amica perduta. Povero Cameroni, così profondamente buono e devoto nelle sue amicizie, quanto deve soffrire. Gli ho scritto e ho scritto anche a Umano. Un altro

169. Carlotta Majno, la figlia primogenita.
170. Altro vezzeggiativo di Carlotta.
171. Vittorio Pica (1862-1930), scrittore e critico d'arte.
172. Vittorio Pica, L'arte mondiale a Venezia, Napoli 1897.
173. Paolo Troubetzkoy (1866-1938), scultore.
174. Giovanni Segantini (1858-1899), pittore.
175. Vittore Grubicy de Dragon (1851-1920), pittore e critico d'arte.

afflitto, che dobbiamo lasciar soffrire senza speranza di poterlo mai aiutare a ritrovare un po' di pace.
Quando penso che i bambini nulla sanno delle tristezze immense della vita vorrei non crescessero mai. Guardo la Mariannina me la stringo fra le braccia, mi pare cosa santa, che debba dare a me pure un po' di pace. Come vorrei avere ancora un bambino. Io medito sovente su questo mio desiderio, prova che sono diventata una grande egoista. Mah! Invecchiando si peggiora. Purtroppo giorno per giorno si perde energia, buon volere, perseveranza. Pare talvolta che una specie di crepuscolo si faccia nel nostro cervello. Tutte le nostre energie ne restano come atrofizzate, si perde la facoltà di leggere chiaramente in noi, di osservare con equità intorno a noi. Guai se in quei momenti il destino ci impone di prendere una decisione. È certo che perdiamo la nostra via a seguire qualche sentiero che dobbiamo poi rifare a qualunque costo, se vogliamo ancora camminare dritti verso la giusta meta. La vita è proprio per molti un continuo cadere e rialzarsi, sempre andando a un bene che mai si raggiunge. Caro Mentessi, lei mi dà il savio esempio di scrivermi delle cartoline, ed io le mando delle lunghe sconclusionate epistole! Povero Mentessi! Tutta colpa della sua gran bontà. Ada mi scrive e chiede di lei, degli amici tutti, è tanto contenta e suo marito la circonda delle cure più assidue, più delicate. Dice che la madre più tenera non potrebbe far di più né meglio.
Ieri vennero quassù per un paio d'ore Porro colla Maria. Mi ha fatto una triste impressione lo stato della mia amica. Ha il fegato seriamente ammalato. Vive solo a latte, ma finora non ebbe giovamento dalla cura. E a Ligornetto con la mamma e la famiglia tutta, ma dice che vorrebbe ritornare a Milano. Si sente stanca e bisognosa di quiete assoluta. Anche Porro non aveva aspetto buono, né era di umore sereno. Finzi[176] non è venuto, né ha scritto. Però non ho creduto nemmeno un momento che avrebbe fatto né una cosa, né l'altra ed è meglio così perché quassù non è il suo posto e io sarei stata non dirò seccata ma insomma… imbarazzata se fosse venuto. È una cara simpatica persona, interessante per l'ingegno forse più ancora per le singolarità del carattere, ma non è del nostro <u>genere</u>, del nostro <u>ambiente</u>, dirò forse meglio. Lei capirà bene quello che voglio dire. Lo avrà sentito anche lei trovandosi con Finzi. Evviva sempre il nostro buon Mentessone semplice, aperto schietto. Con lei si può essere amici, fratelli davvero. Saluti la cara mamma quando le scrive. E a lei una stretta di mano dall'affezionata amica

Ersilia Majno

I bambini l'abbracciano

176. Ugo Finzi (1863-1922), organizzatore di eventi musicali e teatrali, segretario della Famiglia Artistica.

Ersilia Majno a Giuseppe Mentessi

Caro Mentessi

Majno recatosi ieri a Pallanza coi bambini ebbe la dolorosa sorpresa di trovarvi la mamma Turati[177] tutta disperata. Sabato notte alle due avevano trasportato nel reclusorio di Pallanza suo figlio senza dirle nulla. Domenica essa andò come di solito al cellulare,[178] chiese di vedere Filippo le dissero che non si poteva, chiese di vedere il direttore, il direttore non c'era, finalmente da una guardia seppe che il figlio suo non era più al cellulare. Puoi immaginare che colpo. Ci telegrafò subito, disgraziatamente all'ufficio telegrafico le fecero mettere Velate per Usmate e il telegramma non ci pervenne. Ieri tentò di vedere il signor Filippo di fargli passare qualche cosa, la povera donna gli aveva fatto le pesche ripiene e le aveva portate con lei per dargliele ma nulla le fu possibile. Le dissero soltanto che occupa una cella all'ultimo piano con la finestra che domina il lago finestra alla quale però è proibitissimo affacciarsi. Senti gli uomini sono mostri cretini, sono l'opera più vile e più schifosa della creazione. Fin la vista della natura vogliono togliere a quei disgraziati quasi che con questa potessero cospirare guardandola. Ma non ti pare che chiusi fra quattro pareti non possa un animo cattivo diventare perverso e una creatura buona agonizzare giorno per giorno fino alla follia o alla morte?
Bisogna avere una tempra di ferro, una fede da apostolo per resistere a simili torture e il povero Filippo non è né l'uno né l'altro. Ho scritto alla madre e al figlio, anzi per te ho continuato una lettera che avevo incominciato per lui e tralasciai perché Majno mi disse che non era bene che si sapesse che era stato a Pallanza. Lui c'era andato per combinazione e gli altri avrebbero pensato a chissà che trame. Caro mio amico questi sono dolori! Sarebbero tollerabili per la povera madre se sapesse che il figlio è rassegnato ed ha una tempra capace di resistere, ma così con la malattia del signor Filippo e coi precedenti che la povera donna vide già in famiglia, puoi pensare che tortura! C'è da perdere la testa a pensare alla cattiveria alle aberrazioni della mente umana. Majno è tornato a Milano. Ti scriverò a lungo ancora questa sera. Ora ho qui la bambina che attende per portarmi questa mia alla posta e non posso scriverti di più. Tutto bene a rivederci presto carissimo amico.

Ersilia

1898 6 settembre

177. Adele De Giovanni Turati, madre di Filippo Turati.
178. Il carcere a Milano.

Ersilia Majno a Giuseppe Mentessi

Caro Mentessi

T'avrei scritto ieri sera ma appena tornata dal signor Alberto[179] mi son coricata. Ero proprio stanca. Ieri sono stata dal segretario del Prefetto per la Guardia[180] e per altre cose poi ho fatto altre visite. Sono stata dall'Ada.[181] Il signor Giovanni[182] è tornato pace e azzurro completi e così sia. Oggi mi vogliono a pranzo e ci devo andare. Questa mattina sono stata dalla Malnati[183] che mi ha fatto un'accoglienza commovente. Ebbe poi solo tre mesi di sospensione, tanto lei che il Piazza[184] un bel schiaffo per la Giunta e per il Giussani.[185] Ma ne verranno altri e più sonori e applicati con forza con entusiasmo colla persuasione di fare opera Santa. E tu come stai caro amico? Come son volati i momenti passati nel tuo studio facendo da... dettatrice. Sempre così! I momenti felici e buoni volano e i momenti dolorosi non vogliono mai passare. Il signor Alberto ci mostrò il quadretto e io ho rivisto così vivamente il nostro buon Mentessi che pennellava allegramente e assieme alla sua, la cara, bella figura sparita, che mi pare debba apparirmi sempre nella sua casa e dirmi "non fu che un sogno".[186] Sono qui ancora con voi. Se tu sapessi come sempre sempre l'ho fissa in mente e come ardentemente vorrei ritornasse. Caro amico vogliamoci bene e facciamo del bene non c'è altro nella vita per trovare la forza di sopportare i dolori e le croci che dobbiamo portare. Ti scrivo brevemente perché devo andare a fare un tentativo per veder l'Anna.[187] Ciao stiamo tutti bene Majno è allegro, sereno cioè è sempre curioso come una donnetta circa il tuo lavoro e sempre desideroso di stare un po' con te. Ti stringo forte con affetto la mano. Brucia la lettera dove ti dicevo che il signor G. è un p... p...

Ersilia

8/11/98

Giuseppe Mentessi a Ersilia Majno

Cara Ersilia

Grazie della tua cara lettera che mi è stata consegnata ieri sera insieme ad un'altra

179. Alberto Vonwiller.

180. La Guardia Ostetrica, in cui Ersilia era impegnata.

181. Ada Negri.

182. Giovanni Garlanda, marito di Ada Negri.

183. Linda Malnati (1855-1921). Con il collega maestro elementare Giovanni Piazza, era stata proposta per il licenziamento, a causa della sua partecipazione ai moti milanesi del 1898.

184. Giovanni Piazza.

185. Consigliere comunale.

186. Il riferimento è alla morte dell'amica Edwige Gessner Vonwiller.

187. Anna Kuliscioff (1855-1925), arrestata per i moti del 1898.

del Presidente[188] che mia mamma mi ha mandata e che l'egregio signore si decise di scrivermi in risposta a quella famosa nostra che ci ha fatto stare così allegri. Che bei momenti. Che scappata. Sai che il congedo di un mese mi è stato accordato con affettuosi auguri per la mia guarigione e l'espressione della viva speranza che io possa presto riprendere il mio compito. Ti farò leggere la lettera!
Se l'illustre uomo che l'ha scritta sapesse tutto. E dire che son qui che sto benissimo malgrado il continuo mio lavoro. Ma tu sai tutto Ersilia e mia mamma lo sa.
Come sono contento, Ersilia, della cara lettera che mi hai scritto. Come godo ogni volta che ricevo tue nuove e dei tuoi cari, sai che mi fai un bene grande scrivendomi. Tu mi incoraggi sempre e ti sono grato molto, molto.
Edgardo è dunque arrivato in buonissima salute, salutalo per me ti prego. Mi scrivi che sei in pensiero per il tuo Majno che è caricato di lavoro – mi immagino, Ersilia, mi immagino povero Majnone e ripenso a quello che tu continuamente sogni di lui per la sua quiete. Ma fortunatamente è di una robustezza non comune.
Dici che è sereno. Che bellezza. Io mi figuro di essere con voi miei cari, come penso sempre a voi.
E la povera signora Adele?[189] M'immagino il tormento che proverai non potendo aiutarla come vorresti. Ma pazienza intanto speriamo bene, Ersilia, e coraggio sempre. Sai Ersilia che penso molto a quella tale cosa del signor Alberto[190] della quale mi scrivi? Ma se egli avesse già pensato alla scelta dell'artista allora che genere di parere vuole da me? In un simile caso perché ci dovrei entrare io? Capirai che è una cosa assai delicata. Basta parlerò con te domenica sera.
Vorrei scriverti ancora tante cose che ho in mente e di un'impressione mia provata ieri mattina al levar del sole e di una visione splendida vorrei scriverti ma vi è qui l'ometto che mi aspetta perché gli faccia fare quel volo in cielo a cui Majno pensa.
Addio carissima Ersilia. Ti dirò a voce del magnifico effetto che ho veduto. Saluta il tuo Majno i tuoi bambini ed il tuo Edgardo. Vi ringrazio tutti della memoria che avete di me miei cari, ve ne sono grato perché mi fa un grande bene il vostro costante affetto. Addio Ersila, grazie della cara tua lettera, ora riprendo il mio lavoro con un grande ardore proprio con un *curagg de leon*!
Addio sta sana saluta Majnone

tuo Giuseppe

Montesiro 17 novembre 98
Qui vi sono delle belle viole. So che a te piacciono tanto, te ne manderò una scatoletta.

188. Camillo Boito, presidente della Accademia di Brera. Mentessi si riferisce qui a una sua richiesta di aspettativa dall'insegnamento per motivi di salute, compilata con l'aiuto della Majno.

189. Adele Turati, madre di Filippo.

190. Alberto Vonwiller.

Ersilia Majno a Giuseppe Mentessi

Caro Mentessi
Ti scrivo perché penso che tu sarai inquieto e triste. Mio povero amico, la tua anima è proprio troppo sensibile e delicata e vede e sente quello che è fonte di tormenti soltanto. Ma tu ti farai forte nevvero? Avrai un po' più di fede in te stesso e nella tua amica. Avrai la fede che sì ti vogliamo bene e perché hai delle qualità che in nessuno abbiamo mai trovate, e tali da fare della tua amicizia una fonte di consolazione e di elevamento per l'anima nostra.
Ieri sono stata al Cimitero col signor Alberto[191] e la signora Dolfuss.[192] Abbiamo visto i due monumenti del Grossoni[193] che sono proprio belli, hanno l'impronta di una mestizia soave e come raccolta che è piaciuta molto al signor Alberto e pare che la commissione la darà a lui. Dice che Pellini[194] è troppo grandioso e che una volta espressa l'idea non si cura dei particolari. Diceva questo mentre io ero quasi trascinata verso quella meravigliosa statua gettata sul sasso che piange. Mi pareva che quello fossi io fosse l'animo di noi tutti, affranta davanti al straziante mistero della morte. Che opera grande e che artista mai è il Pellini! Non per nulla ha pianto e sofferto. Ad ogni modo io sono sempre più contenta che abbia scelto Grossoni ho idea che saprà accontentare il signor Alberto più di Pellini eppoi per lui sarà un bene potrà poi fare in bronzo le sue prime *nebbie* e chi sa quante altre opere belle. Par che il signor Alberto non abbia ancora cambiato parere ma non credo. Gli ho dato l'indirizzo di Grossoni così che la peschino fra loro per tutto che è meglio.
Caro tu sai cosa mi ha raccontato il signor Alberto? Da lui si recò il notaio Sfondrini per affari poi disse al signor Alberto che voleva chiedergli un favore. L'avvocato Barassi gli aveva detto che avevano comperato il più bel quadro dell'Esposizione di Venezia, d'un pittore del quale gli sfuggiva il nome. Un trittico con una visione. Che gli usasse la gentilezza di mostrarglielo. Il signor Vonwiller lo condusse subito nella camera da letto, illuminò il quadro con il riflettore. Mi disse che l'altro rimase come estatico e disse che era la pittura più bella, più meravigliosa che avesse visto in vita sua. Capisci! E ha detto la verità pura e semplice. Soltanto penso sempre che l'hai venduto per un soldo pazzo che sei e cattivello di non capire il nostro Mentessi, così grande come artista e così straordinario come ometto. Caro! Ieri andai pure al cellulare a veder Anna[195]

191. Alberto Vonwiller. Si racconta qui della commissione per il monumento funebre di Edwige Gessner Vonwiller.
192. Laura Vonwiller (1853-1932), nipote di Alberto e moglie di Albert Dolfuss.
193. Orazio Costante Grossoni (1867-1952), scultore.
194. Eugenio Pellini (1864-1934), scultore.
195. Anna Kuliscioff.

coll' Onorevole Taroni.[196] In altra mia ti dirò di questo. Ora ti stringo forte forte la mano con amicizia
La tua amica Ersilia
22.11.98

Giuseppe Mentessi a Ersilia Majno

Carissima
Esco ora dal Castello e mi affretto a inviarti la buona nuova che il nostro Pellini[197] è stato nominato ad unanimità dalla commissione professore di modellazione alla scuola superiore d'arte decorativa. Ti ho scritto che erano 21 i concorrenti. Fra questi parecchi valenti artisti ma Pellini fu riconosciuto da tutti i componenti della commissione di molto superiore ai suoi competitori. Vi fu un'animata discussione intorno all'indirizzo nuovo da dare all'insegnamento di questa scuola che durò parecchie ore ma che finì con la splendida votazione di cui ti ho informata. Ora scrivo anche a Bolchini[198] perché avverta subito Pellini che non so se si trovi a Marchirolo od a Varese. Il caro nostro amico sarà contento come lo siamo noi tanto per lui e per la scuola. Avrai ricevuto presto oggi il Tempo e la Lombardia che descrivono l'imponente ed entusiastica dimostrazione fatta a Majno e ai suoi compagni dopo il comizio.[199] Quanto mi rincresce di non aver potuto assistervi. Ieri sera sono stato a casa tua. Abbiamo pensato tanto a te. Come ti desiderano vivamente i tuoi bambini. Come godono sapendo che stai proprio bene, hai un bellissimo colore e che non sei più così stanca da far pena. Sanno quello che fai per i loro cuginetti e comprendono quanto sia necessario per quei poveri piccini, sanno tutto ma non vedono che l'ora di rivederti non desiderano altro che di riabbracciarti. Noi pure non vediamo che l'ora di rivederti e dire che io ho raccomandato tanto ad Eugenio[200] di trattenerti a Torino dove ho visto ritornarti così presto il tuo bel colore di salute. Ma tu ritornerai presto. Pensiamo già a venirti incontro. Mariuccia[201] me l'ha detto tre o quattro volte. Sarà domani sera o domenica in ogni modo non è lontana l'ora del tuo arrivo. Poi ci metteremo intorno a te e non vorremmo più che tu faccia tanta fatica e ti aiuteremo con tutto il nostro cuore e come meglio potremo. Che gioia Ersilia poter aiutarti in quello che sai.

196. Paolo Taroni (1859-1939), ingegnere e deputato.
197. Eugenio Pellini.
198. Giuseppe Bolchini (1841-1903), avvocato e giornalista varesino.
199. Si tratta del comizio del Comitato per i partiti popolari tenutosi all'Arena il 24 maggio. Luigi Majno era candidato alla Camera per il II collegio.
200. Eugenio Minoli, cognato di Ersilia.
201. Maria Majno, la figlia minore di Ersilia e Luigi.

Sai che sono stato stamattina con la signora Nina[202] a vedere un appartamento in via Sant'Antonio a poca distanza da quello che ora occupa l'Associazione Generale e che a parer nostro non andrebbe male per l'Unione? Ti ha scritto la signora Nina? Al tuo ritorno deciderai. Ti fischiarono le orecchie a oggi lungamente? Abbiamo parlato di te col buon Umano con la signora Antonietta,[203] con la signora Nina. Come tutti ti vogliono un gran bene Ersilia ed io quando sento parlare di te con tanto entusiasmo e che capisco che ti comprendono davvero e che ti vogliono un gran bene mi luccicano gli occhi per tenerezza che sento profondamente.
Addio carissima la mia mammetta ti manda un bacio e mi dice di ringraziarti tanto di tutto quello che hai fatto per me godendovi in buona salute. Saluta e bacia per me ad uno ad uno i cari bambini di Eugenio che pure saluterai o mio nome e ringrazierai della fraterna accoglienza fattami. Addio scusa se scrivo poco. Anche ieri non ho avuto che il tempo di mandarti una cartolina ma sono stati due giorni di faccende ininterrotte. Ho ripreso le lezioni e sono stato più del solito in scuola. Ho tante cose da dirti e non smetterei più ma devo proprio far punto. Addio carissima, sta sana. Stasera vado a casa tua.
Saluta i cari amici

tuo Giuseppe

Milano 25 maggio 1900

Giuseppe Mentessi a Ersilia Majno

Milano 24 giugno 1901[204]

Carissima
Farò cambiare il posto, secondo il desiderio che mi hai espresso nella tua lettera di ieri ai due ritratti della cara stellina nelle pagine del ricordo che si sta eseguendo. Giovedì ne avremo la prima prova. Io spero bene perché Ferrario e Calzolari[205] faranno ogni cosa con amore. Ho pensato di fare un altro disegno di una piccola rosa appena sbocciata per l'ultimo foglio. L'ho eseguito ieri nello stabilimento ed avrei già riprodotto in fotografia. Ne vedremo giovedì l'eliotipia insieme alle altre prove.
Ho compreso dal tuo schizzo come desideri che sia eseguito il piccolo piedistallo che deve essere posto sul mobiletto nel quale vuoi riporre tutte le memorie della

202. Nina Rignano Sullam (1871-1945).
203. Antonietta Pisa Rizzi (1871-1955).
204. La lettera è scritta a pochi giorni dalla scomparsa di Mariuccia Majno.
205. Studio fotografico incaricato della realizzazione del ricordo funebre di Mariuccia Majno.

povera Mariuccia e che deve sorreggere il Cristo. Domani mattina devo trovarmi con Annoni per parlargliene a casa tua perché egli veda la testa del Cristo e possa fare con giuste proporzioni il piedistallo secondo le tue intenzioni. È stato possibile solo stamattina a Pogliani di far incominciare all'uomo della vernice a smalto il suo lavoro. Lo ha incominciato benissimo ed è già molto avanti. Il vetraio è venuto a pulire tutti i vetri delle finestre, delle portine e dei quadri ed ha finito. Il verniciatore ha quasi finito di lavare e di restaurare con vernice i telai delle finestre e le porte che più ne avevano bisogno. Venne pure l'uomo a pulire ed a mettere in ordine le stufe, resta da dare la piombazione ai loro tubi cosa che si farà domani mattina. Vuoi che siano subito ordinate le liste di legno che desideri riparino gli spigoli degli stipiti delle finestre della vostra stanza? Che larghezza devono avere? Domani si raschierà per bene tutto il soffitto della cucina e si preparerà lo zoccolo alto per la vernice a smalto. Se poi crederai si potrà dare in seguito al soffitto medesimo una tinta con molto olio cotto o vernice. Così non si scrosterà più come si scrosterebbe se gli si desse la tinta a calce. Sta tranquilla che tutto procede bene, anche l'Angelina mi raccomanda tanto di scrivertelo. Ho parlato ora alla Bice[206] che è in redazione che ti scrive. Abbiamo in mente tante cose da dirti e da fare. Io non vedo che l'ora di rivedervi miei cari, sono come stupidito, perduto, non vedo che l'ora di rivedervi e di abbracciarvi. Ho un gran bisogno di lavorare con voi, con tutto il mio cuore e come meglio posso per la nostra cara stellina. Io e mia mamma vi abbiamo in mente ogni momento sempre sempre insieme a tutti quelli che vi amano tanto.
Vi abbraccio miei cari anche a nome di mia mamma.

Vostro Mentessi

Pellini mi raccomanda di salutarvi tanto. Se ritornate giovedì, informami ti prego, dell'ora del vostro arrivo.

Ersilia Majno a Giuseppe Mentessi

23/12/1902 [Roma]

Carissimo Mentessi
Ti mando un ciondolino da appendere alla catena vicino al ritratto di Mariuccia. Alla cara mamma una bugia e poi ancora per te una cassetta per riporre i pennelli con un saggio consiglio e un acquisto costoso suggeriti da Lottina per condurti o conservarti sulla buona via. Il negoziante, un vecchietto singolare, voleva anche darcene un'altra con scritti baci-amore. Ma sarebbe stato incitarti sulla via del male e farti una indecente dichiarazione. Majno mi scrive che è stato da te a pranzo

206. Bice Cammeo (1875-1961), collaboratrice di Ersilia all'Unione femminile.

con Longoni.[207] Povero papà da quanto tempo non lo vediamo! Credi che ci pare qui d'esser fuori dal mondo separati da tutti ed è ben triste vivere così lontani dal nostro papà d'oro, da tutti i nostri cari, dopo tante prove dolorose. Per fortuna i mesi passano e penso che verrà bene il giorno del ritorno. Come saremo tutti contenti allora. Aspetto sempre le notizie che mi devi dare dei tuoi progetti del tuo lavoro. Perché hai dovuto smettere il tuo quadro? E la casetta di campagna? E l'affitto? Cosa pensi di fare per un altro anno e l'incarto quando arriva? Mi pare che sei sempre un po' nelle nuvole e per scrivere ti occorre una meditazione e una preparazione quasi tu dovessi comporre un poema. Io ti scriverei più sovente ma penso che finirei per metterti indosso tali rimorsi per la tua pigrizia da renderti ancora più incapace di stillare su un pezzo di carta le tue idee. Ma cosa hai bisogno di tanto meditare per mandarmi le tue notizie.
La Venegoni[208] mi ha detto che ha combinato con te il pranzo di Natale per le bambine dell'Asilo. Immagino che le avrai sempre in mente come io pure.
Lotta e Dino ti abbracciano. Stanno benissimo. Lotta specialmente acquista ogni giorno energia e salute. Domenica ha fatto una passeggiata di 5 km nella campagna romana. Come abbiamo parlato di te. Ma a Pasqua verrai col Chiesa o col Longoni o con tutti e due meglio ancora, che contentezza per tutti.
Saluta per me la cara mamma il Longoni e Chiesa,[209] a te un bacio tenerissimo dai figlioli e un saluto affettuosissimo dall'amica tua

Ersilia

Ersilia Majno a Giuseppe Mentessi

21.7.1904

Spaventoso Mentessi
Che tu mi mandi i giornali è perfettamente inutile avendo i vari giornali di Milano l'onore del mio abbonamento per cui spendi inutilmente 5 cent. al giorno ricevendoli tutti tranne il Guerrino e l'Italietta – ma che tu non scriva è una vera indecenza. Capisco che il tuo cervello per la canicola sarà allo stato di evaporazione. Ma qualche cosa deve esserci per evaporare e ti prego di adoperare quanto ti rimane di materia cerebrale per compilare una lettera degna dell'amica che dovrà leggerla. Scrivi subito e vieni presto. C'è qui il Maffi maestro, non il medico che non ho ancor visto che desidera ardentemente la tua compagnia ed

207. Emilio Longoni.

208. Bambina Arioli Venegoni (1865-1952), socia dell'Unione femminile, collaborò alla fondazione dell'Asilo Mariuccia.

209. Pietro Chiesa, pittore.

io pure caro Mentessi desidero che tu venga quassù a ritemprarti. Bada Mentessi che ti vorrei imporre di fare questo. Non ne ho che il diritto di una vera e profonda amicizia che dovrebbe pur contare. Credo caro Mentessi che tu hai bisogno di passare almeno un mese qua tra i boschi se vorrai fare qualche cosa di degno del tuo amore per l'arte come la senti tu. Manda la tua mamma a Ferrara presto, non combinate fra voi due di rovinarvi l'uno coll'altro. Tu da qualche tempo, e non te ne accorgi perché noi non ci accorgiamo dei nostri mutamenti, sei mutato, non in meglio certo. Tu dici che io sono mutata e lo sono davvero. Io mi chiudo sempre più nella mia famiglia e nel mio lavoro. Il tempo precipita e il voto di Mariuccia non è ancora realizzato come lei intendeva e come io ho capito e letto nei suoi occhi. Ma tu fai parte della mia famiglia. Ricordati il segno della nostra amicizia. L'Asilo per le bimbe abbandonate sorge è lei che ha realizzato il sogno. Ma quanto ci rimane da fare e lo dobbiamo fare. Tu nella tua arte che non si esplica solo nel quadro, che è amore ardente che si diffonde, che si eleva, che crea animo amante del bello e del bene, io col mio povero lavoro d'un corpo stanco, d'una mente dalla quale non sfugge mai il tormento dei ricordi d'un cuore che non ha mai trovato pace.
Caro Mentessi ascolta il mio consiglio e la mia preghiera non darmi rifiutandola la convinzione che l'amicizia mia vera e profonda non ha più nessun ascendente su di te pel tuo bene.
Addio ti abbraccio con la mamma

l'amica Ersilia

Giuseppe Mentessi a Ersilia Majno

Carissima
Sono stato assente da Milano due giorni per visitare le scuole dei paesi di Sessa Curio, e di Breno che sono nel Malcantone.
Speravo di poter scriverti in questi giorni come desideravo tanto ma non mi fu possibile prima d'ora. Solo domenica scorsa seppi dalla signora Alberti[210] della mascalzonata dei preti contro l'Asilo.[211] Non so descriverti l'impressione dolorosa e lo sdegno che tuttora provo pensando alle infamie inventate da quegli assassini. Io non avrei mai creduto che potessero esistere anime così vili. Ma da una genia così abbietta cosa mai si può aspettare?

210. Alberta Alberti, reggente dell'Asilo Mariuccia.

211. Si riferisce a un articolo pubblicato da una rivista cattolica contro l'Asilo Mariuccia, con accuse rivelatesi infondate.

Giovedì scorso festa del Ferragosto arrivai a Milano alle tre del pomeriggio di ritorno da una gita fatta in compagnia di Chiesa,[212] di Franzoni[213] e di Berta[214] ai paesi di Cevio di Rusto e di Comologno, un po' per visitare le scuole di disegno e un po' per divertirci e vedere quegli incantevoli paesaggi della Valmaggia. Non lessi giornali né seppi di numeri unici né di altre pubblicazioni. Il giorno dopo mi recai all'Unione femminile per avere notizie delle bambine ammalate dell'Asilo. Ebbi per telefono dalla signora Alberti la dolorosa nuova della morte della povera Sala e non so dirti l'impressione che provai. Mi parve di vedere viva la povera piccina in scuola al suo solito posto e che mi guardasse per invitarmi a vedere i suoi disegnini; e mi parve di vederla all'Asilo tutta felice nel suo costumino di maestro del villaggio e di sentirla recitare nella commediola con quel suo vocione. Ma... povera cara bambina.
Domenica poi mi recai all'Asilo e la signora Alberti mi disse tutto quello che io non sapevo: mi lesse il *Tempo* ed alcuni brani di un numero unico dell'*Osservatore Cattolico*. Dopo diede a me il giornale perché lo spedissi a te per posta. Lo avrai ricevuto e lo avrai letto... è così colmo d'odio di perversità, di sconcezze e di falsità. Ah! Quei molto reverendi!! E per autori di simili infamie per questa specie di assassini non vi deve essere la galera? Io penso e non so dirti con quale profonda tristezza, al male che costoro, così vilmente hanno tentato di fare e al dolore che avrai provato e che avranno provato il papà[215] e Dino. Ah! Miei cari come è pieno il mondo di gente perversa e vile. Ma tu non ti arrenderai mai dal fare quello che vuole il tuo gran cuore né ti scoraggerai mai perché è una fede grande che ti guida e che ti anima e che ti rende tanto sicura. Ah! Miei cari non avrei mai creduto che potessero esistere esseri così cattivi e vili soprattutto in quelli che si dicono unti dal Signore! Ma basta, basta non pensiamo a questa disprezzabile genia.
Seppi dalla signora Alberti, alla quale telefonai prima di partire, che state bene e che siete sempre più contenti del luogo in cui vi trovate, ma da alcuni giorni non ho vostre notizie. Io ho dovuto anche questa mattina di buon'ora partire da Milano, ho dovuto recarmi a Bergamo all'Accademia Carrara. Sono ritornato stasera tardi non ho potuto cercare Edgardo per avere vostre nuove. Scrivetemi una parola quando potete. Se sapeste come ricevo con gioia una vostra cartolina sia pure con una parola sola. Io sono angustiato in tutte le mie cose, ma sto pazientemente mettendo tutto in ordine. Ho raccolto quanto materiale ho potuto da presentare al concorso[216] e non vedo l'ora di poter ritornare ai miei lavori prediletti.

212. Pietro Chiesa.
213. Filippo Franzoni, pittore.
214. Edoardo Berta (1867-1931), pittore ticinese e storico dell'arte. Collaborò con Mentessi alla redazione dei programmi delle scuole di disegno del Canton Ticino.
215. Luigi Majno.
216. Si tratta del concorso per la cattedra della Scuola di Prospettiva a Brera.

So dall'amico Vittore Grubicy (che trovo quasi tutte le sere) che Primo Levi[217] gli ha detto che per quello che riguarda me (a proposito sempre del concorso) tutto dipende dall'Accademia di Brera, a Brera invece dicono che tutto dipende da Roma. Ti dico che è davvero una commedia che se non facesse un tempo perdere prezioso sarebbe proprio tutta da ridere. Ma pazienza. Io intanto cerco di prepararmi come meglio posso… poi sarà quel che sarà.
Addio miei cari. Vi saluto con tutto l'affetto anche a nome di mia mamma che con me vi ricorda sempre. Ci sembra che siate lontani da un gran pezzo e non vediamo che l'ora di rivedervi.
Addio carissimi
Sempre vostro

Mentessone

Milano 22 agosto 907

Giuseppe Mentessi a Ersilia Majno

Lenno 23 luglio 911

Carissima
La tua cara lettera che mi scrivesti prima di partire da Milano ed il libro[218] mi giunsero insieme ier l'altro sera.
Ti sarà facile immaginare la commozione che posso aver provato vedendo il ritratto della mia povera mamma e sentendo così profondamente tutta la grande bontà e gentilezza del pensiero che hai avuto per la memoria della mia cara che non ho più e per portare a me tanto conforto con così viva prova d'affetto. Oh! Mia buona e carissima amica io non ho saputo far altro che piangere in quella sera ed ora che ti scrivo non so far altro ancora mentre vorrei esprimerti tutto ciò che provo nel mio cuore pensando alla mia povera mamma ed a te che le hai voluto così gran bene e che mi provi sempre più come sia impressa nell'animo tuo grandemente buono l'ultima sua raccomandazione. Grazie Ersilia – anima carissima – non so dirti che grazie con tutto il mio cuore in questo momento di così profonda emozione. Potessi dirti come sono sensibile per quanto hai fatto con così gentile ed elevato pensiero in memoria della mia povera cara mamma e per me. Potessi dirti quanta gratitudine io sento nel mio cuore per te che mi hai sempre spinto e incoraggiato anche per questo piccolo lavoro, per Papà Majno e per Dino carissimi che pure hanno avuto per me tanta bontà e tanta pazienza nell'ajutarmi, nel consigliarmi nel

217. Primo Levi (1853-1917), scrittore, giornalista e critico d'arte.

218. *Insegnamento razionale dei primi elementi del disegno con esempi di applicazione professionale.*

miglior modo possibile sempre. Grazie, grazie a tutti voi.
Ho letto ansiosamente, dopo tante proibizioni, la tua prefazione che trovo assai bella e che mi piace tanto perché riassume gli scopi della scuola e dell'insegnamento così felicemente e con tanta efficacia e chiarezza di pensiero. Solo contiene elogi che non sento di meritare. In ogni modo sono felice che tu l'abbia scritta.
È un lavoro di tanti anni che abbiamo fatto insieme e tu sola potevi comprendere lo sforzo che è stato fatto e la buona volontà impiegata nella speranza di far cosa buona ed utile per le povere Piscinine.[219] Ora il piccolo modestissimo libro si pubblica e tu carissima hai voluto che fosse come benedetto da un pensiero e da un'immagine che tu sai quanto mi siano immensamente cari. Pensa quanta gratitudine e affetto io posso nutrire per te. Dino ti avrà scritto della mia costernazione perché le prime copie mancavano di sedici pagine – ma ora l'Alfieri e l'Albrighi e Segati[220] avvertiti dell'errore, mi hanno mandato con grande premura le copie complete e mi hanno reso tranquillo e pienamente soddisfatto. Stamattina appena sarà aperto l'ufficio telegrafico comunicherò all'Albrighi Segati la mia completa soddisfazione e premura così pure scriverò all'Alfieri per rispondere alla gentilissima lettera che mi scrisse per spiegarmi come avvenne l'errore e come a questo si sia immediatamente rimediato.
Addio carissimi – corro al battello a consegnare questa lettera. Vivissimo grazie di quella che ho ricevuto insieme al libro. Scriverò presto ancora.
Qui a Lenno ho incominciato a lavorare all'Acquafredda. Fa un gran caldo ma io lo sopporto assai bene. Mi alzo alle 4 ½ e nel pomeriggio riposo. Tutto va avanti. Ho buone nuove da Dino che mi ha scritto mandandomi anche il vostro indirizzo. E voi come vi trovate a Champoluc? Spero benissimo. Addio carissimi vostro

Mentessone

Ersilia Majno a Giuseppe Mentessi
6/2/15

Carissimo Mentessi
Ricevo ora, ore 8 sera il tuo espresso. Ho scritto subito, per abbreviare alla signora Brentano[221] chiedendo di mandarmi la pianta della casa con la disposizione dei locali non potendo andare a Lenno perché Dino è a letto con leggera influenza. Le ho detto che tu mi avevi inviato la sua lettera per informarmi delle pratiche da te fatte e che desiderando tu un mio consiglio in base a visione della pianta della casa, la

219. L'Unione femminile istituì una scuola festiva di disegno per le Piscinine, giovani apprendiste sarte e modiste, affidandone la direzione a Mentessi.
220. Gli editori del volume.
221. Titolare di un albergo a Lenno.

chiedevo vista la necessità di far presto. Ora vedremo. Dino è a letto per prudenza domani si alza. I giorni 4 e 5 li ho passati a riordinare lo studio di papà[222] che era apparentemente un caos, perché nessuno nello studio si curava di aiutarlo nella materialità dell'ordine delle riviste opuscoli eccetera, ma che aveva l'impronta della sua testa matematica. Sotto l'invasione dei libri che seppellivano quanto era lavoro di studio, si è trovato tutto. Lettere documenti atti, e in perfetta precisione di collocamento. Ed io non ho fatto che pensare agli errori che ho commesso. Perché non andavo io a tenergli bella la camera dove lavorava? Perché non ho avuto il coraggio di volergli il bene fattivo che poteva dimostrargli quello che egli era per me in tutto. Il timore di fargli dispiacere mi tratteneva e così non l'ho aiutato come avrei dovuto e saputo. Ho sempre avuto timore che egli sentisse il peso di aver legata a me la sua vita, mentre egli amava la sua indipendenza e n'era così geloso da nascondere a tutti, anche a me, le cose più semplici, i fatti comuni della vita – quando avrebbe potuto darmi la persuasione che entrare nella sua vita non potesse essergli un fastidio, un tormento.

I nostri spiriti, fede, ideali e azioni, erano perfettamente uniti, nella casa egli trovava la pace, questo ho sempre cercato che fosse, ma non era abbastanza.

Caro Mentessi, quante volte ho pianto con te per il tormento che fu incessante nell'animo mio, di non capire mai bene quello che gli faceva o no piacere, di non saper penetrare nel silenzio geloso della sua anima – che tanto tanto ho studiato. Questi due giorni passati nella camera dove egli aveva tanto pensato e lavorato, dove si sentiva che non era quello che è l'ambiente della nostra cara casetta, che ci accoglieva invitante, nella semplice sua veste, dove tutto mi rivelava la sua vita, il suo ingegno abbandonato all'avida crudele volontà di quanti avevano bisogno di lui, questi due giorni sono stati una tale tortura per me che non c'è parola per esprimerla. E tutto era inutile, per strapparlo all'abisso che lo attirava e nel quale sparì per sempre lasciandoci ancora una volta a domandarci straziati perché? E mi chiedo angosciata vedendo come la fede nostra e straziata nel partito se il sacrificio di così nobile vita, di così grande poderosa mente, di un cuore così ardente d'amore per il più alto ideale varrà a far comprendere agli umili che egli ha amato con tutto sé stesso la via da seguire. Egli diceva sempre che l'ideale socialista sarebbe diventato realtà solo il giorno che gli operai avrebbero potuto organizzarsi e camminare, provvedere da loro a loro stessi. Ma per questo bisogna che siano istruiti egli diceva, ed è questo che non hanno ancora.

Viviamo un tempo così doloroso che non si sa più nemmeno pensare alla vita anche quando ha ancora qualche promessa per le persone più care. Dino è tanto felice quando vede la sua Helda[223] ed io cerco di armonizzare con loro ma solo all'esterno mi è possibile.

222. Luigi Majno era scomparso il 9 gennaio 1915.
223. Elda Bernstein, futura moglie di Edoardo Majno.

Hai letto del povero Kuno?[224] Abbiamo ricevuto una sua lettera e la notizia insieme della sua morte. Ci ha scritto che vedeva e soffriva quanto non avrebbe mai immaginato. Vi sarà una giustizia per le jene che hanno organizzato questa carneficina? Addio caro Mentessi voglio impostare. Il più affettuoso saluto nostro e grazie con tutta l'anima per le tue buone lettere che mi sono di tanto conforto

Mamma

224. Kuno Van der Schalk, compagno di studi di Edoardo, era figlio di Ernst, già console olandese a Milano e di Ebba, socia dell'Unione femminile. La sorella Ada fu pittrice attiva a Milano.

Indice dei nomi*

*A cura di Sergio Rebora

Finito di stampare
nel mese di gennaio 2024
da The Factory
Roma